ちくま学芸文庫

テクノコードの誕生

コミュニケーション学序説

ヴィレム・フルッサー
村上淳一 訳

筑摩書房

【目次】テクノコードの誕生

テクノコードの誕生——コミュニケーション学序説

序　コミュニケーションとは何か？

人文学としてのコミュニケーション学

人間のコミュニケーションは、人為的な事柄である。それは、技巧に基づき、考案に基づき、道具と用具に基づき、要するにコード化された記号《シンボル》に基づいている。人間は〈自然に〉お互いを理解するのではない。話すときに口から出るのは、鳥の囀《さえず》りのような〈自然の〉音ではなく、書くということも、蜜蜂のダンスのような〈自然の〉所作ではない。だから、コミュニケーション学は自然科学ではなく、人間の自然的でない側面にかかわる分野に属する。こうした分野は、かつては〈精神科学〉と呼ばれたものだが、その本質をもっと的確にとらえるのは、アメリカ式の〈人文学《ヒューマニティーズ》〉という名称である。それは、人間が自然的でない動物であることを示唆するものだから。

人間が社会的動物（ポリス的動物《ゾーン・ポリティコン》）だというのは、そういうことである。人間は、コミュニケーションの用具（たとえば言葉）の使い方を学ばないかぎり、馬鹿（イディオット。もともとは〈私人〉を意味する）である。馬鹿であること、人間として不完全であることは、技能《クンスト》がないということだ。むろん、〈自然的な〉人間関係というものもある（乳児と母親の関係・性交中の関係など）。それこそが最も本源的で基本的なコミュニケーション形式だ、と言ってもよい。しかし、それは、人間なればこそのコミュニケーションだというわけではないし、それ自体大幅に技巧的なものになってしまっている（〈文化の影響を受けて〉いる）。

人間のコミュニケーションが人為的な性格をもつということ〈技巧によって他の人間と理解し合うということ〉を、人間はいつもよく心得ているわけではない。われわれは、あるコードを身につけると、それが技巧であることを忘れてしまう。さまざまのふるまいのコードを学んでしまえば、頷くことが〈イエス〉を意味するのはそのコードを用いる人々の間に限られるということを、一々考えないようになる。コード〈およびコードの要素であるさまざまの記号〉は第二の自然といったものになり、われわれが生きているコード化された世界〈頷くこととか、交通標識とか、家具調度とかいった、意味をもつ現象の世界〉は、〈第一の自然〉の世界を忘れさせる。よく考えてみると、われわれを取り巻くコード化された世界の目的は、その世界が人為的な織物であり、それがわれわれの必要に応じて意味を与えないかぎり自然は本来無意味で取るに足りないという事実を、忘れさせることにある。人間のコミュニケーションの目的は、［われわれを取り巻く］もともと無意味な文脈〈そこでは、われわれは全く孤独で自閉的である〉を忘れさせること、つまり、われわれが［意味を与えないかぎり］独房の死刑囚として生きる世界〈〈［第一の］自然〉の世界〉を忘れさせることにある。

人間のコミュニケーションは、死すべき生という残酷な不条理を忘れさせるための技巧である。〈自然〉から見れば、人間は孤独な動物である。人間は、死すべきものであること、死ぬときはどんな仲間もいないことを、知っている。誰もが独りぼっちで死ぬしかない。しかも、いつなんどき死ぬかもしれないのだ。むろん、それほど徹底的な孤独と不条理を知りながら生きることは不可能である。人間のコミュニケーションが、コード化された世界というベール（技芸《クンスト》と科学、哲学と宗教というベール）を織り、それをますます目の詰んだ織物にしていって、われわれ自身の孤独、われわれの死、それに愛する者たちの死を忘れさせてくれるのだ。要するに、人間が他の人間とコミュニケートし、〈ポリス的動物〉だとされるのは、人間が社会的な動物であるからではなくて、孤独で生きることのできない孤独な動物であるからだ。

　コミュニケーション学は、孤独を忘れさせる人為的織物を扱うものであり、したがって人文学である。〈自然〉と〈作為《クンスト》〉（〈文化〉と言ってもよいし〈精神〉と言ってもよい）との区別についてここで論ずるつもりはないが、コミュニケーション学は自然科学でないということを確認した結果として当然言えることには、触れておこう。一九世紀の終わりには、自然科学が現象を説明するのに対し〈精神科学〉は現象を解釈するものだ、という見方が一般的になった（たとえば、ある雲ができる原因を示せばその雲は説明されたことになり、ある本の意味を指摘すればその本は解釈されたことになる）。そうだとすれば、コミュニケーション学は意味にかかわるものだから、解釈を行う専門分野だということになる。

　しかし、現象自身が説明と解釈のどちらかを求めるものだと素朴に信ずることは、遺憾ながら、もうできない。雲が解釈されることもある（占い師はそうするし、心理学者にもそうする者がいる）。本が説明されることもある（史的唯物論者はそうするし、心理学者にもそうする者がいる）。だから、ある事物が説明されれば〈自然〉になり、解釈されれば〈精神〉になるように見える。それによれば、キリスト教信者にとっては万物が〈作為〉（〈神の作品〉）であり、一八世紀の啓蒙哲学者にとっては万物が〈自然〉（原理的に説明可能）だとされよう。自然科学と〈精神科学〉の違いは事物の如何《いかん》によるのではなく、研究者の取り組み方による、ということになる。

しかし、これにも、実際と食い違うところがある。万物を〈人文化〉すること（たとえば雲を読むこと）も、〈自然化〉すること（たとえば本の原因を発見すること）も、むろん可能ではあるが、そのさい、取り組み方次第で、考察される現象が別の側面を見せることと、したがって〈同じ現象〉と言ってもあまり意味がないことを、心得ていなければならない。解釈される雲は気象学者の雲ではなく、説明される本は文学とは何のかかわりもないのだ。

これを人間のコミュニケーションという現象に当てはめると、そこにも右の方法論的問題があることが判る。人間のコミュニケーションを（たとえば哺乳類のコミュニケーションの展開として、または人体解剖学の結果として、または情報伝達の方法として）説明する試みは、それを解釈する（それが与える意味を示す）試みとは別の現象を扱っているのである。以下においては、この事実を忘れないようにしよう。すなわち、ここで〈コミュニケーション学〉というのは、（たとえば〈情報理論〉や〈情報科学〉とは違って）解釈的な専門分野である。人間のコミュニケーションとは、意味を与え、その意味が解釈される現象を指す。

コミュニケーションの反エントロピー的性格

ところで、解釈的な観点からとらえられるこの現象が自然的なものでないということは、方法の人為性（コードを意図的につくり出すこと）のみによるのではない。人間のコミュニケーションは、取得された情報を記憶しようとするものだからこそ、自然的でないもの、それどころか反自然的なものなのだ。それは、反分解《エントロピー》的である。獲得した情報を世代から世代へと伝達することが人間のコミュニケーションの本質的な側面であり、それこそが人間を特徴づけると言ってもよい。人間とは、獲得した情報を蓄積する術を発見した動物なのだ。

むろん、〈自然〉にもそうした反エントロピー的過程が見られないわけではない。たとえば、生物の発達は、より複雑な形態への傾向、情報蓄積への傾向として、つまり、ますます非蓋然的な構造をもたらす過程として、理解することができる。その上で、人間のコミュニケーションはこの発達過程の今のところ最終の段階だと言うことができよう（少なくとも、人間のコミュニケーションという現象を説明しようというときには、そうするであろう）。しかし、そのさい念頭に置かれているのは、ここで論ずるのとは別の現象なのである。

自然科学的・説明的な観点からすれば、情報の蓄積とは、いわば情報の喪失に向かうずっと幅広い過程の上を逆方向に転がり、いつかはその主流に呑み込まれてしまう過程(「一定方向に回り続ける円の縁を逆方向に転がる」周転円《エピサイクル》のようなもの)である。樫の木は樫の実(どんぐり)よりも複雑だが、最後にはどんぐりよりも複雑でない灰になってしまう。蟻の身体の構造はアメーバの構造よりも複雑だが、地球と太陽の距離が縮まりすべての生物的周転円が焼き尽くされてしまえば、その灰はアメーバよりも複雑でないということになる。情報を確保する周転円は、非蓋然的であるにせよ統計的に不可能ではないが、やはり統計的に見て、熱力学第二法則[分解傾向《エントロピー》]により蓋然的なもののなかに呑み込まれてしまうのだ。

しかし、人間のコミュニケーションの反エントロピー的傾向も、それを説明するのではなく解釈しようとするなら、全く別様に、それどころか正反対に見えてくる。そこでは、情報の蓄積は統計的に非蓋然的ではあるが不可能とまでは言えない過程としてではなく、人間の意図として、つまり偶然と必然の結果ではなく自由の結果として、とらえられる。獲得された情報を記憶することは、熱力学の例外的場合と解される(情報科学はそう解する)のではなく、死すべき人間の反自然的な意図と解される。それは、こうである。

人間のコミュニケーションは孤独と死に逆らう技巧だというテーゼと、それはエントロピーに向かう自然の一般的傾向に逆らう過程だというテーゼは、同じことを主張するものである。ますます蓋然的な状態へ、団塊へ、灰燼へ（〈熱力学的死〉へ）と向かう自然のとどめようのない傾向は、われわれが主観的に経験する馬鹿げた孤独と死すべき定めの、客観的な側面に他ならない。他者と共に死を克服する試みという実存的な観点をとるにしても、情報を生み出し記憶する試みという形式的な観点をとるにしても、われわれのコミュニケーションは、自然を否定する試みであると思われる。そして、そのことは、外の〈自然〉について言えるばかりでなく、人間の〈自然〉についても言える。

コミュニケーションに望みをつなぐわれわれの姿勢がこのように解されるなら、統計的思考、およそ数量的な思考は、無意味になる。石や瓦が集まって都市になる蓋然性はどれだけか、その都市がいつ崩壊して瓦礫の山に戻るか、といった問いは、見当違いの問いだということになる。都市が成立するのは、死すべき無意味な在りように意味を与えようという意図のおかげなのだ。何匹の猿が何年タイプライターをたたけば〈確率的に見て〉『神曲』が生まれるかなどというのは、ダンテの作品をその原因によって説明するのではなくダンテの意図によって解釈しようとするかぎり、無意味な問いである。だから、死に逆らって情報を記憶しようとする人間の姿勢も、自然科学者が用いる測定基準によって測れるものではない。たとえば放射性炭素による年代測定は、一定の放射性原子の情報喪失度によって自然的時間を測るものだが、そのさい用いられる定式を裏返して情報増加度という測定基準を考えてみても、それによって人間の自由の人為的時間（〈歴史的時間〉）が測れるわけではない。情報の蓄積は、歴史を測る基準ではなく、死に逆らって歴史を動かす意図から出てきた廃棄物、つまり自由の廃棄物にすぎない。

ここで重要なのは、コミュニケーションへの解釈的アプローチ（コミュニケーション学）と説明的アプローチ（情報科学）との間に矛盾があるわけではない、ということである。どんな現象も〈物自体《ディング・アン・ジヒ》〉ではなく、観察によって現れるものにすぎないから、〈同一の物〉について二種の観察方法があるなどと言うのはあまり意味がない。情報科学の観点から見たコミュニケーションは、本書の観点からするコミュニケーションとは別の現象なのである。情報科学においては、コミュニケーションは一個の〈自然的〉事象であり、したがって客観的に説明されることを要する。これに対して本書では、コミュニケーションは〈反自然的〉事象であり、したがって間主観的に解釈されなければならない。二つの視野は、どこかで交錯するであろう。そこに生ずる共通性を取り上げるためには、第三の視野が必要になるが、これは本書の意図するところではない。本書がとるのは、〈人文学的な〉視点である。本書は人間のコミュニケーションを、自由の現象として論ずるのだから。

I　さまざまの構造

1——いくつかのコミュニケーション構造

対話と言説

この本でいう人間のコミュニケーションは、死に至る人生の無意味と孤独を忘れさせ、人生を生きるに値するものにするという意図で、行われるものである。この意図を実現するために、コミュニケーションは、コード化された世界を打ち立てる。それは、さまざまの記号を秩序づけて組み立てた世界であって、獲得されたさまざまの情報がそこに貯えられる。コードとは何か、記号とは何か、という問題はII章で扱うことにしよう。本章で論ずるのは、情報の獲得と記憶の問題である。ここでは解釈的方法をとるわけだから、主要な問題設定はこうなる。人間はどのようにして、情報を獲得しよう、保存しようと決意するのか？

図式的に答えれば、次のように言える。一方で、情報を生み出すために、人間は既存のさまざまの情報を交換する。交換によって新たな情報を合成できるものと期待して、そうするのだ。これが、対話《ダイアログ》的なコミュニケーション形式である。他方で、情報を保存するために、人間は既存のさまざまの情報を分配する。情報を分配すれば自然の分解《エントロピー》作用により良く対抗できると期待して、そうするのだ。これが、言説《ディスコース》的なコミュニケーション形式である。

この図式的な答えから直ちに明らかになるのは、次の二つのことである。①どちらのコミュニケーション形式も、もう一方なしにはありえない。②二つの形式の違いは、観察者と観察対象の距離の違いである。

①対話が成立するためには、対話の当事者が、事前の言説を受けて集めた情報を手にしていなければならない。他方で、言説が成立するためには、情報分配者（〈発信者〉）が、事前の対話で生み出された情報を手にしていなければならない。したがって、対話と言説のどちらが先かという問いは、無意味である。

②どんな対話も、交換されることをめざす一連の言説とみなされる。他方、どんな言説も、一個の対話の部分とみなされる。たとえば一冊の学術書は、それだけをとって見れば一つの言説と解されるが、他のいろいろな書物の文脈に置かれれば科学的対話の一部分と解される。もっと距離をとって見れば、ルネッサンスに始まって西洋文明を特徴づける科学的言説の一部分と解することもできる。

しかし、対話と言説が互いに他方を含むとしても、また、両者の区別が観察の仕方によるとしても、これはやはり重要な区別である。言説に加わるのと対話に加わるのとでは、全く状況を異にする（それは、政治的な・原則の問題なのだ）。よい例が、〈コミュニケーションができない〉という、よく聞かれる不満である。これは、むろん、コミュニケーションがないのが困るという趣旨ではない。歴史上、現在ほどコミュニケーションが十分に、緊密に、幅広くなされたことは、かつてなかった。なぜ不満かといえば、真の対話を行うこと、つまり新しい情報を求めて情報を交換することが難しくなっているからなのだ。この難しさの原因は、まさに、いまやコミュニケーションが完璧に機能しているということにある。非の打ちどころのない言説が随所に見られるからこそ、どんな対話も不可能になり、不必要になってしまっているのだ。

実際、孤独を克服し人生に意味を与えるというコミュニケーションの意図が実現されるのは、言説と対話のバランスがとれた場合だけである。今日のように言説ばかりが幅をきかせると、人間は、たえず〈情報源〉なるものとつながっていても、孤独感をもつ。他方、コミュニケーション革命以前のように言説よりも村落のなかの対話が幅をきかせるところでは、人間は対話ができても、〈歴史から遮断されて〉いるために孤独感をもつ。

ちなみに、言説と対話の区別、および両者のバランスという概念から、いままでにない見方で歴史をとらえることができるようになるだろう。つまり、主として対話的な時代（たとえば、円卓を囲む王侯貴族の会議の時代としてのアンシャンレジームや、憲法制定議会の時代）と、主として言説的な時代（たとえば、演説家と［情報の］進行性［伝播］の時代としてのロマン派の時代）を区別することができる。また、そうした歴史の見直しを手がかりとして、対話への参加と言説への参加の区別を、実存的な気分の違いによるばかりでなく、美的・政治的・認識的な違いによるものとしてとらえてみることもできる。

もとより、言説と対話の区別によってわれわれの状況をとらえようというのは、あまりにも雑なやり方だから、もう少し細かく考えなければならない。映画のスクリーンから送られる言説が、童話を物語るおばあさんの言説と同種のものでないことは、明らかであろう。同様に、ティーンエイジャー同士の電話による対話は、哲学シンポジウムにおける対話と同種のものではない。そこで、言説と対話をそれぞれ分類してみると、少なくとも二つの基準を使えることが判る。映画の言説とおばあさんの言説を区別するのは、それぞれが送る〈メッセージ〉の違い（ミステリーか童話か）であるか、それともコミュニケーションの〈構造〉の違いである（映画館の観衆はじっと腰掛けたままだが、孫はおばあさんに質問することができる）。つまり、コミュニケーション形式は、少なくとも、〈意味論《セマンティクス》的〉観点または〈構文論《シンタックス》的〉［構造的］観点のいずれかによって分類することができる。

まず〈意味論的〉基準を用いると、伝達される情報によってコミュニケーションの種類を分けることになる。たとえば〈事実的〉情報（直接法《インディカティブ》）、〈規範的〉情報（命令法《インペラティブ》）、〈美的〉情報（願望法《オプタティブ》）の三つに大別することができる。しかし、コミュニケーションの種類をその構造によって分類する〈構文論的〉基準を用いれば、後で〈意味論的〉分析を行うための場が用意されることになるであろう。すなわち構文論的基準は、いわばコミュニケーション学的状況の地図を示すものであって、その地図のなかに、後から意味論的〈内容〉を書き込むことができるのである。したがって、以下では構造的観点から、さまざまのコミュニケーション形式のカタログを提示することにしよう。むろん、そのさい、意味と構造、〈意味論〉と〈構文論〉の間の密接な関係を、否定しようというわけではない。形式は内容によって条件づけられるのであり、逆もまた然りである（もっとも、必ずしも〈媒体がメッセージだ〉というわけではない）。だから、以下においては、コミュニケーションの意味論的な側面にたびたび立ち返る必要があるだろう。それでも、ここでめざそうというのは、われわれの状況の意味論的な再現（〈写真〉）ではなく構造的な分析（〈地図〉）なのである。

四つの言説構造

言説《ディスコース》とは、手にしている情報を分配し、自然がもつ分解《エントロピー》作用に対抗してそれを保存するための方法である。ただし、この定義に含まれる問題の大部分は、本書の扱う範囲の外にある。たとえば、発信者が自分の分配する情報を少しも失わない一方、受信者がその情報の一部ではなく全部を受け取るような過程において、〈分配〉という語は何を意味するのか、また、記憶の機能にかかわる過程との関係で〈手にしている〉という語は何を意味するのか、という問題がある。しかし、上記の定義に含まれるこの種の問題は、すべてここでは棚上げにしよう。それを論ずるには完全無欠なコミュニケーション学を提示する必要があるが、そんなつもりはないのだから。

けれども、上記の定義に含まれる問題のうち二点だけは、さまざまの言説構造にかかわるものなので、取り上げておかなければならない。第一に、言説の発信者は、情報を分配するさいにそれが歪められないように（〈雑音《ノイズ》〉が分配過程に侵入して情報を変えてしまわないように）留意しなければならない。言説は情報を保存する意図で行われるものだから、言説が成果をあげるためには、当初の情報への〈忠実〉を確保する必要がある。第二に、言説の発信者は、情報を分配するさいに、受信者が受け取った情報をその後さらに発信できる形で記憶《メモリー》に貯えられるように、留意しなければならない。言説が成果を挙げるためには、受信者を未来の発信者にしなければならない。言説は〈進行〔伝播〕してゆく〉ことができなければならない。なぜなら、言説というものは、〈情報の流れ〉をつくることによって手にしている情報を保存しようという意図と結びついているのだから。

これら二つの側面は、ある程度相互に矛盾するものだから、問題をはらんでいる。情報への〈忠実〉と情報の〈進行《プログレス》〔伝播〕〉を調和させることは、難しい。だから、二つの要請をできるかぎり一つにまとめることができるような言説構造をいかにしてつくり出すかが、問題なのである。事態を〈客観的な〉視点から（たとえば情報科学の視点から）観察するならば、これは言説のインプットとアウトプットの問題、数量化することのできる問題だということになる。しかし、本書のように〈間主観的な〉視点から観察するならば、これは政治的な問題、決定と意図の問題になる。

この視点の下で、言説構造のモデルを四つ、挙げることができる。四つのモデルは、問

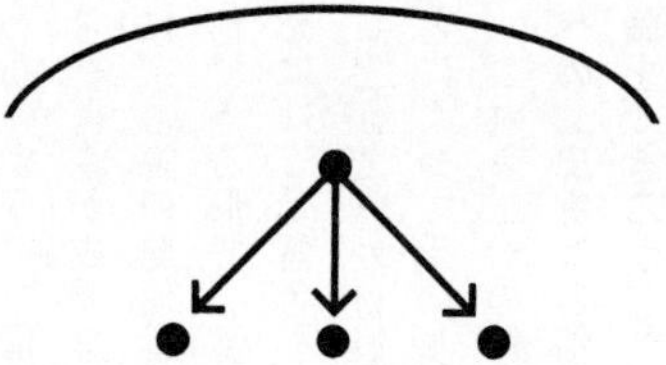

題をそれぞれ別の仕方で解決するものである。これらのモデルは抽象物であって、純粋な形で実際に存在するものではない。それでも、これらは恣意的に設定されたものではなく、われわれの周囲にあるコミュニケーション現象から示唆を受けたものである。これらのモデルは現象を根本的に変えるものではなく、現象に合わせたモデルである。

(a) **劇場型言説**は、上のような形をとる。

こういう構造の実例としては、劇場ばかりでなく、教室やコンサートホールや、とくに市民の住宅の居間が挙げられる。これらもろもろの実例には、右に挙げた構造要素が（一見して判る形ではないにせよ）示されている。発信者の背後の凹面状の壁、それに、発信者を扇形状に（またはいくつかの扇形に）分散した受信者に結びつけるチャネル。①凹面状の壁は、外部からの雑音の遮蔽物、発信の拡声器として役立つ。②発信者は、分配すべき情報を貯えている記憶《メモリー》である。③チャネルは、情報をコードに乗せて分配するさいの、コードの実質的な搬送路《キャリヤー》である（伝統的な劇場では、音を運ぶ空気）。④受信者は、分配された情報を貯えて後にそれを発信する記憶《メモリー》である。こうした構造の全体を図式的に見れば、それは古典古代の劇場の形をとる。

この構造の特徴をなすのは、発信者と受信者が向き合っているという事実である。情報への〈忠実〉を保証するのは凹面状の壁であって、それは、あたかも貝のように、劇場を外部とその雑音から遮蔽する。〈進行［伝播］〉もまた保証される。受信者は誰でも壁に歩み寄って回れ右をし、発信することができる（〈革命〉を起こせる）のだから。しかし、ありうる〈革命〉に向かって開かれているというまさにそのことが、〈忠実〉を保つという劇場構造のメリットを損なうことになる。それは外部からのノイズを比較的よく遮るものだが、構造内部のノイズすなわち〈論難〉を阻止できない。この構造のなかで、受信者は送信に直接答えることができる。受信者は〈応答できる〉立場にあるのだ。劇場型言説は対話に開かれており、いつでも対話に転じうるものだから、当初の情報が受信者の発信するノイズに感染する危険が絶えずある。

要約しよう。言説の機能が、分配される情報の受信者をその情報に応答させ、未来の発信者にすることにあるとすれば、劇場型言説はきわめて優れた構造である。しかし、言説の意図が、手にしている情報を忠実に保存することにあるなら、別の構造を選ぶしかない。

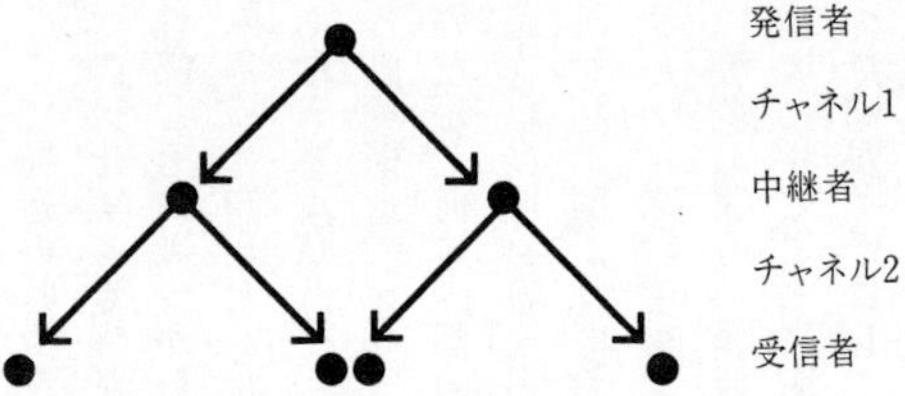

(b) **ピラミッド型言説**は、ほぼ上のような図式に従う。

こうした構造の実例は、軍隊や、教会や、（ファシスト的またはコミュニスト的な）政党や、ある種の（官民の）行政において見られる。ローマの共和政を、この言説構造の原型とみなすことができよう。この構造の要素は、発信者と、発信者を中継者と繋《つな》ぐチャネルと、中継者と、その中継者を受信者と結ぶチャネルと、受信者と、である。①発信者は、分配すべき情報を貯えており、そもそも情報が〈発生した〉場でもある記憶《メモリー》、つまり〈原作者《オーサー》〉である。②〈原作者〉を中継者と結ぶチャネル1は、情報がコードに乗せて送信され、またコードに乗せて中継者から〈原作者〉に還流するための、コードの搬送路《キャリヤー》である。③中継者は、〈原作者〉から送信された情報のノイズを除くためにコードを変換し、〈原作者〉に返送して点検してもらった上でそれを受信者に送信する記憶《メモリー》であり〈権威《オーソリティー》〉である。④チャネル2は〈権威〉を受信者と結ぶものだが、チャネル1と違って返送を許さない。それはメッセージが最終的に発信されるためのコードの搬送路である。ピラミッド型言説の多くの場合、チャネル1とチャネル2は紙を用いて行われる。⑤受信者は、分配された情報を貯える記憶《メモリー》である。大多数のピラミッド構造においては、何段もの中継者、すなわち何段もの権威のヒエラルヒーが見られる。

この構造の特徴は、段階ごとに行われるコード変換にある。それによってノイズを除去し、〈メッセージへの忠実〉を確保しようというわけだ。そのために、ヒエラルヒーの各段階で当初の情報のコードを変換したものが、すぐ上の段階を介して、原作者に点検してもらうために返送される。これを、ピラミッド型言説の〈信仰的《レリジャス》〉な機能と呼んでもよい（ラテン語の religare は、返送することを意味する）。同時に、ピラミッド型言説は、ノイズを除いた情報が〈すぐ下の〉権威を介して受信者に伝送されることを、可能にする。これを、ピラミッド型言説の〈伝送的《トラディショナル》〉［伝承的］な機能と呼んでもよい（ラテン語の tradire は伝送することを意味する）。

したがって、ピラミッド型言説は、劇場型言説よりもはるかに、当初発信された情報の保存に役立つ。その反面、ピラミッド型言説は、情報を進行させること、受信者が発信者になることのためには、あまり役に立たない。受信者は送信できるためのチャネルをもっていない。ピラミッドのなかで〈上昇〉し、自ら権威になるしかないのである。ピラミッド構造の受信者レベルでは、責任を引き受けて革命を起こす可能性がない。このレベルは、対話に向かって開かれていないのだ。それどころか、権威の各レベルでさえも、真の対話が行われるとは言えない。権威と原作者とのコミュニケーションも、異なる段階の権威の

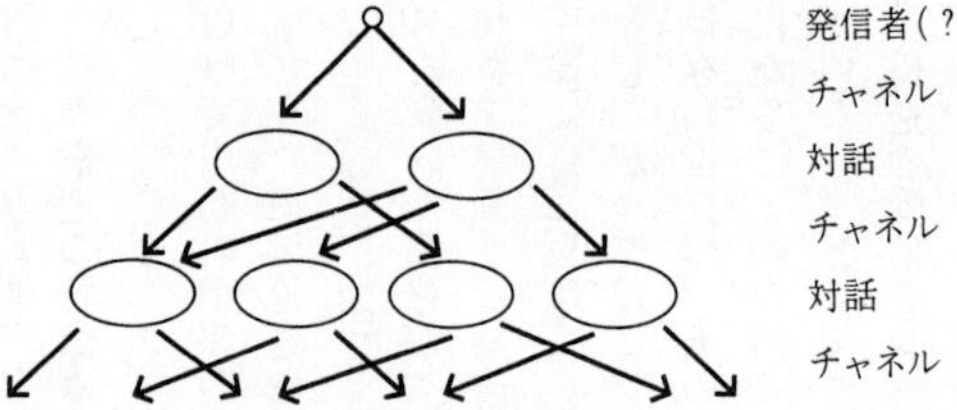

間のコミュニケーションも、当初のメッセージについてのコード変換にさいしてのみ行われる。この構造は全体として、外部からのノイズも内部からのノイズも排除するという原理に立脚し、その結果、〈情報の流れ〉は、（少なくとも理論上は）閉ざされたシステムを成すことになる。

ピラミッド型言説の長所を保ちながら短所を除く（つまり、〈忠実〉を維持しながら〈進行［伝播］〉を可能にする）ために生じた構造変化は、次のような言説構造をもたらした。すなわち、

(c) **樹木型言説**である。

上図は、権威（中継者）を対話で置き換えれば言説構造に二つの根本的変化がもたらされることを、示している。すなわち、チャネルの交錯が生ずる一方、言説の最終的受信者がいなくなっている。だから、樹木型言説は全く新しい言説構造なのだ。その実例は、何よりも、科学技術の言説である。しかし、ある種の政治制度や産業組織や芸術傾向などに見られるものだが、いわゆる〈進行的《プログレッシブ》［進歩的］〉な、対話に開かれたタイプの多くの言説は、この樹木型言

説を多少とも真似たものだ。

樹木構造は、次のような要素から成る。①もう忘れ去られている何らかの情報の発信者、すなわち、ある〈情報源〉。これは、言説の外部から補足しなければ知ることができない。②ますます複雑なコードを搬送するチャネル。それによって情報が対話から対話へと伝達される（そのようなチャネルの大部分は、著書・雑誌・抜刷りである）。③記憶《メモリー》相互の対話。その機能は、受信した情報を分析し、その一部についてコードを変換し、他の情報断片と合わせて新たな情報を合成し、もっと先の対話圏に移送することにある。

この言説構造の特徴は、当初の情報がどんどん解体され、そのコードがどんどん変換されて、新たな情報がたえず生み出されるということである。これを〈進行的な特殊化の傾向〉と呼んでもよい。それは〈情報の流れ〉が阻害されないようにするものだが、〈破裂的〉な仕方でそうするのだ。情報は〈破裂〉し、断片として飛散する。各断片はそれぞれ特殊なコードでコード化されており、各断片の飛散路は交錯しているというのが、この遠心的な情報分配の全容である。したがって、情報の進行を目標とするなら、樹木型言説はまさに理想的な言説構造だと言えよう。その反面、〈情報への忠実〉という問題の解決にどれだけ役立つかということになると、疑問が残る。樹木型言説はたしかに、他に例を見ないきちんとした伝達方法（たとえば科学的方法）のおかげで、〈当初の情報〉とされるものを維持すること、そして言説の過程で処理されたその他すべての情報をも維持することに、役立つ。けれども、たえず新たな情報が処理されるということは、分配されるべき情報がどんどん変形してゆくということでもある。

破裂的な進行性と並んで樹木型言説の特徴を成すのは、最終的受信者がいないということである。それは、分配された情報が細かい断片になってしまったからというよりも、断片化した情報のコードが変換されて、解読困難な閉鎖的コードになるからである。受信者として考えられるのが人間であるかぎり、樹木型言説のすべてのコードを解読することはできないし、主要なものだけでも解読しきれない。とくに、科学技術の樹木型言説については、現実の受信者はありえない。それは、いまや、人間の記憶《メモリー》の容量をはるかに超えるほど細分化しているからである。

樹木型言説構造の成果を知るためには、この閉鎖的側面を、破裂的進行性と併せて考えなければならない。この構造がピラミッド的言説の硬直性を鮮やかに打破したことは確かだが、そのために払った代償は、この構造が結局〈無意味〉になってしまったということである。それは現実の受信者をもたず、それが分配する情報はせいぜい人工的・サイバネティクス的な記憶《メモリー》に貯えられるにすぎない。それは、〈非人間的〉になってしまったのだ。

情報分配の閉鎖的特殊化によって、死に至る孤独を克服するという人間のコミュニケーションの本来の意図が達成されなくなるという危険は、ますます増大する。この危険を免れるために、第四の言説構造がますます重要になり、それは樹木型言説を覆って溢れはじ

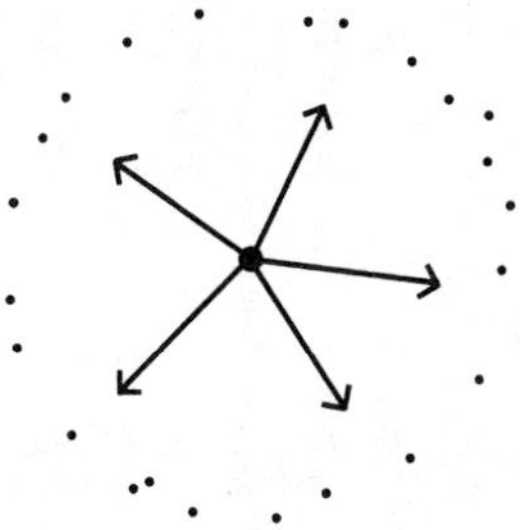

めるまでになっている。その第四の構造というのは、劇場型言説を発展させたものと見ることもでき、実際それに取って代わったところも少なくないが、多分すでに先史時代にコミユニケーションの一つの型として存在したものであろう。それは、

(d) **円形劇場型言説**であって、上のような構造をもつ。

この図は、劇場型言説から凹面状の壁を除きさえすればその境界がなくなること、つまり〈全地球的開放性〉をもつに至ることを、示そうというものである。この言説構造の実例が新聞・テレビ・ポスターのようないわゆるマスメディアであることは言うまでもないが、その原型は古代ローマのコロセウムのような円形興行場《サーカス》であった。

この構造は、基本的に、たった二つの要素から成っている。①がらんとした空間に浮かんでいる発信者。その記憶《メモリー》のなかで、分配されるべき情報がプログラミングされている。②放射状のチャネル。それは、情報を分配するべくもっぱらこの

構造のために作られたコードの、搬送路《キャリアー》である。そのようなチャネルとしては、たとえば新聞紙・電波・映画用フィルムなどがある。これら二つだけがこの構造の要素なのだが、第三の要素も取り入れなければなるまい。もっとも、それは、境界のない放射空間を漂う埃のようなものにすぎない。それは、③受信者である。受信者とは、いわば偶然に何らかのチャネルにかかわり、その情報を受信し、それによってプログラミングされる記憶《メモリー》である。もとより、かかわりを生む〈偶然〉は、実はこの言説構造の意図するところに他ならない。受信する記憶《メモリー》たち（〈大衆〉）の無構造性は、実は、円形劇場《アンフィシアター》型言説の放射が予定するところなのだ。

この構造の特徴は、受信者が言説の尽きるところに（ほとんど言説の外に）いるということである。チャネルは実は、発信者を受信者と結んでいないのだ。一方は他方にとって見えないものになってしまっている。それぞれに見えるのは、チャネルだけだ。したがって、この構造の内部では、コミュニケーションにかかわる人々は互いを認識することがない。これは、情報の保存にとってまさに理想的な言説形式である。受信者（〈大衆〉）は情報保存瓶になる。かれらは、受信するしか能がないのだ。かれらにはいかなる返信能力もなく、いかなる発信チャネルもない。この構造においては、責任を引き受けること、〈革命〉を起こすことは全く考えられない。受信者はいわば無重力空間を漂い、その方向喪失状態のなかでどちらかに〈向く〉こともできないでいる。円形劇場的な放射の場では、方向づけというものがない。この場は、チャネルによってしか構造化されていないからだ。こうした言説の受信者は、方向づけを与えられるのではなくプログラムを与えられるにすぎない。

円形劇場型言説においては、樹木型言説の閉鎖的で特殊化されたコード化は克服されている。いまや情報は、ごく僅かの、ごく単純な、ごく画一的なコード、ほとんど普遍的なコードで放射されるのである。このコードは、誰もが、どこでもいつでも解読できるのだ。これに対して、〈情報の流れ〉の問題は、円形劇場型言説では棚上げにされる。受信者を将来の発信者に造り変えることは、もはや必要でない（そして、可能でもない）。発信者は〈不死〉であり、〈永劫に〉発信できるからである。すなわち発信者は、人間たちと各種のサイバネティクス的記憶《メモリー》（ディスコテク・貸ビデオ店《ビデオテク》・図書館《ビブリオテク》・コンピューターなど）の複合体なのだ。したがって、円形劇場型言説は、情報分配の二つの意図にとって断然優れた言説形式である。それは、受信者を情報の瓶詰めにしてしまうことによって情報を保存し、発信者が〈永劫に〉機能し続けることによって情報の流れを保証する。こうしたコミュニケーションの完璧性は、別の文脈では〈全体主義〉という概念でとらえられるものなのだ。

ところで、以上に見た四種の言説《ディスコース》構造の優劣をそれぞれの成果に照らして判断し、その近未来を予測するためには、ここで対話《ダイアログ》にも視線を向けておかなければならない。

二つの対話構造

対話は、さまざまの既存の情報を合成《シンセサイズ》して新たな情報を生むための方法である。この定義についても、言説を定義するさいにしたのと同様に、（それに含まれている多くの問題を余すところなく論ずるには完全無欠なコミュニケーション学が必要だから）大部分の問題を棚上げせざるをえない。棚上げされるのは、たとえば〈新しいもの〉すなわちいわゆる〈創造的生産〉とは何かという古くからの（そして超現代的でもある）問題とか、合成《シンセシス》［総合《ジュンテーゼ》］とは何かという問題、すなわち語源学的に見ても〈対話《ダイアログ》〉という語に含まれている弁証法《ダイアレクテイク》の問題とかである。ここでは、さまざまの情報を合成して新たな情報を生むための方法にかかわる問題を扱うにとどめる。

当然のことながら、そうした方法はたくさんある。そのうちいくつかは、いまはまだ実験段階にある（たとえばグループダイナミクスや、いわゆるブレインストーミング）。だが、どういうわけか、人間のコミュニケーションの型として重要な対話構造は基本的に二つだけしかない。ここでは、言説の場合と違って、複雑な状況の観察から構造モデルが抽出されるわけではない。二つの対話モデルは、観察される現象の方から観察者に、いわば押しつけられるのであり、観察者としてはそれを受け容れるしかないのである。

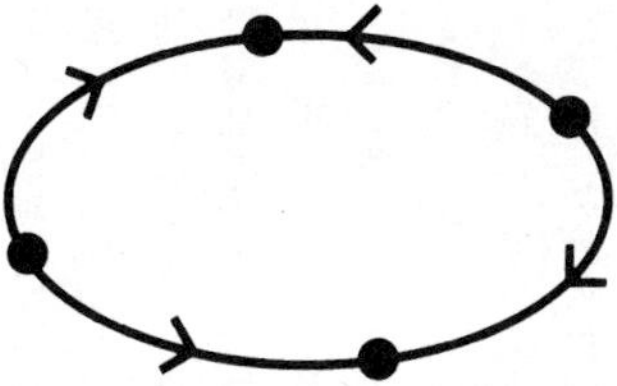

(e) **サークル型対話**は、上のような形をとる。

これは〈ラウンドテーブル〉の構造であって、その実例は、委員会や実験室や会議や議会に見られる。この構造の原理は簡単である。そこでは、対話参加者各自の記憶《メモリー》に貯えられているすべての情報の公分母が見出され、その公分母が新たな情報という高い序列に位置づけられる（ルソーはこれを〈共通理性《レゾン・コミューヌ》〉と名づけたが、［ドイツで言われる］〈国家理性《シュターツレゾーン》〉も似たようなものだ）。しかし、この単純な図形の背後には、描写しようもない複雑さが潜んでいる。対話に加わるもろもろの記憶《メモリー》の間には、論ずべき情報（決定すべき問題）に関して違いがあるばかりではなく、それぞれの持札《コンペテンス》（手持ちの情報量）に関しても、情報を貯えるためのコードに関しても、意識レベルに関しても、違いがある。したがって実際には、求められている〈公分母〉は、すべての対話参加者が対話以前から共通にもっていた基本的情報なのではなく、一つの合成であり、本当に〈新しいもの〉なのだ。対話というものがきわめて難しいコミュニケーション形式である理由、いわゆる〈リベラルデモクラシー〉がなかなか機能しない理由も、そこにある。それは合致に基づくのではなく、抗争に基づくのである。しかし、短所に見えるそのことが、このコミュニケーション形式を正当化するわけだ。

前頁の図から判るように、サークル型対話の根本問題の一つは、参加者の数である。サークル型対話は閉じられた回路《クローズド・サーキット》なのだ。それは、参加者の数を制限せざるをえないという意味で、エリート的なコミュニケーション形式である（これが、選挙民主制に内在する矛盾である。そこでは、対話すべき人々が選ばれるが、エリート的性格は否定される）。対話参加者の最低限度はどう見ても二人であり、二人の間の対話という状況（恋人同士の対話・母子の対話・師と高弟の対話、そして人間と神の対話も）を基本的な対話形式と考える者が多い。プラトンはさらに進んで、新たな情報の真の創造は〈内的対話〉においてなされると説いている（参加者を一人に限っている）が、この精神分裂的状況は一つの記憶《メモリー》の分割（つまり二人の対話）とみなすべきものであろう。しかし、対話形式としての〈省察〉は、その思弁的性格のゆえに情報の合成と言えるものかどうか疑わしく、したがって、ここでの考察の枠外に置かれる。

これに対して、対話参加者の最高限度はどれだけかというのは問題であり、ケースバイケースで答えを出すべき重要な政治問題の一つである。多分、関係者の最適な数は、意図される新情報（下されるべき決定）との関係で決まってくるのであろう。科学的情報を探求する場合と、新しい法律を作ろうという場合とで、参加者数の最高限度は違ってくる。いずれにせよ、〈参加〉したいと思う者は、自分はどのようなタイプのサークル型対話に加わりたいのか、自分は新たな情報を生むためにどのような持札をもっているのか、具体的に述べる用意があることが望ましい。

参加者の最適な数は、数々の情報プログラムの異質度によっても決まってくる。情報が互いに異質であればあるほど、参加者の最適数は小さい。その代わり、参加者各自のプログラムの異質度が大きければ大きいほど、生まれる情報は豊かなものになる。たとえば、アメリカで何千人もの経済人の会議を開いたり［文革時代の］中国で何百万人もの紅衛兵の集会を開いたりすることは可能だが、どちらの場合も各参加者のプログラムはごく似たものだろうから、サークル型対話によって生みだされる新情報はあまり豊かなものにはなるまい（意外性に欠ける）。これに対して、一人のアメリカの経済人と一人の中国紅衛兵の間でサークル型対話を行うことは難しいが、それが成功すれば、豊かな新情報が生まれることになる。サークル型対話を企てる者は、戦略的問題に直面する。サークル型対話は、ごく閉ざされた構造でありながら、新情報を生みだせるようにノイズに対して開かれていなければならないからである。したがって、サークル型対話が成功することは稀である。それでも、成功する場合には、それは人間にとって可能なかぎり最高のコミュニケーション形式になる。

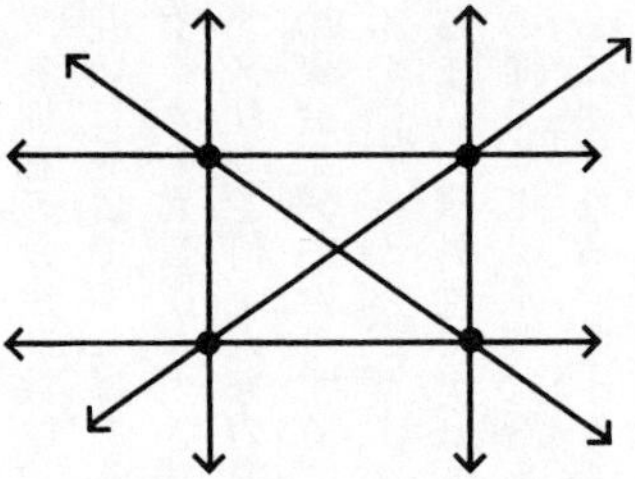

(f)　**ネット型対話**は、上のような構造をもつ。

この散乱したコミュニケーション形式は、人間のその他すべてのコミュニケーション形式を支え、人間が生みだしたすべての情報を吸収してしまう基本ネット《レゾー・フォンダメンタル》を成すものである。その実例は、無駄話・お喋り・雑談・噂話である。郵便と電話は、このコミュニケーション構造の〈高度に発達した〉形式に他ならない。ここでは、そもそも、既存のもろもろの情報から新たな情報を合成する意図などというものは、見当たらない。手持ちの情報がノイズに曝《さら》されて変形する結果、新情報が自ずと生まれるのである。こうして絶えず変貌してゆく新情報が、〈世論〉と呼ばれるものであり、それは近年、部分的に測定できるものになっている。

サークル型対話と対照的に、ネット型対話は〈開かれた《オープン》・回路《サーキット》〉であり、その意味で民主的なものとして公認されている。サークル型対話がうまくいって新しい情報をもたらすことが稀であるのに対し、ネット型対話にとってそれは常時見られることである。われわれは、〈普遍的な人間理性〉と比べて〈健全な常識〉を軽蔑し、トルストイが言ったように多数派はいつも不正だと主張したくなるエリート主義的傾向をもっているが、そこから始めては、ネット型対話を適切にとらえられないのだ。しかし、同様にエリート主義的な逆の傾向、すなわち、民衆の声は神の声というテーゼとか、声なき声を多数派として決定権者に仕立てあげるやり方とかに示される傾向も、ネット型対話の機能をとらえるには適当でない。

ネット型対話は、あらゆる情報が（時に複雑な迂回路を経由することもあるが）最後には流れ込む貯水池である。それは、自然の分解傾向《エントロピー》から情報を守る最終的受け皿（集合的記憶《メモリー》）である。ただし、対話的ネットにたどりつく情報はすでに若干精密さを欠いて通俗化（卑俗化・平易化）されたものであり、対話のやりとりによってますます単純化され、崩れたものとなる。ネット型対話はノイズに開かれているものだから、分解傾向を阻止することがその機能であるにもかかわらず、それ自体大幅に分解傾向《エントロピー》に服するのである。ネット型対話に内在するこの矛盾は、つまるところ、およそ人間の条件に伴う矛盾、つまり世界のなかに在りながら世界に対向しているという矛盾の、現れに他ならない。

人間はむろん、ネット型対話があらゆるコミュニケーションの基本であり、死に逆らう人間の姿勢《アンガジュマン》の基本だということを、昔から知っていた。だからこそ、コミュニケーションを行おうとする姿勢の一形式たる〈政治的参加《アンガジュマン》〉を、ネット型対話をしようという姿勢とみなすことができるのである。政治の目標は、要するに、ネット型対話を〈情報で満たす《インフォームする》〉こと、ネット型対話を〈成形《フォーム》する〉こと、それによって新たな情報（つまり〈新しい人間〉を生むのに寄与することにある。その意味で、民衆扇動《デマゴギー》は政治的参加の対極にある。それは、既存の情報の反覆によって（つまり冗長性によって）、新たな情報がネット型対話に入ってくること（すなわち人間が変わること）を防止しようとするものだから。

しかし、人間が昔からネット型対話の意義を心得ていたにもかかわらず、ネット型対話が（〈世論〉として）方法的にきちんと処理されるようになったのは、実は、円形劇場型言説が技術的に完成されてマスメディアになってからのことである。そのさい、技術的進歩（いわゆる〈コミュニケーション革命〉の外的側面）が、なぜかもっぱら円形劇場型言説についてのみ生じ、ネット型対話とはほとんど無関係であったことに、留意しなければならない。テレビが円形興行場《サーカス》とは全く異なる機能を果たすようになっているのに対して、人間は電話を使ってほとんど石器時代と同様のお喋りをしているのだ。

さて、人間のコミュニケーション形式のいろいろな構造をこのように並べてみた上で、これを現在の状況に関係させてみると、次のような判断に至るであろう。劇場型言説とサークル型対話は、もはやうまく機能せず、〈危機〉にあるように見える。ピラミッド型言説は、一世代前には〈克服〉されたかに思われたにもかかわらず、依然として重要なコミュニケーション形式である。樹木型言説（とりわけ、科学技術のそれ）は一世を風靡しているようだが、それを疑わせる出来事も見られるようになっている。しかし、何よりもわれわれの状況の特徴だと言えるのは、技術的に高度化した円形劇場型言説が、アルカイックにとどまりながらも処理の面ではどんどん改善されているネット型対話と同期化《シンクロナイズ》しているということである（普遍的参加の外観を呈する全体主義的脱政治化）。この（少しばかり黙示録的な）判断がどこまで当たっているか、次節で検討することにしよう。

2――これらの構造の機能

全体主義的脱政治化（本物の全体主義〈国家〉）が見られるのは、たとえば、テレビ番組とそれについての一般人のお喋りがうまく同期化《シンクロナイズ》して、その他のコミュニケーション形式が死滅してしまうような場合である。だが、われわれの状況は（まだ）そうではない。円形劇場型言説とネット型対話以外にも、まだ他のコミュニケーション構造が見られるのだ。したがって、われわれの状況にとって重要なものをとらえようとする本節では、そのようなまだ残存している構造（まだわれわれに残されている希望）を眺めてから、円形劇場とネットの同期化という中心的問題と取り組むことにしよう。

(a) 劇場とサークル

二つの原初的構造

これら二つの構造は、〈原初的な〉、いわば〈氏族時代の〉コミュニケーション形式を示していると思われる。洞窟の壁を背にして若い戦士に神話を伝える氏族の古いならわし（劇場型言説）や、近づいてくる馬の群をどうするか決めようとして焚火のまわりに集っている狩人たち（サークル型対話）を、思い浮かべることができよう。そこから得られる印象は、そのような旧石器時代的コミュニケーション形式が、いまや苔《こけ》のように地上を覆いながら北西［先進地帯］に向かって広がりつつある何十億もの人類の相互的コミュニケーションのために、少しも役に立たないということである。劇場型言説とサークル型対話は、本当を言えば、大衆社会においては機能麻痺に陥る定めなのだ。

けれども、劇場とサークルをアルカイックなコミュニケーション形式とみなすこうした見方は、どうにも悲観的すぎる。劇場型言説は、情報を保持し世代から世代へと伝えてゆく仕事に責任をもって参加することを可能にする、われわれが知るかぎり唯一のコミュニケーション形式なのだ。また、サークル型対話は、新たな情報を生み決定を下す仕事に意識的に参加することを可能にする、われわれが知るかぎり唯一のコミュニケーション形式なのだ。したがって、劇場とサークルの同期化、責任と決定の同期化は、〈われわれが知っているのとは全く別のコミュニケーション関係が支配するような状況が考えられないかぎり〉人間に値する生、すなわち自由における生を生きる、唯一の可能性だと思われる。だから、劇場とサークルが不可能になったと信ずることは、普通〈人間の尊厳〉と呼ばれるものの存続について、希望がもてなくなったということだ。

実際に機能するコミュニケーション構造としてはマスメディアしかない状況において、自由に対する信仰（責任をもって歴史に参加できるという信仰）を維持しようと思うことを、多くの人々は不正直だと見ている。不正直なのは、偽善的だからだ。実際には、現代の人口爆発の量的側面がコミュニケーション構造に影響を及ぼしているわけだが、その影響はとかく軽視される。たとえば、いわゆる〈第三世界〉に対して、［自由に対する信仰から］ヨーロッパの小学校に見られるような劇場型言説を期待したり、ヨーロッパの議会に見られるようなサークル型対話を期待したりするのだ。もっとも、われわれがいま見聞きしているのは、最初の人口爆発だというわけではない。すでに第一次産業革命の後、西ヨーロッパは人口爆発に直面した。さらに遡れば、金属器時代の初めに水路が掘削され、泥流が水路に誘導されたときにも、人口爆発があった。最も激しい人口爆発は、もっと古く、狩猟から農耕への一歩が踏み出されたときに起こったに違いない。それでも、劇場型言説とサークル型対話は、形を変えながらも洪水的な人口増大にうまく対応してきたのである。そのさい、数に幻惑されてはならない。全人類の数が何百万人から何十億人に増大したからといって、中石器時代の人口が何百人から何千人に増大したときよりもひどいカタストロフだということにはならない。だから、（たとえば新形式の家族や学校における）劇場型言説と（新形式のビデオやコンピューターによる）サークル型対話が現在の破滅的人口爆発を何とかしてくれるかもしれないし、人間の大群が地上に氾濫するようになってからも人間の尊厳に値する生活を営むことができると考えられるかもしれない。

しかし、否定できないのは、劇場型言説とサークル型対話がいまやマスメディアと人口爆発のインパクトによって重大な危機に立たされているということだ。危機だというのは、二つのコミュニケーション構造が本来エリート的閉鎖性を特徴とするものだからである。その危機を、以下では二つの例に即して説明しよう。一つはいわゆる〈市民家族〉の劇場型言説であり、もう一つは（科学の樹木型言説のなかでの）実験室のサークル型対話である。そのさい、できれば現在の危機の側面だけでなく、二つの構造をつくり変える可能性をも考えてみたい。

劇場型言説の危機

①いわゆる市民家族は、発信者としての母親（または雇われてその代役を務める女性）と受信者としての子どもから成る。凹面状の壁は、子ども部屋の壁または居間の壁である。この劇場構造の周縁には彗星のように定期的に立ち入ってくる父親がいるが、それは劇場型言説にとって重要でない。これが、第一次産業革命の結果生まれた基本的な劇場構造なのだ。もっとも、これは、統計的にはむしろ少数であり、産業革命以後の子どもの大部分は、別の構造をもつ劇場型言説によってプログラミングされている（プロレタリアの子どもは労働する母親をもっているから発信者としての母親をもつことは稀であり、農民の子どもはまだ産業革命以前の、三世代家族のなかで生きていた）。それでも、右のような〈市民家族〉は、一九世紀と二〇世紀前半を通じて、（受信者がまだ小さな子どもであるかぎり）世代から世代への情報伝達のモデルとされてきたのである。居間における発信者としての母親（またはその代役）と扇形状に坐っている受信者としての子どもたちは、コミュニケーション革命が始まるまで、さまざまの情報伝達

える〉ものであった。それが、西洋的教養《パイディア》を保証したのである。それは、〈価値を伝の端的なモデルであった。

このモデルの内部で、母親は、分配すべき情報を貯蔵する記憶《メモリー》を形成する。その情報は、とりわけ神話（たとえば〈童話〉）である。これはグリム兄弟のようなロマン派の専門家によって新たにコード化されたものであり、特別の行動構造をプログラミングして、受信者たる子どもたちに植えつけるものであった。それらの行動構造（〈諸価値〉）は、工業過程で生産された財の維持・増大・〈美化〉に向けられている。われわれの興味を惹くのは、とくに、それらの価値が分配されるさいのコードである。ロマン派の専門家は、神話（およびその他の命令法）を、口承のコードによるものからアルファベットのコードによるものへと切り替えた。いまや、母親は〈子どもたちに読んで聞かせる〉か、または自分が読んだものを物語るようになったのだ。

コードの問題は本書第Ⅱ章で扱われるが、ここで若干先取りして説明しておく必要がある。アルファベットは線形的なコードであり、受信者を特別の意識形式（いわゆる〈歴史意識〉）へとプログラミングする。それに加えて、アルファベットが印刷されるときは、それは特別の人為的言語、つまり〈国語［ナショナルな言語］〉へとプログラミングする性向をもつ。これら二つの要因があると言えるなら（以下においてそう言えるわけをはっきりさせたい）、市民家族とは、工業によって生産された財を維持するために、次の世代を始めから国民的歴史意識をもつようにプログラミングしようという意図をもった構造に他ならないように見える。この形式をとることによって、劇場型言説は、産業革命による人口爆発を生き延びることができたのかもしれない。

ところで、この〈市民家族〉がもはやこうした機能を果たしていないことを、確認しなければならない。むろん、その残照はいまでも見られる。また、イデオロギーとしては、市民家族は未だに無傷であり、現実の情景の上にいわば雲のように漂っている（そして、現実の分析を難しくしている）。けれども、それは、コミュニケーション革命によって一変してしまい、完全に反転してしまったのだ。母親の座にあるのは、いまやテレビである。これは、発信の構造がもはや劇場型ではなく円形劇場型になったということであり、情報の構造がもはや線形的・アルファベット的ではなく平面的に、画像としてコード化されているということだ。テレビの導入は劇場の貝殻を打ち砕き、子ども部屋と居間を円形劇場の放射の及ぶ無数の到達点にしてしまったのだ。テレビ画面のテクノ画像がアルファベットに取って代わった結果、国語は重要なコードの座を明け渡してしまった。テクノ画像のもつ斬新なコード構造は、新種のプログラミングをもたらしている。新しい世代は、もはやナショナリズムと〈歴史意識〉に向けてプログラミングされてはいないのだ。

こうした視点から見れば、市民家族はマスメディアの侵入に耐えて生き残ったのではなく、その圧力によって分解してしまったのだ。そこから、新たな教養《パイデイア》、新たな〈価値〉

が生まれることを期待するしかない。市民家族の劇場型言説は、コミュニケーション革命が起こるまで、教養のチャネルであったばかりでなく、その言説の受信者を更なる劇場型言説（小学校・中高校・大学）に向けて予めプログラミングしていた。だから、現在見られる学校制度の危機の一因は、家族の危機にも求められるのである。いまのところ、劇場型言説は、マスメディアの侵入に対抗する新しい構造を打ち出すのに（まだ）成功していない。

サークル型対話の遺物化

②サークル型対話・円卓会議・議会・〈自由市場〉等々は、〈理想的〉コミュニケーションのモデルとしてバロック〔王侯貴族の社会〕と啓蒙主義が思い描いたものであり、それは（アメリカおよびとくにフランスの）市民革命において重視されたと説かれている。しかし、産業革命後の状況をつぶさに見れば、サークル型対話は、実際のコミュニケーション構造としてよりはむしろイデオロギーとして機能したことが判る。もとより、一九世紀の〈リベラルデモクラシー〉は、少なくとも西洋ではサークル型対話に優越的地位を認めたように見える。どこでも議会制度が生まれ、政治的・哲学的・芸術的な出版物の形をとる〈開かれた〉サークル型対話が随所で展開され、〈開かれた市場〉が財の交換の構造になったように見える。だが、実際には、科学技術の樹木型言説に押しまくられたために、〈専門化〉されていないサークル型対話が本当に新しい情報の源泉となることはますます疑わしくなっていった。ほぼ一八世紀の末、サ

ークル型対話が凱歌をあげた時点では、サークル型対話は支配的なコミュニケーションモデルとして、言説の上位に安住していられた。だが、〈二〇世紀前半にファシスト的言説が侵入するまで〉市民的イデオロギーによってサークル型対話が支配的とされたにもかかわらず、それは辛うじて樹木型言説の一部として産業革命を生き延びることができたにすぎない。それは、独自のコミュニケーション構造としては、実はすでに一八世紀末以来、没落の一途をたどってきたのである。e図とc図を比べてみれば、対話の当事者にとって両者が全く異なるコミュニケーション状況を意味することが判るであろう。実験室やセミナーやシンポジウムで、そしてまた行政の会議や労働組合の会議で対話に加わることは、〈焚火をかこむ狩人たち〉や議会の議論といったタイプの対話に加わることと、どこか違うところがある。前者にあっては、対話は特別の言説に奉仕する。特別のコードに従っている。意図に服するものであり、その意図に〈向けられ〉ており、特別のコードに従っている。後者にあっては、対話は予見できない新たな情報を生み出すために役立つ。対話は〈決定する〉ものなのである。対話者は、前者においては専門化された服務員《ファンクショナリー》であり、後者においては自由に決定する人間なのだ。

サークル型対話は樹木型言説の一部として、産業革命を生き延びただけでなく、驚異的な実力を発揮した。実験室・シンポジウム・行政の会議・執行委員会といったものが、増える一方の新たな決定、新たな情報を吐き出している。しかし、独立のコミュニケーション構造としてのサークル型対話、手にしている情報の自由な交換としてのサークル型対話は、もう昔のことになってしまった。それは、ロココの骨董品のようなものになってしまった。

だから、劇場とサークルの同期化がありうるかどうかを訊くこと自体、現在の状況においてはほとんど考えられないことなのだ。劇場が、責任をもって価値を移送することを可能にする唯一のコミュニケーション構造だという前提の下では、市民家族の崩壊はあらゆる責任の棚上げをもたらしたと言うしかない。サークルについても同じことが言える。サークルが、自由な決定への参加を可能にする唯一のコミュニケーション構造だとするなら、樹木型言説がサークルを取り込んでしまい、取り込まれていない〈ゆるい〉サークルは無力である以上、自由な決定はもう不可能になっていると考えざるをえない。したがって、責任と決定の同期化はすでに産業革命このかた不可能だったのであって、現在の危機もとくに変化をもたらすものではないように思える。しかし、性急にそのような悲観的結論を出す前に、他のコミュニケーション構造をも観察しておこう。

(b) ピラミッドと樹木

ピラミッド型言説の神話性

劇場とサークルの場合と違って、これらは〈原初的な〉コミュニケーション形式ではない。ピラミッドはきわめて古く、国家より古いかもしれないが、それでも、ピラミッドは複合的な構造なのである。その中継者は、受信する一方で送信するのだから。樹木について言えば、すでに前節(b)の図からして、きわめて手の込んだコミュニケーション構造であることが明らかであろう。しかし、二つの図を比べてみるならば、ほとんど見逃されてきた側面があることが判る。すなわち、樹木とはピラミッドが形を変えたものであって、ピラミッドに対置されるようなコミュニケーション形式ではないのだ。近代科学（典型的な樹木）が教会（典型的なピラミッド）と戦いながら登場したことはしばしば強調されるが、科学が構造的に見て教会の相続人であること、つまり基本的に同一の構造を示していることは、めったに指摘されない。しかし、科学技術の隠されたピラミッド性、その隠された権威主義にこそ、科学技術が現在直面している危機の根源があるのだ。

ピラミッドの起源は、われわれをそれから隔てる何千年の歳月によって覆い隠されている。しかし、確かに言えることだが、（ローマの共和政において明確化されたように）原作者・鈍化する権威・信ずる受信者の三要素から成るものとして言説をとらえることは、すでに最初の国家建設以前から始まっていた。驚異に値するのは、この言説形式の持続力であろう。むろん、［バビロンの］シュメール人国家の行政は、現代の多国間社会やソビエト体制と多くの細部において異なっている。しかし、なかを流れる情報の構造と動態は、基本的に変わっていないのだ。ピラミッドが樹木により取って代わられつつあることを認めるにしても、われわれのプログラム構造に対するピラミッドの強い影響は否定できない。ピラミッドの根本的問題は、その〈神話的〉性格である。発信者は原作者として、コミュニケーションを超越する。ピラミッドの頂点は、いわば雲のなかにあるのだ。ピラミッドの目に見える頂点を成すのは、〈構造的に直接原作者と結ばれた中継者の〉〈最高権威〉である。分配されるべき情報の原作者は、古代文明においては神々であった。それが形を変えて、ローマでは［伝説上の建国者］ロムルス、教会ではキリスト、いろいろな軍隊では〈主権者たる国民〉、いろいろなピラミッド型政党では〈教説〉（たとえば弁証法的唯物論）、大企業では株主といったものになる。しかし、実際にピラミッドの頂点に立つのは、王であり、執政官であり、教皇であり、将軍であり、党書記であり、経営者である。かれらは最高権威ではあるが、〈独立の〉発信者ではない。

中継者が一方では原作者に立ち返ることにより情報の純粋性を保ち（信仰的《レリジャス》な機能）、他方では段階を追ってそれを移送してゆく（伝送的《トラディショナル》な機能）という二重の機能は、もとより原作者の神話的性格に影響されたものである。最高権威と原作者の間には、超越性という断絶を超えてたえず橋が架けられる必要がある。そのことが、この言説の全体に〈神官的《ポンティフィカル》な〉雰囲気をまとわせるのだ。それぞれのピラミッドはそれぞれの仕方で、この問題を処理している。［バビロンの］アッカド帝国の宗教《レリジヨン》と伝統《トラディション》は、［石油コンツェルン］エクソン帝国を支配するそれと同一ではない。しかしながら、およそ神官的宗教性と伝統性（〈信仰〉・団結心《エスプリ・ド・コール》・アンガジュマン［既存の教説の信奉］等々）なしでやってゆけるピラミッド型言説はありえない。樹木型言説は、この種の神官的［聖職者的］雰囲気を言説から排除し、神話的原作者を超克することによって、宗教的・伝統的側面を言説から追放する試みに他ならない。科学の言説、および科学の構造をモデルとするその他すべての言説は、神話的原作者なしに、つまり非権威主義的に（それどころか、自称するところによれば反権威主義的に）ピラミッドを継続する試みなのだ。この試みは、何世紀もの間（一六世紀から一九世紀もかなり後まで）大成功であったように思われた。それでもまだ残存するピラミッド型言説は、アルカイックで克服可能な遺物と見られたのである。しかし、その後、この試みが成功だったかどうか疑わしくなり、疑問の声はますます大きくなっている。すなわち、神話的な原作者は本当に樹木型言説から排除されたのではなくて、〈客観的真理〉とか〈科学的厳密性〉とかいったレッテルとして樹木型言説の頭上にあり、対話的なサークルは実際には［ピラミッド構造のなかの］権威［中継者］になっているのである。対話的なサークルは聖職者的に機能し、そのつもりでなくとも党書記や経営者よりもはるかに、現代の信仰を純粋に保ち、それを伝えてゆくのに役立っているのだ。

樹木型言説の閉鎖化

だが、科学の言説の神話的性質と権威主義的性格を認めなければならないということだけが、現代における科学の危機の原因だというわけではない。その他に二つの原因がある。それは、科学のさまざまのコードがどんどん閉鎖的になり、また、科学の専門がどんどん特殊化してゆくということだ。人間の記憶《メモリー》は、科学の言説によって分配された情報を貯えられなくなっている。なぜなら、人間の記憶《メモリー》は科学の無数の専門ごとのコードのためにプログラミングされているわけではなく、まして、ほとんど数え切れない専門ごとの情報団塊を集めて合成《シンセサイズ》することなどできないからだ。たしかに、いずれはすべての科学情報を合成することによって哲学者を不要にしてしまう記憶《メモリー》を理論的にはもちうるはずの、サイバネティクス的機械というものはある。しかし、そんな記憶《メモリー》が人間によるシステム分析の対象たりうるものか、疑問であろう。科学的言説が人間を受信者として予定できないかぎりで、それは非人間的であり、基本的に無意味になっているのだ。そうした言説は、人間のあらゆるコミュニケーションの意図、すなわち生に意味を与えるために情報を得るという意図を、もはや実現することができない。そして、科学的言説について言えることは、その他のあらゆる樹木型言説〈技術・いわゆる〈前衛芸術〉・特殊化した哲学・樹木構造をもつ行政〉についても当てはまる。それらはすべて、閉鎖主義と専門化の犠牲になっているのである。

〈大学《ユニバーシティー》〉という語は、科学の危機がわれわれの学校制度を破壊しつつあることを、示唆している。大学の教育的理想は、ルネッサンスの万能人間《ユニバーサル・マン》、すなわち、使えるすべての情報を貯える記憶《メモリー》に他ならない。いまや、この理想が無意味になってしまったのだ。さまざまの樹木型言説から流出する情報インフレを記憶《メモリー》に詰め込もう〈〈学生に授業する〉〉

という考えは、日一日と馬鹿げたものになっている。さまざまの情報とそれぞれのコードが人間の貯蔵能力を超えるばかりではない。樹木型言説のどの枝も、たえず新たな情報を生み出し、それが古い情報を〈追い越し〉ているのであって、情報が情報の上に〈溢れ出る〉ようになっている。そのために、情報が古くなるスピードはますます増大する。しかし、サイバネティクス的記憶《メモリー》と違って、人間の記憶《メモリー》はそう簡単に忘れることができない（一旦プログラミングされた情報はすぐ記憶《メモリー》から消せるわけではない）から、古くなってしまった情報は、たえず〈リサイクリング〉に努めても、人間の記憶《メモリー》のなかのゴミの山として残る。大学はいまや、万能人間《ユニバーサル・マン》と正反対のもの、すなわち古くなってゆく情報のおかげでますます決定能力を失う専門家を生み出している。だが、人間を（たとえばシステム分析家にするのではなく）サイバネティクス的記憶《メモリー》と競わせるような学校制度は、「人間がその競争に勝つ見込みがない以上」没落の運命にある。

すべてを（およそ教養《パイディア》というものをも）揺るがす大学制度の危機には、もう一つ理由がある。樹木型言説のなかの情報が爆発的に増大すればするほど、樹木の内部に新しい対話サークルが生まれる。それがテーマとするのは、もはや新たな情報の産出ではなく、情報産出の構造そのものである（あたかも、樹木が裂けて枝が幹に逆らうようなものだ）。こうした〈形式的〉対話のうち二つ（論理学と数学）は古くから知られているが、近時は他の一連の対話がこれに加わった（たとえば、情報科学・サイバネティクス・ゲームの理論・決定理論)。だが、科学的・技術的・芸術的・哲学的・政治的な樹木型言説のこうした新しい枝は、大学で依然として支配的な旧来の樹木型構造に含めて考えることのできないものなのだ。大学は、分配すべき情報のタイプごとに区分されている。しかし、情報科学やゲームの理論は、理学部でも法学部でも、建築学科でも言語学や医学のコースでも教える必要がある。どんなに相互乗り入れ《クロス・エデュケーション》教育を試みても、それによって大学制度を救うことはできない。大学の構造が現在の科学の構造にもう適合していないということなのだ。

現在(たとえば軍隊や政党や多国間行政において)さまざまの大規模なピラミッド型言説が行われている。それらは、吹きつける樹木型言説の嵐によく耐え抜いている。樹木型言説は〈解放的〉性格をもち、神話と権威から自由であり、信仰に代えるに方法的疑問を似てすると自称するが、それが幻想にすぎないことが明らかになったからだ。いまやすべてを覆うかに見える科学技術の樹木型言説は、われわれをプログラミングする権威主義的なピラミッド型言説の一種にすぎないということが、ますます明白になっているのだ。言い換えれば、科学技術は、われわれにとっての〈宗教〉なのだ。それでも、これら一切の巨大なピラミッドの基礎と、これら一切の巨大な樹木の根は、壊れはじめている。閉鎖的な専門家主義と神官的な服務員制を伴う科学技術を含めて、ピラミッド型言説はすでにその最盛期を過ぎたのだ。かつては巨大だったこれらの言説は、ますます高まるマスメディアの大波と、ネット型対話内部のすべての情報のますます顕著な卑俗化によって侵食されている。〈世論〉はいわゆる〈進歩《プログレス》〉にますます興味を失っている。学校制度がいま迎えている危機は、こうした興味減退をよく示すものだ。

むろん、だからといって、ピラミッド型言説と樹木型言説がやがて情報を分配し新たな情報を生み出すことをやめるだろう、ということではない。その反対に、マスメディアと〈世論〉が関心をもたなくなればなるほど、軍隊や権威主義的行政といった構造は発展し、科学技術の進歩も順調に進行すると考えることもできる。科学技術から得た情報を利用するピラミッドによってマスメディアの円形劇場型言説がプログラミングされる一方、ピラミッドや樹木に影響を及ぼす可能性の全くないネット型対話［お喋りや噂話］のためのプログラムが放散《ブロードキャスト》されるような状況が、生まれるかもしれない。科学技術が何らかの権威主義的なピラミッド型言説に服属し、そのピラミッド型言説のコードが円形劇場型放散［放送］に組み替えられる（そして、その放送が受信者大衆を、ピラミッド内部の出来事、ピラミッドに情報を提供する科学技術内部の出来事から遮断する）というのが、科学技術はいまや非人間的になろうとしているという主張の本来の意味なのだ。われわれは全然想像もできない科学技術の進歩をいま目のあたりにしている、と言えるのかもしれない。しかし、同時に、その進歩は、われわれの実存的関心を全く惹かないものになりはじめている。それと似た理由で、われわれは、権威と伝統に対する関心をますます持たなくなっているからこそ、かつてなかった権威主義的ピラミッド（テクノクラシー）を体験しているのかもしれない。〈マスコミュニケーション〉とか〈コミュニケーション革命〉とか呼ばれるのは、つまり、このことだ。人間をプログラミングする言説から、人間の関心を遮断すること、要するに、人間を、成形可能で〈情報化〉しうる大衆に変えるということなのだ。

(c) 円形劇場とネット

マスメディアとコンセンサス

むろん、この構造も、新しいものではない。円形劇場というものは大昔からあり（円形興行場《サーカス》、観衆に取り囲まれた踊りなどの公開の祭り）、それが無責任な態度をもたらすことも、大昔から判っていた（〈パンとサーカスを！〉）。同じことが、ネット型対話についても言える（たとえば、「モーセに向かって」〈ぶつぶつ言う〉イスラエルの民、受信した情報を通俗的にゆがめて〈世論〉だとする言い分）。円形劇場とネットが同期化するということも、昔から知られていたのであり、ファラオのエジプト・ギリシアの僭主政・ローマの帝政を、放散《ブロードキャスト》と無駄話の協演の実例として挙げることができよう。しかし、現在見られる円形劇場とネット、マスメディアとコンセンサスの提携は、歴史上も先史時代にも類例のないものである。現代の円形劇場型言説は、劇場型言説ではなく科学技術の樹木型言説が発展したものであり、現代のコンセンサスは、昔ながらの鄙《ひな》びたお喋りが世界中に広がったものではなく、科学的・技術的に操作できる井戸端会議、分配された情報の〈扇情化〉なのだ。

　この新しさを、たいしたことではないとして片づけてしまってはなるまい。テレビは技術化された円形興行場《サーカス》だが結局円形興行場にすぎないとか、世論は昔からすべての情報を噛み潰して粥にしてきたのであって、いまや同じ粥が世界中に見られるようになったのだとか言ってみても、あまり意味はない。マスメディアは、〈円形興行場〉の概念ではとらえられない斬新なコミュニケーション構造を生み出している。世論調査機関は、無内容な無駄話を測るばかりでなく、ネット型対話に基づく人間行動の新しい形式を測っているのだ。メディアプログラマーは（デマゴーグに由来するにもかかわらず）デマゴーグと同じではなく、コマーシャル制作者は（金棒《かなぼう》引き［井戸端会議の主役］と似た機能を果たすにもかかわらず）金棒引きと同じではない。

　いまやマスメディアとコンセンサスの同期化によって時間も空間も〈超克〉されたというのは、徹底的な革新の一側面にすぎない。革新的発展のおかげで、世界中のあらゆる出来事がどこでも同時に起こり、どこでも同じ世論を生み出しているのだ。どこでも同時に、かつて生じたとされる出来事が〈想起〉され、どこでも同時に同じ反応を惹き起こす。もっと重要なのは、すべての出来事と反応のこうした共時性が、全く新しい形式のコード、すなわちテクノ画像によって達成されているという事実である。マスメディアとコンセンサスの同期化という霧のなかから、新しくコード化された世界が姿を現してくるのだ。それは、写真や映画やテレビ映像の世界である。この世界のなかで時間と空間が超克され、認識と評価と体験の新しい範疇《カテゴリー》に席を明け渡すことになる。われわれの状況が斬新であるのは、いま見られる円形劇場とネットの同期化が世界のコードの変更と、世界のなかの生活のプログラムの変更、つまり人間の在りようの新しい形式をもたらすという点にある。

これは、本書の基本テーゼと中心主題にかかわることである。現在、マスメディアによってプログラミングされ、ネット型対話によって実現される新形式の人間の在りようが出現しているというのが、著者の見方なのだ。別の言い方をしよう。いまや、科学技術によって構想され管理される円形劇場が、われわれのプログラムを根底から変更し、それによって社会の構造を変えるばかりでなく、(もっと重要なことだが) われわれのなかに未だかつてなかった新しい意識レベル、生に新しい意味を与える意識レベルを生み出そうとしているのだ。

この基本テーゼによれば、マスメディアがわれわれをプログラミングするさいのコードから新しい意識レベルを知ることができる。科学的に管理された円形劇場が支配的であること、その円形劇場から放散《ブロードキャスト》される情報がテクノ画像によってコード化されていること、その放散がかなりアルカイックにとどまっているネット型対話と同期化していること、これらが、他の一切のコミュニケーション構造の仮借なき征服ないし排除と相俟《ま》って、かつての社会構造すべてを粉砕し、無定型で均質的な大衆にしてしまったばかりでなく、かってのすべての意識構造（もろもろの〈範疇〉）のコードを変えてしまったのだ。それらの〈範疇〉を固執したいのなら、その結果もたらされるのが集団的疎外、それどころか集団的狂気だということまで、考えに入れなければなるまい。われわれがいま情報を注ぎ込まれるさいのコードを読むならば、われわれの記憶《メモリー》のなかでプログラムがどのように貯えられるかを知ることができる。そのプログラムたるや、われわれが遠くない将来、終わりを知らない享楽に浸っているつもりで千年王国・地上の楽園・神の国といったものの戯画（つまり終末図）に組み込まれるためのもの、すなわち、われわれを完全に脱政治化するためのものなのだ。しかしながら、人間を情報の源泉から遮断することによるこうした最終的・歴史以後的《ポストヒストリー》・全体主義的疎外の仕組みに対抗する別の可能性がないわけではない。それは、やはり現在の状況のなかに見出せる。すなわち、テクノ画像のコードが新しい意識範疇を生み、それが従来の範疇を追い越し、打破することにより、特有のポストヒストリー的な在りようをもたらすことも、考えられる。その在りようは、いままで全く想像もできなかった生活形式・社会形式・認識形式・活動形式をとって実現されるであろう。いま見られるマスメディアとネット型対話の同期化が、他のすべてのコミュニケーション形式に及ぼされるならば、それは、ポストヒストリー的全体主義の仕組みをもたらすのではなく、人間のコミュニケーションを新しい段階に導くものになるかもしれない。現在のコミュニケーション革命は、二つの可能性を視野に収めたものなのだ。一方で、全体主義になることも想像できる。全体主義的言明はわれわれの手近でいくらも拾えるからだ。他方で、もう一つの可能性も考えられる。その手がかりは至るところに確認できるからだ。

3——三つの典型的な状況

現状の診断

以上ではコミュニケーション構造という見地から現在の状況を描いてみたが、これを要約すれば次のようになる。まず、いまやすべての劇場構造、とくに家族と学校が危機に直面している。それは産業革命以来アルファベットのコードに依ってきたのだが、そのコードがもう〈追い越された〉もの［時代遅れ］になっているのだから。サークル型対話も、やはり危機的状況にある。それは、樹木型言説の一部になっている場合は別として、すでに産業革命以前から、専門化の進行によって追い越されているのだから。したがって、劇場とサークル（たとえば学校と議会）を同期化し、それによって自由の裡に責任ある生活を送れるようにしようなどという試みは、いまでは全く問題にならない。劇場とサークルは両方とも、熱帯の海（マスメディアとネット型対話）に浮かぶアルカイックな氷山にすぎないのだ。次に、ピラミッドと樹木型言説、とくにテクノクラシーのピラミッドと科学技術の樹木は、昔も今も重要なコミュニケーション構造である。しかし、昔と違うのは、ピラミッド型言説が樹木型言説に変わったのは単なる機能の変化でしかなく、構造の変化ではないことがますます明白になっているという事実なのだ（〈科学の危機〉という標語はそのことを示唆している）。それでも、現在この言説が演ずる役割は、以前の状況とは違ったものになっている。それは、円形劇場と結びついているのである。権威主義的なピラミッドは、自己の情報を放散するためにマスメディアを利用する反面、後で言うように、自ら円形劇場構造の強制に服する。他方、他のピラミッド型言説とほとんど区別できないまでに権威主義化してしまった科学技術の樹木型言説は、いまや、ますます円形劇場型言説として機能している。この円形劇場、この全地球的円形興行場こそが、世界的規模のアルカイックなネット型対話と同期化しながら、われわれの状況を特徴づけるもの、ますます明瞭に特徴づけるものになっているのである。要するに、われわれの状況は、科学的・技術的に洗練された円形興行場と、先史時代的・原始的なお喋りとの完璧な組み合せによって、特徴づけられている。ますます傍若無人になってゆく進歩のすべてが、この組み合せに負っているのである。

コミュニケーション革命以前

これに対して、科学的円形劇場とそのコードによるコミュニケーション革命がなされる以前のコミュニケーション構造は、いままでの各節でしたようにここでもごく単純化してみれば、次頁のような図で示すことができる。

a状況は、印刷術の発明によってもっと古いb状況が変化したものとみなすことができる。また、c状況は、前章で述べた革命によって生み出されたものである。

この三つの図を、傍の説明を読まずに見れば、b状況とc状況が似ていることに気づく

a 図

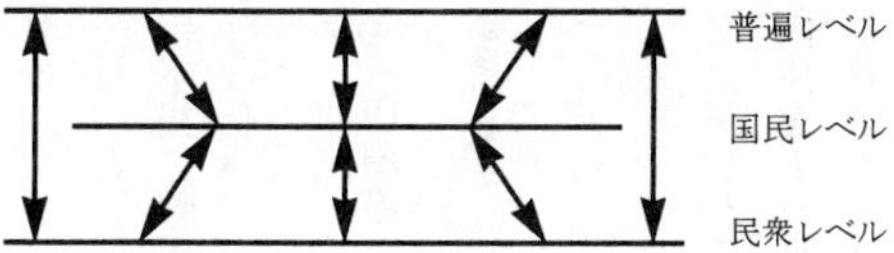

b 図

c 図

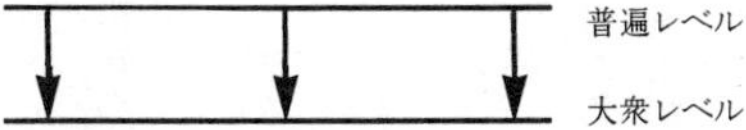

であろう。唯一の違いは、二つの直線を結ぶ矢印がb図では上下方向を向いているのに対し、c図では下を向いているだけだ、ということだ。これに対して、a図は全く違う状況を示しているようである。そこには三つのレベルと、それらの間の比較的複雑な関係があるのだから。実際、現在の状況を観察するさいにそうした見方に影響されて、次のような判断に導かれる者が多い。すなわち、われわれの周りに出現しているコミュニケーション構造は、印刷術の発明以前、つまり中世に支配的だった構造によく似ている。現代のコミュニケーション革命は、実は、〈印刷術とアルファベットの普及によって破られ、中断された〉原初的状況への復帰に他ならない。われわれは、〈近代〉と称する例外状態によって四百年間だけ中断されたノーマルな状態に復帰しようとしているのだ……。

こうした判断によれば、中世への復帰こそ

が現代のコミュニケーション構造における大変動の核心だということになろう。

しかし、われわれのコードの変化をアルファベット普及以前への復帰とみなし、われわれのメディアの変動を（印刷物の氾濫と画像の支配による）テクストの衰弱とみなすだけでは、むろん十分でない。われわれの状況が中世と似ていることは否定できないが、それを本当に理解するためには、現在の状況に至る系譜を、もう少し詳しく見ておかなければならない。

(a) 印刷本

国語の発生

これは、歴史学における〈近代〉に相当するコミュニケーション学上の状況だと言ってよい。ここにも、クライマックスというものがある。歴史学者にとっての産業革命に当たるものが、コミュニケーション学者にとっては公的学校制度の導入である。むろん、そのどちらが先かを問うことは、馬鹿げている。近代的人間が印刷術を発明したのでもないし、印刷術が近代的人間を生んだのでもない。産業革命が公的学校制度をもたらしたわけではないし、公的学校制度が産業革命を生んだわけでもない。歴史学者とコミュニケーション学者は状況を二つの異なる観点から観察するのだが、視野にあるのは同一の現象なのだ。

それでも、〈近代〉を見る目がコミュニケーション学的なものになると、現象が変化してくる。歴史学的な見方では薄ぼんやりしていた側面が、はっきり見えてくるのだ。その重要な側面の一つは、近代つまり印刷本の時代には喋られる言葉が安泰ではなくなるということである。その原因は、むろんアルファベットのコードがもつ意味に求められる。アルファベットのコードは、(きわめて複雑で入り組んだ説明を簡単に言ってしまうと)喋られる言葉[音声言語]の音声を意味する。印刷術が発明されるまで、アルファベットのコードが聖職者カーストの特権であった間は、なぜか音声言語の問題性が認識されることはなかった。文字言語、とりわけラテン語、それにギリシア語・アラビア語・ヘブライ語は、それぞれの独自のアルファベットで書かれたから、こうした言葉を習得するにはそれぞれのアルファベットを習得する必要があり、したがって、コードと意味は一体をなすものと考えられたのであった(いま数のコードが数学のコードと一体視されるのと同様である)。もとより、エリートたちは文字言語だけを喋ったわけではなく卑俗化された音声言語も喋ったが、音声言語がアルファベットのコードに投げかける問題を意識することがなかった。しかし、印刷術によって事態は一変する。テクストは安価になった。つまり、テクストは聖職者のためのものではなく、何よりも市民のためのものになったのだ。市民に対して、本を買う前にラテン語を学んでおくことを期待するわけにはいかない。他方、市民が喋る話し言葉を用いた本を印刷することもできない。そんな本は、印刷しても引き合わないほどの少部数になってしまうから([北イタリアの]トスカナ語とか、[南仏の]オック語とか、［中西部ドイツの］ヘッセン語とかを喋る市民の数は、そう多くない）。だから、いくつかの音声言語から成るグループによく似ており、その意味で判りやすくはあるが、多くの部数を印刷できるためにそのグループに密着してはいないような、人工言語を創る必要があった。イタリア語とかフランス語とかドイツ語とかいう言語は、印刷されたアルファベットの関数として生まれたものなのである。

こうした書き言葉が形成される端緒はすでに手書き本の時代に見られるということ（たとえば［一三世紀末のトスカナにおける］新典雅体）は、それほど重要ではない。もっと重要なのは、それが、印刷されたテクストの普及に伴って、喋られる言葉になっていったことである。義務教育が導入される以前に、市民たち、やがて無産者たちも、こうした紙上の言語を一種の外国語として習得するばかりでなく、それを音声言語として使いはじめた。コードと意味の関係の逆転という、近代特有のこの奇妙な現象（アルファベットが国語によって音声へと翻訳されるということ）は、われわれの状況を判断する上で見逃せない意味をもっている。

ここで言いたいのは、近代の国民《ネーション》が紙上の言語に（つまり印刷術に）立脚しているという明白な事実ではない（むろん、この事実が、その恐ろしい帰結すべてを含めてわれわれの状況にとってきわめて重要だということは、誰も否定しないだろう）。言いたいのは、印刷術の発明以来、そして義務教育の導入以来もっと顕著に、人間は喋れるために文字言語を習得しなければならなくなったということだ。実は、もはや喋っているのではなく、見えないテクストを読み上げているということだ。そのことは、かれらのプログラムの根本的な変更をもたらす。いまや、かれらは、線形的・アルファベット的にプログラミングされる。ということは、かれらが〈歴史意識〉を獲得したということだ。これが、〈口頭の〉（神話的・呪術的・祭式的な）実存の終わりであり、〈進行的［線形的］な〉近代的在りようの始まりなのだ。だから、印刷本がもった革命的意義を、とくに国民《ネーション》やナショナリズムや近代的戦争の登場をもたらしたことに求めてはならない。はるかに根本的な意義は、西洋社会が歴史と進行［伝播］に向けてプログラミングされるようになったこと、つまり、従来アルファベットを使いこなすエリートたちの特権にすぎなかったものが一般的な意識としてプログラミングされるようになったことに求められる。紙上の言語は、市民を、やがて無産者をも、歴史意識をもった受信者（〈キリスト者〉）にした。その意味で、あらゆる印刷本は聖書であり、印刷術は真の教義問答《カテキズム》式教育であった。

　こうした見方でa図を眺めると、それを次のように解釈することができる。コミュニケーションの基層（〈民衆レベル〉）では、情報はアルファベット以前のコード（たとえば口頭の方言や、民謡や民踊や画像）で伝送される。この層では、（村の広場におけるような）サークル型対話と、（童話を語るおばあさんのような）劇場型言説が、まだかなり神話的・先史的に機能していたであろう。その上には、当初は市民たちだけから成るコミュニケーションの層（〈国民レベル〉）があって、とりわけ線形的なコード（アルファベット・数・音符）によって情報が伝送されていた。この層で支配的なコミュニケーション構造はサークル型対話（たとえば謀議や、お茶の集い）と劇場型言説（たとえば学校や劇場）であったが、ピラミッド型言説（教会・国家・労働組合）も、やはり重要な役割を演じたであろう。最後に、一番上のコミュニケーションの層（〈普遍レベル〉）では、普遍的なコード（たとえば印刷されたラテン語やイタリア語やフランス語、形式論理学や代数など）によって情報が伝送された。この層が、〈西洋の歴史〉（科学・芸術・哲学・政治的決定）を搬送してきたのであり、この層においてはじめて（バロック・啓蒙主義・ロマン主義といった）様式の区別も見られるのである。

コミュニケーションの三つの層の間には、かなり複雑なフィードバックが行われた。ピラミッド型言説（当初はとくに教会、それから他のもろもろの〈イデオロギー〉）は、情報を普遍レベルから民衆レベルへと伝送した。そしてサークル型対話が、その情報に対する応答を民衆レベルから普遍レベルに返送した。これによって、民衆レベルは歴史の情報を与えられ、普遍レベルは自己の情報の一部を民衆レベルから汲み上げたのである。国民レベルは、一方では普遍的な発信者と民衆的な受信者の間の中継者として機能した。実例は、いわゆる国民文化《ナショナル・カルチャー》であって、それは普遍的な科学・芸術・哲学が卑俗化したものに他ならない。他方で、国民レベルは、自らピラミッド型言説の発信者になった（実例は国民国家)。この複雑なフィードバックによって、全体状況は対話的な構造をもつことになり、したがって(受信者が逆に発信者の立場に立つという意味での)革命にすっかり開かれていたのである。だからこそ、近代は、(むろん何よりも産業革命を含む)革命の時代であった。

産業革命以後

もっとも、産業革命以後、すなわち義務教育の導入以後の時代については、a図のこうした解釈は修正を必要とする。民衆レベルは、新聞(それは国民レベルから発信される最初の円形劇場型言説であった)の圧力によって崩壊しはじめる。アルファベットのコードがどんどん浸透するにつれて、方言はスラングに、民謡は流行歌に、民踊は〈モダンダンス〉に、民芸は通俗《キッチュ》ものに、そして〈民衆《フォルク》〉自身も「興味の対象としての」民俗《フォークロア》に変わってしまう。その結果、この層におけるコミュニケーション構造は崩壊しはじめ、新しいコミュニケーション構造、とりわけピラミッド型言説と円形劇場型言説の受信、それに噂話とゴシップのネット型対話に席を譲ってしまう。要するに、民衆は、神話的な村落から引き裂かれて機械の周りに蝟集《いしゅう》するようになるにつれて、次第に大衆《マス》になってゆく。

しかし普遍レベルでも、産業革命の結果、重要な変化が起こった。科学技術の樹木型言説はますます自己閉鎖的になりながら急激な進歩を見せたが、それは、芸術や政治のような他の領域に(それを真似ようという試みはあったものの)浸透するには至らなかった。

そこで、普遍レベルは二つの文化（いわゆる〈自然科学的〉文化と、いわゆる〈精神科学的〉文化）に分裂しはじめる。それぞれのコードはますます閉鎖的になってゆくから、普遍レベル内部でのコミュニケーションはますます困難になる。こうして、普遍レベルが分解して専門グループ群島になってしまう最初の兆候が現れる。

　これに対して国民レベルは、産業革命を無傷で乗り切ったように見える（そもそも、国民レベルは産業革命の勝利者として出現したのだった）。しかし、他の二つのレベルとともに、国民レベルの役割も変化することになった。それは、中継者としての機能をもはや完全には果たせないものになった。その代わり、国民レベルはますます、〈かつての民衆《エクス・フォルク》〉に向けられる言説の発信者たる役割を引き受けるようになる。こうして、国民的状況が閉鎖化してゆく傾向がどんどん強まる。革命がめったに起こらなくなり、革命の実現可能性が少なくなればなるほど、諸国民間の戦争は頻繁になってゆく。産業革命以前の国民レベルがどちらかといえば対話的（革命的）な構造をもっていたとすれば、産業革命以後のその構造は、むしろ言説的（帝国主義的［宣伝的］）になる。つまり、義務教育の導入の前と後とで、国語を用いた印刷本の機能は一変する。以前は国民的（市民的）対話の出発点だったものが、産業革命後は、（プロレタリアに向けられた）言説的情報の瓶詰になるのである。本書がめざす目標との関係で重要なことだが、近代のコミュニケーション構造のこうした崩壊過程のなかで現在の革命も進行しているということを、確認しておこう。現在の革命は、かつての民衆レベルが消滅し、(国民的言説の受身の受信者として)全般的なアルファベット化[識字化]に呑み込まれてしまうまさにその時点で、勃発するのだ。アルファベットが普遍的なコードになろうとするその瞬間に、全く別のコードを情報のキャリヤーにする革命が勃発するのだ。アルファベットが、全面的勝利の凱歌をあげるその瞬間にお払い箱になるというこのドラマチックな事実に、すべての人が気づいているとは限らない。

それが気づかれていないのは、テクノ画像のコードによる科学の円形劇場が地球的規模になり、印刷本とアルファベット化の伝来の地域をはるかに超えて、まだほとんど識字化以前の地域、いわゆる〈第三世界〉にまで浸透していることと無関係ではない。したがって、現在の革命のインパクトを測るには、既成の解釈によるだけでは足りないのだ。まずは、非西洋的地域で支配的であった(そして、印刷術以前の西洋にもかつては見られた)状況を観察しなければならない。

(b) 手書き本

民衆レベルと普遍レベル

前掲のb図(六七頁)は、印刷術発明以前のヨーロッパと、マスメディア侵入以前の〈第三世界〉で支配的であったコミュニケーション状況に、等しくかかわる。むろん、二つの状況に違いはあるが、本節では両者の基本的類似点を明らかにし、〈第三世界〉の状況を西洋の読者にとって判りやすいものにしたい。

　b図を見れば、コミュニケーションの二つの層が区別されている。〈民衆レベル〉は、現実にはもろもろの小さなコミュニケーション島（さまざまの谷間《たにあい》や集落や流域）から成る群島であって、それぞれの島が独自のコード（方言・習俗・唄など）をもっている。このレベルを、ここでは（公式にはキリスト教化されているとしても）〈異教的〉と呼んでおこう。〈異教的《ペーガン》〉が［とくにラテン語のパガヌスの場合］同時に農民的ないし村落的を意味するためばかりではない。何よりも、その情報を搬送するコードが、呪術的・祭式的な、つまり非キリスト教的な意識をプログラミングするものだからである。コミュニケーションのもう一つの層（〈普遍レベル〉）は、実際きわめて統一的で、それにかかわる者はヨーロッパのどこの出身であろうと互いを容易に理解することができた。ここでは、これを、〈普遍的《カトリック》〉と呼ぶことにする。カトリック教会が、実際にこの層の基本構造を成していたためばかりでなく、普遍的な（万人に妥当する《カト・ホロス》）コード（ラテン語・グレゴリオ聖歌・アリストテレス論理学など）を手にしていたからでもある。

　これら二つの層の間には、密接で恒常的なフィードバック関係があった。普遍レベルは原則として、民衆レベル（あの喜ばしき福音の受け手）に向けた教会のメッセージの発信者であった。中世のイデオロギーによれば、コミュニケーションの全構造はピラミッド型言説であり、上のレベル（〈聖職者たち〉）がヒエラルヒー状の中継者として、神の嘉信を民衆に取り次いだのである。しかし実際には、下から上への情報の流れもつねに存在した。聖職者たちは村落的な対話に足場をもっていたからである。だから、手書き本の段階を特徴づけるのは、教会の言説が民衆を徐々にキリスト教化した一方で、民衆から教会へと逆流する情報によって教会が徐々に再神話化されたという事実である。前者の方向は、たとえば民芸の構造が次第にキリスト教化されてゆくことから、また、後者の方向は手書き本が呪術的・神話的な彩飾でかざられてゆくことから、読み取れる。

こうした状況において、フィードバックを通じて対話が生ずる。それは、完全なコンセンサスの下で、どんどん新しい情報をもたらすものである。既存の情報（たとえば聖書やアリストテレス）が保たれる他に、たえず新しい情報（たとえば美術のカロリンガー様式・ロマネスク様式・ゴシック様式）が生み出され、生に特別の意味づけをする。すなわち理論的には、誰もが永久の生命の準備に加わることができたのである。誇張して言えば、この状況は、〈「パンとワインの」聖体拝領〉という形で自己の構造を象徴的に示すものに他ならなかった。それでも、二つのコミュニケーションレベルの間にフィードバックがあったとはいえ、基本的に異なる二つの意識レベルが対峙していたことを、忘れてはならない。アルファベットによってプログラミングされた歴史の意識レベル（聖職者）と、画像によってプログラミングされた呪術の意識レベル（貴族と市民を含む民衆）とが、これである。だからこそ、中世の終わりを告げた市民革命（宗教改革・人文主義・ルネッサンス・［中南米］征服等々《コンキスタ》）は、構造的に正当化されるものであった。それは、聖職者の特権を廃棄することによりアルファベット的意識を共有しようとする市民たちの試みだったのである。事実、この革命は、印刷術の発明という形で成果を挙げ、状況の根本的な変化をもたらすことになった。

第三世界の状況

このような叙述は、ヨーロッパ中世史を少し歪めたものにすぎないと思えるかもしれない。しかし、この叙述は、それ（だけ）をめざすものではない。この叙述は、本来、マスメディア侵入以前の第三世界の状況をヨーロッパにことよせて説明するものとして、受け取ってもらうつもりなのだ。b図における〈民衆レベル〉は、第二次大戦以前のアフリカ、アジアの状況にほぼ正確に対応している。ラテンアメリカにも（それほど明確ではないにしても）同じ構造があった。第二次大戦以前の非ヨーロッパ世界の多くの人々におけるコミュニケーション状況は、構造的にもコードについても、中世におけるヨーロッパの多くの人々におけるそれと酷似していた。他方、聖職者的・〈カトリック的〉な、識字《アルファベット》化された普遍レベルについて言えば、中世ヨーロッパの状況を直ちに第二次大戦以前の第三世界に当てはめて考えることはできない。第三世界では、歴史意識をもつアルファベット化されたレベルは、もはや〈手書き本〉の段階ではなく印刷本の段階にあったのであり、したがって超越的な原作者としての神に中継者として仕えたのではなく、帝国主義的発信者たる西洋の国民レベルに仕えたのである。それでも、ヨーロッパ中世の聖職者と第二次大戦以前の第三世界の知識人には、よく似たところがある。両者とも受信者のためを思っていたが、受信者の意識レベルにおける仲間だったわけではない。両者とも、民衆と真の対話をしようというなら、送信したいと思う情報を歪めてしまうおそれがあった。〈発展途上国〉の知識人の悲劇を譬えて言うなら、こういうことになるかもしれない。知識人が自己の情報（キリスト教・歴史意識・革命等々）に忠実たらんとするなら、自分が味方しようとする受信者から完全に疎外される。他方、知識人は、受信者の意識レベルに近づくや自己の情報（歴史意識・合理的分析）を失い、〈異教的〉になる。

したがって、b図を第二次大戦以前の第三世界を図解したものとして読めば、そこでは識字化《アルファベット》が中世末のヨーロッパよりもはるかにドラマチックな役割を演じたことが判るだろう。アルファベットは、（ラテンアメリカを例外として）構造的に、そして意味論的にも馴染みのないコードであった。まず、構造的には、それは中世の民衆レベルにとってと同様に第三世界の民衆にとっても馴染みのないものだった。それは、また、意味論的にも馴染みのない、ヨーロッパ風に喋られる音声なのだ。次のように問うてみるのも、一興だろう。トランジスターラジオやスピーカーやテレビ受像器がそもそも識字化の意味如何を疑わせる以前に、義務教育や新聞や政治パンフなどがアジア・アフリカ・ラテンアメリカの民衆レベルを識字化していたとしたら、どうなっていただろう？　そこでも、ヨーロッパや北アメリカと同様に、通俗的《キッチュ》な歴史意識が広く展開しただろうか？　それとも、民衆文化のコードの変更がもっとうまくいったであろうか？

こうした状況において、現在のコミュニケーション革命が起こっているのである。西洋ではいまや、アルファベット化が［民衆レベルまで］行き渡っている。その他の世界には、まだ呪術的にコード化された民衆レベルがあり、そこから、自分たちの識字化で手一杯の識字レベルに向けてフィードバックがなされている。このフィードバックが、きわめて問題的な特徴を示しているのだ。ただし、いままで存在した〈民衆文化〉がマスメディアによって破壊される、というのではない。マスメディアが目の前にしているのは、西洋では通俗的な退廃であり、人類のその他の部分ではすでに脅かされている民俗《フォークロア》なのだ。〈歴史以前の意識レベル〉は、マスメディアなしでも死滅の運命にあるだろう。それと同様に、〈線形的・歴史的〉な文化、市民的な意味での文筆文化が、マスメディアによってはじめて破壊されるというわけではないのであって、そうした文化の残照がマスメディアの打撃を受けているにすぎないのだ。

(c)　テクノ画像

レベルの逆転

以上に述べたことを前提にすれば、c図（六七頁）を別の目で見ることができる。むろん、現在の状況と中世の状況が似ていることを否定するには及ばない。多くの人々が〈修道院に引きこもるしかない〉とか〈暗黒時代に戻ったようだ〉とか感ずるのも、尤《もっと》もなことだ。しかし、現在の状況には、中世の状況との明確な違いを示す側面がある。

すなわち、c図で〈大衆レベル〉と称するコミュニケーションレベルに構造的に対応するものは、中世の〈民衆レベル〉ではなく〈普遍レベル〉なのである。中世の聖職者カーストと同様に、現在の大衆は全地球的普遍性を特徴とし、その意味で普遍的《カトリック》なのだ。大衆は世界中で同種の情報を手にする。その情報はどこでも同様に、テクノ画像によってコード化されている。だから、中世の民衆レベルに構造的に対応するのは、むしろc図で〈普遍レベル〉と呼ばれているコミュニケーションレベルなのである。現在の普遍レベルは、中世の民衆レベルと同じく無数の小さなコミュニケーションレベルから成っている。ただ、それは、中世とは違ってもろもろの村落ではなく。さまざまの専門家グループなのだ。また、現在のエリートたちは、中世の民衆レベルと同じく多数のコードに依存している。ただ、それは、中世とは違っていろいろな方言ではなく、個々の分野ごとに特殊化されたコードなのだ。

現在と中世の状況の違いは、二つのコミュニケーションレベルが入れ違っていることばかりでなく、二つのレベルの相互関係の違いにも求められる。中世においては、〈民衆レベル〉は〈普遍レベル〉から送信されてきた情報に応答した。現在、そのようなフィードバックはありえない。中世においては（おそらく昔のどんなコミュニケーション状況においても）、コミュニケーションのエリートレベルに属する人間たちのグループがあった（たとえば聖職者）。現在でもエリートレベルはあるが、それに属する人間はいない。専門家は、自分の専門分野でコミュニケートするかぎりでエリートであるにすぎない。専門分野の外では、かれは大衆の一員なのだ。二つのコミュニケーションレベルを分かつのは、現在では二つの人間グループの間の境界ではなく、個々の人間の意識やプログラムの内部の裂け目である。普遍レベルがますます閉鎖的・エリート的になるにもかかわらず、現在の人間は誰でも大衆に属している。自分の専門のコードを用いるかぎりで、冶金学の専門家・細菌学の専門家は、きわめてエリート的で閉鎖的なコミュニケーションに加わるが、それ以外ではかれらもテレビを見たりホットドッグを食べたりするのであって、大衆文化に属するのである。これら二つのコミュニケーションの間にフィードバックを行うことは今のところ不可能だから、冶金学者や細菌学者が一方のコミュニケーションを他方のコミュニケーションへと翻訳することなど到底できない。そのために役立つチャネルもなければコードもないからである。だから、厳密に言えば、あるコミュニケーション形式は他のコミュニケーション形式にとって〈無意味〉なのだ。それでも、われわれを取り巻く社会組織やわれわれの実存的状況が一気に崩れ去らない（換言すれば、専門家の気が狂わない）ことについては、科学的な円形劇場型言説の結合機能が一役買っている。もし何らかのカタストロフ（たとえばエネルギーの供給不能）によって新聞やテレビやラジオやポスターや映画などが当分お休みになるとしたら、社会組織が崩れてしまうだけでなく、われわれ自身が多分狂ってしまうだろう。何をしたらよいか判らないばかりでなく、世界とのつながりをすべて失ってしまうだろう。放送されるプログラムは、われわれを〈マス化する〉ことによって、われわれを（個人としても社会としても）まとめているのだ。そうしたプログラムは、（朝刊からテレビの深夜番組まで）われわれの日々の悩みと行いのリズムを刻むばかりでなく、われわれのなかに言葉と音声を注ぎ込み、われわれを映像の虜にすることによって、われわれの生をたえず新しい内容で満たすのだ。それが中断されるということはない。昼も夜も、街でも家でも、執務中でも地下鉄のなかでも、野原でも雑踏でも。それは、アメリカ中西部や東南アジアの孤立農家も、カルカッタやサンパウロの通りの人混みも、ひとしくプログラムの受信者にしてしまう。それは、グリーンランドでもモリタニアでも、キルギスタンでもアンダルシアでも、同じ認識・同じ体験・同じ感情に向けて受信者をプログラミングする。われわれが狂気にならず、社会が崩壊しないのは、科学的円形劇場のおかげで、時間的にも空間的にも、狂気と崩壊に陥る余裕がないからである。

マスメディアの機能

マスメディアは、きちんとした構造をもったコミュニケーション状況ではなく、まさに崩れ落ちようとしているコミュニケーション状況に向けて四方八方に発信するからこそ、この全地球的な溶接機能を発揮できるのだ。大衆文化は、さまざまの民衆文化が粉砕されたために出来たものではなく、さまざまの破片が溶接されたものなのだ。ブルージーンズやロックンロールにより取って代わられるのは、［かつての民衆文化を象徴する］スロヴァキアの民族衣装やスー族インディアンの出陣の踊りではなく、［いま普及している］制服やタンゴである。ホットドッグが追い払うのはフォンデュ‐ブルギニョンではなく、缶詰食品である。テレビドラマやポルノフィルムがテクノ画像化する素材は、アルファベットで書かれた文学作品ではなく安直に刷られた俗悪読み物である。現在の大衆化は、中世の多彩きわまる民衆文化、まして今世紀前半のもっと多彩なアフリカ文化やアジア文化に対置されるべきものではなく、型どおりの安っぽい俗悪読み物、そしてまたアルファベット文化の解体（たとえばファシズムにおける画一化）を背景としてとらえられるべきものなのだ。

　それだからこそ、大衆文化は、多彩な区別を度外視するものとしてではなく、かえって戦前の陰気な単彩性からの解放として受け取られたのであった。コカコーラの瓶はサイダー瓶よりも〈きれい〉（色も〈デザイン〉も良い）であり、合成樹脂軸のボールペンは金属軸のペンよりも〈きれい〉なばかりでなく使いやすいし安くもある。マスメディアが機能するのは、それまでのコミュニケーション状況と比べて解放的だと受け取られるからだ。しかし、それが、実際には完全な異境化《フェアフレムドゥング》［異なる状況への適応］をもたらすものであるにもかかわらず解放的だと受け取られるからこそ、そこには危険な落とし穴が待ち構えているのだ。シャンプーは、その消費者であるナイジェリアやインドネシアやタタールの女性の髪型と何の関係もないし、まして、それが使われる所の経済的・社会的・文化的状況とは無関係である。紫外線除けサングラスは、それがかけられる熱帯雨林やツンドラや熱帯の大都会をめぐる丘陵における光の強さと何の関係もないし、まして、それを使う将軍やバイク乗りやヒッピーの生活状況とは無関係である。アイスクリームはアイスクリームが好きな人々のためにつくられるのではなく、アラスカや「ブラジルの」ミナス−ジェラエスの人々が、「前者における」酷寒や「後者における」極度のビタミン不足にもかかわらずアイスクリームを食べるようにプログラミングされるのだ。要するに、大衆文化は大衆的人間のためにつくられるのでもなければ、まして大衆的人間によってつくられるのでもないのであって、大衆的人間がマスメディアによって、大衆文化を消費するものとして生み出されるのである。

大衆化の自己運動性

われわれは、専門家としてエリートコミュニケーションの島々のどれかに関わる者がいるにせよ、全員がもともと大衆的人間なのだから、こうした異境化に陥ることは、実は意外である。異境化は、誰のためになるのか？　それほどの異境化を、少なくとも折にふれて意識することさえしないというのは、どういうわけか？　もともとナポリの漁師の食べ物だったピザをブラジルのコーヒー豆摘みが文句も言わずに食べ、もともとテキサスのカウボーイのものだった帽子をパリの銀行員が喜んでかぶるなどということは、本来信じがたいではないか。いったい誰が、ブラジルでピザが食べられ、パリでカウボーイハットがかぶられることに関心を寄せるのだろうか？　こうした問いには、むろん経済学や政治学や社会学の立場から答えることができ、実際そうした答えは（互いに矛盾することが多いにせよ）いくらも見られる。それらの答えが当たっていないというわけではないが、コミュニケーション学の立場から、次のように答えることもできよう。大衆化は誰の〈ため〉にもならない。すべての人間が大衆化され、〈上に〉立つ者は誰もいないからだ。大衆化を意識することは稀である。われわれはすべて、大衆化に向けてプログラミングされているからだ。大衆化は、高度に自己運動的になっている。それはひとりでに進んでゆく。われわれは、狂気になろうと思わないかぎり、それについてゆくしかない。

大衆化がこうして自己運動的になったのは、その情報の伝達に用いられるコードのおかげである。テクノ画像に内在する（プログラミングの）自動性、自己運動性を理解するために（そして、マスメディアを神秘の自働機械ないし永久運動と思い込むことを防止するために）、ある例について述べることにしよう。コミュニケーション革命が起こる以前からすでに、円形劇場型言説による異境化のプログラミングは随所に見られた。なかでもとくに悪質なのは、戦争プロパガンダであろう。人間は、自分自身の破滅の危険を冒すように、プログラミングされるのである。だが、当時このプロパガンダはアルファベットによってコード化されていた。つまり、このプロパガンダの犠牲になる者は、それを読んではじめて引っかかるのである。アルファベットの構造からして、情報を受信するには字母の列をたどる必要がある。つまり、読む者は、受信のさいに〈考える〉。かれは〈メッセージを解読する〉。それは、能動的な受信なのである。デマ宣伝のビラのプログラムに引っかかる者は、自分もそのプログラムについて全く責任がないとは言えない。かれは、発信者の思いどおりになる材料にすぎないのではなくて、幾分は発信者のパートナーなのだ。

これと全く異なるのが、ピザを食べるコーヒー豆摘みや、カウボーイハットをかぶる銀行員の場合である。かれらは、ポスターやテレビ番組や映画館やショーウィンドウやグラフ雑誌で、ピザや帽子の画像を見る。それだけを見たり、他の画像と結びつけて見たりする。あらゆる人工色彩で描かれたものとして、昼夜を問わず、他人のところでも見る。かれらは、〈それについて態度を決める〉ことしかできない（つまり、消費するか消費しないかだが、消費しないことも一つの消費を意味する）。かれらは、よく考えてみるまでもなくプログラムに引っかかる。プログラムに引っかかるしかないのである。かれらは必要としないものを買う。それを買うしかないのだ。だから、かれらは、それを必要とするということになる。

線形的なテクストを読む者は、テクストに立ち向かう。かれは、テクストを超えたところに立つ。これが、〈考える〉ということの意味である。一歩退いて、考えるべきことの上に身を屈めるのだ。つまり、読む人は読まれるテクストの外に立ち、いわば読んでいる自分を眺めている。こうした自己観察《レフレクション》は、テクノ画像の場合は不可能である。テクノ画像は受信者を取り囲む。受信者はテクノ画像のなかに埋没し、〈その真ん中に置かれる〉。ブラジルのコーヒー豆摘みやパリの銀行員はピザを食べたり帽子を買ったりする自分を見るわけではなく、自分を取り巻く画像によって自分を見るのだ。かれらは、発信者によって見られる自分、ナポリの漁師やテキサスのカウボーイとしての自分を見る。かれらは、自分をそのようなものとして、つまり画像の反射《レフレクション》として見るしかない。かれらは、鏡を映す鏡である。すなわち、テクノ画像によってコード化された世界を映す鏡である。同じことは、そうしたプログラムをプログラミングする者についても言える。かれらもまた、ナポリの漁師ないしテキサスのカウボーイとしての自分を見ている。このコードが自己運動的であり、自動的だと言うのは、まさにそのことだ。それは自動反射的《オートレフレクシブ》なのだ。

だから、問いはもはや、そんなことがどうして可能か、ではなく、どのようにしてそうなるのか、それに対抗するにはどうすればよいのか、になる。先行する各節では、円形劇場型言説には送信者と受信者の間のフィードバックがないこと、それでもその言説がネット型対話と同期化されていることを、指摘した。画像や音声や字母のコードで受信されたマスメディアの情報はネット型対話に吸収され、そこで、喋られる言葉とか所作とかのようなアルカイックなコードに変換される。そのネットは、円形劇場の外縁にあって互いにコミュニケーションにより結ばれていない、さまざまのルーズな受信所を足場にしている。それでもネットができるのは、円形劇場の各チャネルの末端（たとえば、テレビ画面・映画館・新聞キヨスク・ポスター）の受信者が扇形状に並んでいて、互いにネットを紡ぎはじめるからである。ネットの糸（受信された情報がアルカイックなコードに変換されて出来た端切れ）は、受信者たちが円形劇場のばらけた終点から別の終点に（たとえば映画館からテレビ画面に）移ろうとして動きはじめるや、かれらに絡みつく。こうして、さまざまの糸が偶然そうなったかのように絡み合い、ネット型対話が〈うまくいった〉ということになる。

世論の力学

むろん、それは、サークル型対話の場合のように情報が実際に交換されるということではない。ネット型対話にかかわる者全員が、基本的に同じプログラムを手にしているのだ。にもかかわらず受信された情報が変形されるのは、第一に情報がテクノコードからアルカイックなコードに翻訳されるからであり、情報が受信者から別の受信者へと対話により伝送されるさいに、ノイズが侵入して、当初の情報を歪める〈風評〉にしてしまう〉からである。これが、現在の状況において〈世論〉ないしコンセンサスが生み出されるメカニズムなのだ。このメカニズムをもっと効果的にするために、郵便と電話のネットが、現在のコミュニケーション状況における普遍レベルのネット型対話を支えている。こうしたメカニズムを〈放射された原型《プロトタイプ》の紋切型化《ステレオタイプ》〉と呼ぶことができよう。モデルが四方八方に放散され、それがネット型対話によって受け止められ、全地球上の不断のやりとりを経て擦り合わされてくるのだ。円形劇場からネットに向けてたえず新しい情報が放射され、ネットは間断なき衝撃を受けて揺れるわけだが、この揺れが〈世論の力学〉といったものであろう。

現在の科学の樹木型言説のなかでの専門家によるサークル型対話が、この力学の振り子運動を測定するための、用具がないわけではない（市場調査機関・社会学研究所・世論調査機関など）。また、そうした力学を、円形劇場からの情報拡散のメカニズムを起動させるために利用する方法もある（たとえば選挙・直接表決・アンケートなど）。皮相な観察を行う者は、ここには大衆レベルと普遍レベルのフィードバックがあると思うかもしれない。〈世論が戦争を求めている・新しい石鹼を求めている・内閣交替を求めている〉というわけだ。しかし、実際には、これは受信した情報に対する応答ではなく、発信者の狙い定めた介入に対する不精な大衆の反応なのだ。フィードバックではなく、円形劇場とネットの同期化、もっぱら円形劇場が主導する同期化なのだ。発信者と受信者の関係は主体間の関係ではなく、主体と客体との関係なのであって、そのことは、フィードバックの見せかけしかないことから明らかであろう。世論が戦争なり石鹼なり新内閣なりを求めることができるのは、すでにその製品が消費者に提供されているときだけだ。要するに、コンセンサスは、求めてほしいと言われたものを求めるだけなのだ。

この同期化を仔細に見れば、現在の大衆化の自己運動性・自動性というものも、少しはよく判ってくる。世論が戦争を求めるのは武器メーカーがそうしてほしいからだとか、石鹼を求めるのは石鹼メーカーが新原料を使わなければならないからだとか、新内閣を求めるのはエリートレベルのサークル型対話で内閣交替が決まったからだとか、言うこともできる。それも正しい状況分析には違いないが、根源を突いたものではない。なぜなら、武器メーカー・石鹼メーカー・オピニオンメーカー（およびそれぞれの専門家）によって円形劇場から放射されるプログラムが戦争等々に対する大衆の要求を生み出すのは、それぞれのメーカー自身がすでに、こうした要求に向けて予めプログラミングされているからだ。武器メーカーが戦争を期待するのは、そう期待するように、先行する円形劇場によってプログラミングされているからだ。武器メーカーが円形劇場で送り出すプログラムは、先行する円形劇場のプログラムの結果なのである。だから、エリートレベルにおけるコミュニケーションも、特定のプログラムをつくり出す目的をもった円形劇場の一機能にすぎない。

これを図示したのが次頁である。

ここに素描したような閉じられたシステムの、われわれの状況を理解するのにきわめて重要な側面は、大衆文化をエリート文化（科学や〈装置〉）と結びつける矢印9である。この矢印のおかげで、テクノクラートと管理者（実験室の学生から大統領まで）は、ウィ

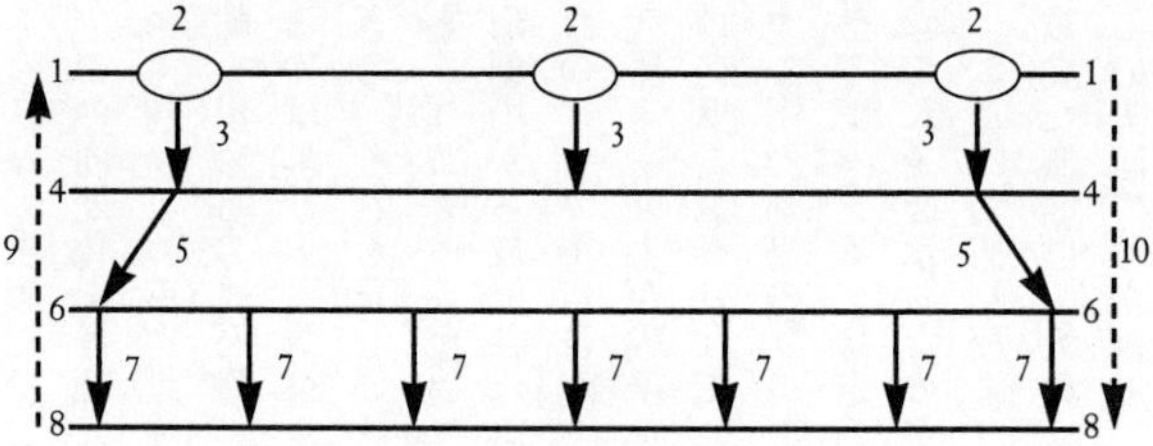

d図　テクノ画像の機能

普遍レベル

1科学技術の樹木型言説

2専門家やテクノクラートの対話

3科学技術から行政への情報発信

4行政（ピラミッド型言説）

5円形劇場のプログラミング

6円形劇場（マスメディア）

大衆レベル

7マスメディアプログラム（映画・ポスター・新聞等）

8ネット型対話（世論）

9普遍レベルへの散発的な浮上

10〈世論調査〉（コンセンサスの操作）

ークデーの朝になればエリート段階へのきざはしを登り、夕方と週末には大衆レベルへと降りてくるのである。

ここに描いた悪循環は、人間主義的な状況観察者にとっては到底認められないものである。だから、かれは、とくに〈左の立場〉である場合、エリートレベルで密かに下されるプログラミング決定の結果として、大衆文化を理解したがる。状況を変えるには、隠された危機の〈仮面を剝ぐ〉必要がある、というわけだ。人間主義的立場に立つそうした批判者は、d図をマスメディアの神話化の所産だとし、〈反動的〉だと言って退けるだろう。残念ながら、それは間違っている。普遍レベルで決定が下されることは、言うまでもない。それが特殊な利益に奉仕することも、言うまでもない。ただし、その利益はそんなに〈隠されて〉いるわけではない。映画やテレビ番組やポスターをちょっと見れば、そうした利益の〈仮面を剝ぐ〉ことができるのだ。肝心なのは、その決定が円形劇場の機能として作用するということである。大衆文化のネット型対話には、この利益に向けた動機づけが予めプログラミングされているのだから。もしそうでないとしたら（つまり、普遍レベルでの〈自由な決定〉なるものがあるとしたら）、その決定がどこでも（アメリカでもソ連でも、ファシスト政権のチリでも〈進歩的な〉アンゴラでも、〈先進国〉イギリスでもウガンダでも）同様に機能するわけが説明できまい。決定はどこでも同様に機能する。それは閉じられた決定であるからだ。〈自由な決定を許す〉ものではないからだ。

われわれの状況を変えようとするなら、それが悪しき自己運動性・自動性をもつことを認めてかからなければならない。その原因はたしかに、〈プログラミングに対する抵抗を許さずにプログラミングするばかりの〉テクノ画像のコードの構造に求められる。しかし、そのコードが生み出されたのは、自由なサークル型対話が実際に不可能になってしまったからなのだ。決定センターのような外観を呈する現代の対話〈閣議・党幹部会・参謀会議〉はすべて、実際には服務員《ファンクショナリー》たちの対話、専門家たちの対話でしかない。樹木型言説に組み込まれた対話は、特殊なコードの部分的情報しかもっていないから、何も決定できない。それは、新しい情報をもたらして、同様の構造をもつ別のサークル型対話に伝送することができるにすぎない。〈テクノクラシー〉・〈ビューロクラシー〉・〈イデオロギーから自由な行政〉等々は、円形劇場の機能が〈価値から自由〉であるゆえに決定なしに機能することを意味する。ある機能の駒《ファンクション》［服務員］がこのように機能することを、ここでは〈全体主義的脱政治化〉と呼ぶのである。

われわれの状況は、特殊化の進捗によって生じたものである。それは、われわれを団栗《どんぐり》の背比べ的な大衆にしてしまうテクノコードを生み出した。そのコードを変えようというなら、まずそれを点検しなければならない。

Ⅱ　さまざまのコード

1 ——— コードとは何か？

記号とコード

序章で述べたように、人間のコミュニケーションは原理的に、コードとして整序された記号に基づくものであり、人間は、そうしたコードによって織り成されたベール（それは、人間を自然から守る機能をもつ）をまとっているのだから、自然的でない動物なのである。〈文化〉と呼ばれるこのベールは、その性質からして弁証法的である。それは、人間のための世界に意味を与えると同時に世界から人間を守ることによって、人間と世界を〈媒介する〉。〈表象する《フォアシュテレン》〉というドイツ語には〈紹介する「判らせる」〉と〈前に立てる「遮る」〉の二重の意味があるが、それはコード化された世界の機能をとらえたものである。すなわち、コード化された世界は、壁のように、そして橋のように、人間と世界の間に介在するのである。

　この不思議な「コード化された」世界に注目する試みに先立って、まず、ここでどんな視点をとるのかを思い出しておこう。ここでは、記号の世界を〈説明〉しようというのではなく〈解釈〉しようというのだ。人間のコミュニケーションという現象に解釈的方法を適用するということの決定は、記号化を〈生物学的〉現象とは見ないという決定でもある。この決定は、「人間以外の」動物の〈最高のもの〉と人間の〈最低のもの〉との間に断絶があると考えるものである。この断絶を超える〈質的跳躍〉によって、記号を意図的にコードへと整序し、獲得した情報を記憶《メモリー》に入れて世界を否定するような、全く新種の動物としての人間が生まれたのだ。

ここで〈記号《シンボル》〉とは、何らかの了解によって別の現象を指すものとされている現象のことである（どんな現象でもよい）。これに対して〈コード〉とは、記号の操作を整序するシステムのことである（どんなシステムでもよい）。こうした定義が二つの概念に与える意味は、普通の意味と違うところがある。たとえば、右の定義によれば、〈記号〉は人間がコミュニケーションに役立てるために意図的につくった道具であり、動物の行動とは無関係だということになる。同様に、〈遺伝子コード〉も、右の定義の埒《らち》外にある。この定義によれば、コードとは人間が意味を求めてつくり出したシステムであるからだ。要するに、ここでの立場とそれに基づく定義は、人間のコミュニケーションを他のすべてのコミュニケーションから明確に区別する（人間のコミュニケーションとは自由の現象だとする）決定に立脚するものだ。

もう一度思い出してほしいが、人間のコミュニケーションとその他のコミュニケーションとのこうした区別は、〈客観的に〉観察されるものではない。前出の〈質的跳躍《シュプルング》〉なるもの、つまり人間の〈起　源《ウアシュプルング》〉は、〈間主観的〉にしか確認できない。それを観察できるのは、現象を記号とみなす了解と、記号をコードへと整序する規則を認める合意とに加わった観察者だけなのだ。質的に新たな動物としての人間の〈起源〉を確認できるのは、客観的な観察者ではなく人間だけなのだ。人類学者は、きちんと並んだ石や熊の骨によって取り巻かれた類人猿の骨を発見した。それは、ほぼ二百万年前のものである。多くの人類学者は、これを〈最初の人間〉と見てよいとしている。その骨が解剖学的に見てわれわれのものによく似ているとか、それらの類人猿が自然物を加工しているとかいう理由によるのではなく、人類学者たちが石や熊の骨から成るサークルをコード化された世界として（〈骨石文化〉として）解釈するからだ。かれらは、石と骨が意図的にサークル状に並べられたものと考え、その意図を［投影しておいて］再発見する。それは、外部の世界を遮りながら有意味なものとして受けとめるべき整然たる囲郭をめぐらすことにより、死すべき者の無意味と孤独に意味を与えようとする意図なのだ。人類学者たちがサークルの構造の背後に隠された意図をこうして［投影した上で］再発見するからこそ、その類人猿は〈最初の人間〉なのであり、客観的に観察できる［われわれとの］一致点があるためにそう認められるわけではないのである。

〈ピテカントロプス−エレクトゥス〉（そう呼ぶかどうかは重要でない）になったつもりで自然を脱する〈第一の跳躍〉をここで追体験してみるつもりはない（もっとも、この〈原初の跳躍《ウァシュプルング》〉は二百万年前の中央アフリカで見られただけでなく、子どもが記号を用いはじめたり、われわれ自身が意識して自分の動きに意味づけを与えたりする場合には、いつでも見られることである)。ここでは、自然を脱する跳躍が世界からの疎外として受けとめられることを確認しておけば十分だろう。この〈根源的《ウアシュプリュングリヒ》〉な出来事は、哲学では（外部に立つに由来する《エクーシステレ》）〈対向存在《エクシステンツ》［実存］〉の概念によって、また神学では〈堕罪〉〈〈楽園〉からの追放〉の概念によってとらえられる。人間の〈起源〉には、人間と世界の間の深淵［断絶］がある。記号とは、この深い断絶を架橋する道具であり、和解なのだ。人類学者は〈原初的〉な人間にとって石や骨がもった意味をもう知らないが（このコードを解読する鍵は失われてしまった）、［自己を過去に投影して］和解としての石や骨という形で自己を再発見する。かれらは石や骨を記号として認識する。つまり、断絶を架橋する〈人為的〉試みとして認識するのだ。

架け橋としてのコード

したがって、通常はもろもろの記号から成るコード（石のサークルや、喋られる言葉や、書かれるテクストや、描かれる図）は、対向存在へと跳躍した人間と、人間が跳び出した世界との間の架け橋である。コードは世界に〈意味を与える〉。コードはまた、個々の人間の間の架け橋でもある。それは、他の人間のために世界に意味を与える。つまり何らかの〈合意《コンヴェンション》〉によって世界に意味を与えるのである。ところで、意味について合意しようという取り決めはすべて、それ自体が何らかの意味についての合意に基づいていなければならない。たとえばモールス信号のコードは、英語のコードによって提案され、採用されたのであった。このように取り決めから取り決めへと遡ってゆけば、窮極の取り決めは人間を世界から区別する断絶だということになる。その断絶は、われわれが自己の生に意味を与えるために用いるさまざまのコードの〈根源〉に他ならないが、それを論ずることは本書の守備範囲を超える。（夢や神話の記号のような）〈根源的〉記号は、人間と記号との関係一般を問うものなのだ（どちらが他方を用いるのか？　言葉がわれわれの道具なのか、それとも、われわれが言葉の道具なのか？）。

原理的には、どんな現象を合意によって記号とすることも可能である。また、それらの記号を整序してコードにするやり方も、無数にある。石や骨や糸の結び目や画像や数やコインや音声や所作や色や、要するにあらゆる自然的または人為的現象が、対象であれその性質であれ、〈具象的〉であれ〈抽象的〉であれ、合意によって意味をもちうる。こうして成立した記号が整序されてコードになるわけだが、そのやり方は（モザイクのように）点状であったり、（アルファベットのように）直線状であったり、（アラベスクのように）波線状であったり、（デッサンや絵画のように）平面状であったり、（カーペットのように）被膜状であったり、（彫刻や建築のように）立体状であったり、（舞踊や所作のように）四次元状であったり、（操り人形のように）空間的であったり、（音楽のように）時間的であったり、（映画や演劇やネオン広告や交通信号のように）もっと複雑な次元の組み合わせであったりする。さまざまの記号の織物、すなわち人間が得られた情報を貯えて生に意味を与えるために自己の周囲にますます緻密に織り成す〈コード化された世界〉は、全く見通しがきかないほど複雑になっている。この不透明性は、織物を織る意図に由来するものなのだ。

だから、コード化された世界、すなわちさまざまの文化から成る世界を、どういう仕方であれ（もっぱらコミュニケーションの観点をとるにしても）カタログ化しようというのは、全く見当違いの（そして単純な）企てである。そのような企ての例としては、さまざまのコードをひとまとめにして文化を〈解読〉したいと思う〈構造主義的〉文化人類学者がよくやるように、記号論理学のコード・仮面舞踊のコード・料理のコード・騎士の名誉のコード等々を一つの一般的カタログのなかに位置づけるやり方が挙げられる。さまざまのコードを聴覚・視覚・視聴覚といった〈感官〉ごとに整序する試みも、アフリカの仮面のコードと分子物理学のコードが両方とも〈視覚コード〉だということになるなら、疑問を残す解決だと言わざるをえない。

本章では、この種の試みを展開しようというのではない。コード化された世界が現在迎えている危機のなかで出口を見出そうというのが本章の意図なのだから、現在の危機にとってまさに典型的だと思われるコードを取り上げ、それを考察することにする。だから、選択の基準は、人間のコミュニケーション一般にとってそれぞれのコードがもつ重要性ではなく、現在の危機状況においてコードがもつ重要性である。

2——三つの典型的なコードの成立

大きな距離を置いて、いわば鳥瞰的に人間のコミュニケーションの織物を眺めるとき、そこで卓越した役割を演ずるのは喋られる言葉［音声言語］であるように見える。実際、多くの観察者の見解によれば、喋ることと考えることは近い関係にある事象であり、一方がなければ他方もなく、人間の在りようは自分が喋る言葉によってすでに大幅にプログラミングされている、とされる。音声言語を構成するさまざまの記号（不正確に〈単語《ワード》〉と呼ばれる特別の音形）は、たしかに、われわれが手にしているコードのなかで独特の卓越した役割を演じている。しかし、音声言語を検討することが、現在のコミュニケーション危機にさいして出口を見出すために適切なやり方なのかどうか、問い直してみることもできよう。

音声言語のコード

音声言語はすべて、（声帯・舌・歯・唇・口蓋などの特別の器官から生まれる）音形という同種の記号から成っている。音声言語にはいろいろあり、それらが音声を発するやり方は同じというわけではないが、用いる記号が音形であることに変わりはない。しかし、この記号を整序してコードにする規則には、基本的に異なる三つの類型がある。第一のコード類型は、記号を直列に〈単語〉を〈文〉に）並べ、記号を変化（〈格変化〉や〈動詞変化〉〉させて、文のなかの特別の位置を割り当てる。このコード類型は、〈[記号を変化させる]屈折語〉と呼ばれる。実例はアラビア語やサンスクリットや英語である。第二のコード類型は、さまざまの記号を（多くの場合ペアにして）一種のモザイク模様に組み立てる。このコード類型は声の抑揚によって記号を互いに区別し（三ないし五種の〈抑揚のつけ方〉がある）、どの記号も他の記号から切り離して、〈音節〉として扱えばすむ。これは〈[記号を切り離して扱う]孤立語〉と呼ばれるものであって、実例は中国標準語や広東語である。第三のコード類型は、（それを喋る人々が最も多いとはとても言えないが）音声言語の圧倒的多数を含むものであって、記号を記号と接合し、結合記号（〈接頭語〉や〈挿入語〉や〈接尾語〉）によって新しい意味レベルに高めることにより、一種の〈上位記号〉としてまとめるものである。このコード類型は〈[記号を接合する]膠着語〉と呼ばれる。その実例は、[南米インディアンの]トゥピー‐グァラニー語やエスキモー語[それに日本語など]である。

音声言語をこのようにカタログ化することは不当な単純化であり、大多数の言語学者がこうしたやり方を〈古臭いものだ〉とみなすのは尤《もっと》もだが、それでも、これを見ただけで、コードとしての個々の言葉が他のすべての言葉に対しどんなに〈開かれている〉か、明らかになろう。われわれは、西洋人として、〈屈折語〉によって予めプログラミングされているる。それがめったに意識されないほど、深いところで、プログラミングされているのである。たとえば、屈折語はその〈文〉の配列において、〈主語〉と〈述語〉を区別する。そうした言葉は、一つの特殊な関係を、自分が意味を与える世界に投影し、これを〈主体‐客体関係〉と呼べるものにするのである。われわれにとって根本的だと思われるこの関係がわれわれの言葉の（他の言語類型にはそれほどはっきり見られない）範疇であることを、われわれは全く意識しないのが普通である。それでも、われわれの言葉にも、他の二つの言語類型を想起させるような構造がないわけではない。たとえば英語は、孤立的なコード構造への傾向をもっている。〈put〉という単語は、〈put on〉とか〈put off〉とか〈put in〉とかいったペアを組まないうちは、意味を与えられない（または、意味を孕んでいるにすぎない）。他方でドイツ語は、膠着構造への傾向をもつ。たとえば〈Bedeutung〉［意味］という単語において、〈-deut-〉という中核部分は、〈be-〉という前綴と〈-ung〉という後綴によりはじめて意味を与えられる。このことから、言葉はわれわれの在りようを予め根底からプログラミングするコードではあるが、互いに開かれたものであり、コード化された世界で方向づけを与えるためのカテゴリーとしてあまり役に立たないと言える。それに、音声言語は、比較的はかないコードなのだ。それは、蓄音機が発明されるまで、そのままでは人間の記憶《メモリー》にしか保存できず、〈人工的な〉記憶に保存することは不可能だったのだから。われわれが喋る単語はわれわれが用いる記号のなかで最も古いものに違いないし、どの単語もその語根はきわめて遠い過去に遡るはずだが、そうした語根は多くの場合すでに見失われており、せいぜい二、三千年前までたどってゆけるにすぎない。別のコード類型（たとえば壁画）の方がずっとよく保存されており、その発展をずっと正確に跡づけることができるのだ。

このように、音声言語が重要なコードの一つであり、われわれのプログラムの大部分に大きな影響を及ぼしていると思われるにもかかわらず、それは、コード化された世界のなかで方向づけを求めるための手がかりとしてあまり役に立たない。なぜなら、それは、①きわめて複雑に境界を越えて流入しあっており、また、②きわめてはかない媒質《メディア》である空気チャネルによるからだ。むろん、音声言語も、他のすべてのコードと同様に、現在の危機によって深刻な打撃を受けている。しかしそれは、現在コミュニケーションを揺さぶっている地震の中心にあるわけではない。

アルファベットのコード

それでも、音声言語を一瞥したことは、本書の基本テーゼを見て取るのに役立ったであろう。コード化された世界で重要なのは、それが情報を貯えること自体ではなく、どのように情報を貯えるかということだ。人が何を言うかということよりも重要なのは、それを英語で言うか、中国語で言うか、エスキモー語で言うかということだ。これは、最初はよく理解できないかもしれない。普通は、こう考える。人が情報を発信する（たとえば［ドイツ語で］〈火事だ！《エス・ブレント》〉と叫ぶ）ときは、何よりも情報自体と、それが受信されることが、関心事なのだ。そして、情報の受信にさいしても、肝心なのは情報自体であってそのコードではないのだ。〈Es brennt!〉という叫びを聞こうと、鐘の音を耳にしようと、とにかく、焼け死ぬ危険が迫っていることが判りさえすればよいのではないか……。コミュニケーションに対するこうした素朴な見方が、音声言語についての右のような概観のおかげでもう克服されたと言えればよいのだが。

あるコードの内部でさまざまの記号を整序する諸規則はネットを成しており、情報も、実はそのネットの上ではじめて情報たりうるのである。英語や類似の言葉では、そのネットはとりわけ主語－述語の規則から成っている。だから、そのコードにおける情報はすべて、主語－述語の関係についての情報になる。英語で喋られる世界は、とりわけ、主語－述語の関係によって明確に表現され、そのようなものとして体験・理解・評価される世界なのだ。これが、英語を喋る人々に情報を与えてくれる〈宇宙《ユニバース》〉なのだ。中国語を喋る人々やエスキモー語を喋る人々が発信したり受信したりする情報は、それぞれ別の〈宇宙〉を意味する。もっとも、〈Es brennt!〉というのは、そうは思えないような例をわざと持ち出したのであって、そこでは三つの（そして考えられるすべての）宇宙が一致するように思えるだろう。〈主語－述語関係〉による［Es が主語、brennt が述語］にせよ、他の何らかの規則によるにせよ、焼け死ぬ危険があることに変わりはないのだ。けれども、ほとんど人間のコミュニケーションの限界と言ってもよい（つまり、獣があげる警戒の叫びを連想させる）この例外的なケースにおいてさえ、コード構造が基本的意味をもつことは明らかであろう。〈Es brennt!〉という叫びを聞くとき、人々は（獣のコミュニケーションの場合とは違って）ある特別の構造をもつ状況についての情報を受信するのであり、［一般的な］警告にすぎないものを受信するわけではないのだから。〈Es brennt!〉という叫びに含まれる情報は、他のコード（たとえば鐘の音）に翻訳して伝達される情報と同じではないのだ。

世界と世界のなかの生は（人間の在りようをプログラミングする）いろいろなコードのネットにおいて体験・認識・評価されるという、この基本テーゼを承認するならば、われわれの現在の危機を理解する道が自ずから開けてくる。西洋のコード化された世界（われわれがその成員であり、その危機がわれわれに降りかかっている世界）がほぼ三千五百年前に始まって以来、そこではアルファベットのコードが、〈歴史〉と呼ばれる主要情報の〈公式の〉搬送者であった。われわれは、主としてアルファベットのコードのカテゴリーによって世界を体験し、認識し、評価する。われわれの科学や政治や芸術や哲学は、われわれがアルファベットのカテゴリーによって認識し、評価し、体験するやり方なのである。〈世界における西洋的在りよう〉を特徴づけるのは、アルファベットのコードである。だが、まさにこのコードが、（他のコードによって駆逐されようとしているために）危機を迎えているのだ。いまやわれわれの認識と体験と評価の大変動が進行しているのは、そのためである。だから、アルファベットを手がかりとしてこの大変動をとらえる試みによって方向を見出そうというのは、一つのよいやり方に違いない。

以下の叙述は、まず最初の部分で、地中海東部の地帯でさまざまのアルファベットが形成された過程の把握を試みる（ほぼ紀元前四千年から紀元前千五百年にかけての時期。中学校では〈先史時代〉と呼ばれる）。第二の部分では、アルファベットとアルファベット以前のコードとの戦い、そしてアルファベットの最終的勝利を示すことにする（これは、ほぼ紀元前千五百年から紀元後千九百年にかけての時期であり、これを狭い意味での〈歴史〉と呼ぶことにしよう）。第三の部分では、革命的に新しいコード、たとえば写真や映画の登場と、アルファベットに対するその爆発的な勝利について述べることにしたい。いま始まったばかりのこの時期を、〈歴史以後《ポストヒストリー》〉と呼ぶことにする。

こうして〈西洋の歴史〉をたどるさいに、どういうコードが支配的だったかによって四つの転機があったことが明らかにされよう（それらは、他の歴史叙述では、つまり別の前提のもとでは、それほど明確にされることがない）。すなわち、ほぼ紀元前千五百年（ミノス［クレタ］のテクスト）、紀元前八百年頃（ホメロスと預言者のテクスト）、紀元後千五百年頃（印刷本の普及）、そして、紀元後千九百年頃（テクノ画像の進撃の開始）である。そのうち第一の危機と最後の危機は転換点（歴史の始まりと終わり）であり、その中間の二つの危機は歴史の二度のクライマックスである。本節は、これら四つの危機によって組み立てられる。しかし、これは西洋の歴史を物語ろうとするものではなく、現在の危機において方向を見出そうとする意図に発するものだということを、忘れないでいただきたい。

(a) アルファベット前

アルファベットの不完全性と卓越性

アルファベットは、二十から三十の単純な幾何学的図形(〈字母《レター》〉と呼ばれる)から成るコードである。字母は、音声言語の個別の音声を意味する記号であり、〈正書法〉と称する規則に従って、〈行〉と呼ばれる列に並べられる。喋られる言葉はすべて、アルファベットが含む記号の数よりもずっと多い音声から成るので、字母と音声の間に一対一の対応関係があるわけではない。一つの字母が複数の音声を意味することもある(たとえば〈e〉は、[ドイツ語の]〈Gebet《ゲベート》〉という単語において二つの異なる音声[短音と長音]を意味する)。他方、同一の音声がアルファベットにおいては複数の字母で記されることもある(たとえば[ドイツ語で見られるように]〈k〉と〈c〉が同じ音声を示すこともある)。アルファベットは、その〈レパートリー〉(それが含む記号)という観点からすれば、実は適切に取り決められた(明確な)コードとは言えないのである。

さらに、〈構造〉(記号を整序する規則)の観点からすれば、アルファベットは一段と不出来なコードだとさえ言える。むろん、その基本規則は単純明瞭である。字母は行に(多くは左から右へ、そして、ある平面の上方左隅から下方右隅へ）粒を並べるように（たとえば糸を通した真珠や、棒を通した算盤玉のように）並べられる（そのために、機能的に見れば、幾何学的な形という性格は打ち消されてしまう）。しかし、字母の並べ方と、行のなかでのスペースの開け方に関する正書法というものがあり、これが、矛盾したもの、不完全なもの、恣意的なものなのだ。たとえば、多くの言葉の（とくに英語の）正書法は、テクストの発音ときわめて間接的に結びついているにすぎない。

アルファベットは、こうした短所をもつばかりでなく、字母としての意味をもたない一連の記号をレパートリーに加えているという点でも、問題をもっている。アルファベットは、そうした異分子なしにはもはや機能しえないのである。たとえば、〈?〉という記号は音声言語の抑揚を意味し、〈;〉という記号は正書法の規則の一つ（つまりコードそのものの一側面）を意味する。また、〈2〉とか〈§〉とか〈$〉とかいう記号は、別のコード（算数のコード・法のコード・金銭のコード）からアルファベットに移された表意文字である。これにとどまらない多くの理由によって、アルファベットは欠陥のあるコード、雑種的なコード、コミュニケーションに利用することが容易でないコードだと言わざるをえない。

したがって、このコードが何千年を経てきわめて安定的であることを実証したと認めざるをえないのは、意外なことである。それが支配的になってから（つまり、ほぼ紀元前八百年以降)、基本的にほとんど変わっていないのだ。その字母を読み上げる順序(ABC)のような外形的な側面でさえ、ほとんど変わっていない。その変化は、はるかに適切に取り決められているように見えるコード(たとえば算数のコード)よりも、また、音声言語のコードよりも、ずっと少ない。だからこそ、エトルリア語がほとんど忘れ去られているにもかかわらず、エトルリア語のテクストに使われているアルファベットは容易に解読できるのだ。だから、一見しただけでは判らないことだが、アルファベットには卓越した性質があると考えざるをえない。

どんな子どもも、アルファベットのすべての記号の読み書きをきわめて速く学ぶのが普通である(他の比較しうるコード、たとえば中国の文字では、そうはいかない)。アルファベットは、明らかに先史的な側面をもっている(若干の想像力があれば、〈X〉や〈O〉のような字母の背後に石器時代の人間の形があることを見抜けるであろう)。にもかかわらず、アルファベットは、近代技術(たとえばタイプライター)にきわめて適合的なのだ。アルファベットに有利なこうした論拠は、まだいくらも挙げられよう。しかし、その種の論拠をいくら挙げてみたところで、アルファベットが示す人間の創造力の(ほとんど奇跡と言ってもよい)偉大な成果が判ったことにはならない。

アルファベットの発明

すなわち、さまざまの字母の起源と、何千年の間の個々の字母の発展は比較的よく知られているが、〈アルファベットの発明〉の全過程はまだ不思議な秘密に覆われている。われわれの字母が地中海東部の沿岸とその前方の島々で書かれはじめたのは、紀元前二千年から数世紀の間であった。それらの字母の名は保たれている（今日までほとんど変わっていない）。それは［セム系の］アラム語によるものである。たとえば最初の字母は〈アルファ〉だが、それはアラム語で〈牡牛〉のことである。二番目の字母は〈ベータ〉（家）であり、三番目は〈ガマ〉（駱駝）である。こうした名称が示唆するとおり、字母は当初、音声ではなく対象物を意味したに違いない。実際、アルファという字母の発生を再構成してみると、当初のエジプト表語文字は何度も向きを変えているが、牡牛を写したその形は変わっていない。個々の字母とさまざまのアルファベットが共通の起源から発展したものであることを、こうしてほぼ完璧に跡づけることができるにもかかわらず、その発展が刻んだ歩みを見るとき、めまいがするほどだ。普通は、この発展は、次のような四つの段階を経たものだ、と言われる。すなわち、①絵文字《ピクトグラム》、②表意文字《イディオグラム》、③表語文字《ヒエログリフ》、④字母《レター》の四段階だとされる。それによれば、絵文字は、それが意味を与える対象物の写像として取り決められたものである。表意文字は、同じ絵であってももはや対象物に意味を与えるのではなく、対象物がかかわる一般的状況、つまり〈観念《イデー》〉に意味を与える（たとえば、涙を流す目が〈悲嘆〉を意味するように）。表語文字は、同じ絵であってももはや対象物に意味を与えるのではなく、当該の言語で対象物を特徴づける単語《ワード》に意味を与える（たとえば、足指［ドイツ語で、Zeh《ツェー》］の絵が〈不屈〉

[zäh]《ツェー》をも意味するような場合)。最後に、字母は、もはや対象物に意味を与えるのではなく、対象物を意味する単語の最初の音声に意味を与える(〈A〉は、アラム語で牡牛の写像を意味する〈アルファ〉という単語の、最初の音声を意味する)、と説かれる。

しかし、アルファベットに[①から③までの]三つの〈前〉段階があったことが十分に証明されるとしても、それは〈アルファベットをめざす発展〉だとは言えない。それらの段階は、いずれも、それぞれの方向で世界を離れようとするもの、それぞれの形で異境化《フェアフレムドウング》(脱世界化)を試みるものなのだ。そのどれもが、別の頂点、別の存在形式、別様にコード化された(だが同様に〈高度な〉、つまり同程度に異境化された)世界ないし文化を、もたらしうるのだ。それらを〈前〉段階だと言うのは、アルファベットの観点から(つまり、西洋の〈帝国主義的〉立場から)見てアルファベットの仕上げのための準備とみなされるというだけのことだ。

にもかかわらず、ある重要な側面から見れば、アルファベットの三つの〈前〉段階とアルファベットには、共通点がある。それは、いずれも〈線形的《リニアー》〉なコードだということである。そのコードが記号を行に(つまり点状の要素の列に)並べるものであり、本来的な狭い意味での〈文書《シュリフト》[文字列]〉に他ならないということからして、われわれはアルファベットの前史を曖昧模糊とした太古(〈最初の〉絵文字が壁に書き散らされた旧石器時代の洞窟)まで遡らずにすむのである。すなわち、アルファベットの〈起源〉について肝心

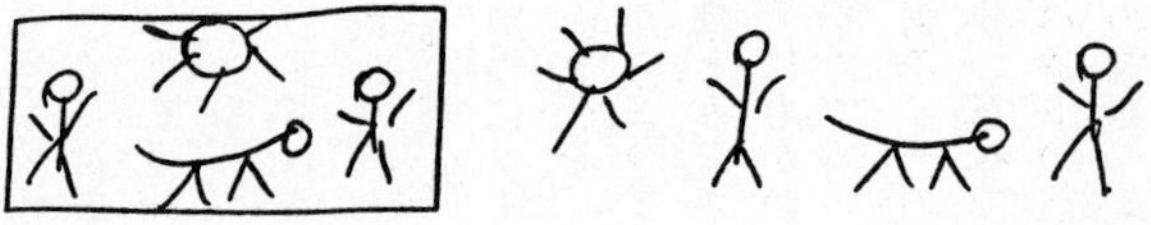

なことを知るためには、紀元前五世紀に出来たメソポタミアの粘土板から始めれば十分であろう。それから六千年以上経った今日でも、センスのある観察者は、粘土板の表面に線形をなして繰り広げられる光景を見て息を呑むであろう。

それらの絵のいくつかには、たとえば髭を生やした王と、そのまわりに跪く敗れた敵たちが見られる。あるいは、神話的な獣たちを支配する英雄神がいる。その絵の脇には、線形的に（多くは縦方向に）並べられた記号の列が見られる。

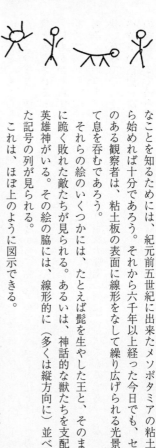

これは、ほぼ上のように図示できる。

上の図から判るように、枠で囲まれた絵とその傍にある線形的テクストは、〈同じ〉情報にかかるものである。絵とテクストは、同じ記号〈絵文字〉から成っている。それでも、表現されているのは全く別の世界である。左の絵は、ある情景を有意味にする。二人の人間が昼どきに一匹の犬を散歩させている、というように。絵のなかの諸記号は、互いに、四次元世界における対象物相互の関係と同様の関係にあり、ただ、〈奥行〉と〈時間〉の両次元が捨象されているにすぎない。絵は、四次元的な世界の情景が平面上に圧縮された（つまり、〈表面上に置かれ《フォアシュテレンされ》

〔表象され〕〉、イメージ化された）ものを有意味にする。これに対して、右のテクストは、情景に意味を与える絵に、意味を与えるのである。テクストのなかの諸記号は、互いに、線形的なコードを組み立てる規則によって関係づけられている（糸を通された真珠のように次々と並んでいる）。いくつもの真珠をつないでいる見えない糸は絵のなかでは縺《もつ》れていたが、それが引き出され（〈解かれ〉、〈開かれ〉、〈展《ひろ》げられ〉）、絵のなかにあったいろいろな記号を数え上げる《アウフツエーレンする》（〈物語る《エアツエーレンする》〔次々と並べる〕〉・〈計算する〔小石《カルクルス》を次々と数え上げる〕〉）ことになるのである。右のテクストは、絵によって意味を与えられる情景を説明する物語（たとえば、〈二人の人間が昼どきに一匹の犬を散歩させている〉）である。テクストは、〔逐次的な〕過程、すなわち歴史を意味する。

いままで聞いたこともないように思えるかもしれないこの跳躍、イメージ化から計算への、情景から歴史への跳躍については、後に詳しく説明する。ここでは、前掲の図の左側と右側を分かつ実存的な断絶を示しておけば十分であろう。左側には、人間の人間化が始まった何千年もの重みがある。右側には、われわれと共に終焉を迎える西洋の歴史がある。

(b) アルファベット

取り決めによる発生

アルファベットを発展の結果だと見るなら、こういうことになるであろう。すなわち、アルファベットの各字母の意味は、当初アラム語の字母が模写した対象物を意味する単語の最初の音声を指す、と。しかし、こうした〈系譜論的〉（非〈機能論的〉）な説明は、きわめて不正確なものである。たとえば、アラム語の〈Alpha〉という単語がドイツ語の〈A〉に似た音声から始まるというのは、間違いである。アラム語の〈Alpha〉の冒頭の〈A〉は、ドイツ語にはない子音を示す字母なのだ。セム語系のアルファベットは、原則として母音をもっていないのである。

もっと重要なのは、〈系譜論的〉説明が、アルファベットにおける字母の機能とほとんど無関係だ、ということである。〈ラテン語のアルファベットにおける《C》の意味は何か?〉という問いは、〈C〉が当初は駱駝の模写であったことと全く無関係なのだ。駱駝を含む対象世界の全体が、意味の地平の彼方に消え去っているのだ。〈C〉という字母が意味する音声は、スペイン語とチェコ語、イタリア語とドイツ語で異なる。しかも、それは、生《なま》の音声を意味するのではなく、ある音声についての取り決め《コンヴェンション》を意味する。そして、その意味は、正書法の取り決めによるものなのだ。正書法の取り決めの前には、発音法の取り決めがある。さらにその前には、そもそも、喋られる言葉［音声言語］を書かれる言葉［文字言語］にしようという、言葉の性質に関する《リングイスティックな》取り決めがある。だから、字母の意味はいくつもの取り決めに基づくこと、アルファベットは［それらの取り決めによって］ごく抽象化されたコードであることを、忘れてはならない。それは、音声言語ときわめて間接的な関係に立ち、音声言語が示す世界とはもっと間接的な関係に立つ。これに加えて、アルファベットの線形的構造が喋られる言葉の構造を変えてしまう（喋るのとは別の仕方で書かれる）ことを考えるならば、アルファベットとは極度に抽象化されたもの、（構造と機能が単純であるにもかかわらず）異例に精緻化されたものだという印象をもつようになるだろう。それは異例な、唯一無二の発明なのだ。

したがって、それが本当に一度だけ、紀元前千五百年頃の地中海東部でつくられたということは、驚くに足りない。絵文字のコードは、互いに関係のないものが無数にある。表意文字のコードは、全世界に散在している。表語文字は、メキシコ・エジプト・極東などでそれぞれ独立に生まれた。これに対して、すべてのアルファベットは、一つの共通の起源をもっている。だから、それほど異例な発明をもたらした異例な事情があったと考えるしかない。その事情は、いまではかなり明らかになっている。クレタとシリアで、紀元前千五百年前後に一種のアルファベットで書かれた何千枚もの粘土板が発見されているが、そのアルファベットには、〈線文字A〉と呼ばれることになった原ヘブライ語と、〈線文字B〉と呼ばれることになった原ギリシア語がある。これらのテクストが扱う主題には、とりわけ、何世紀か後に一方ではホメロスの叙事詩、他方では聖書によって、彫琢されることになったものがある。オデュッセウスとアブラハムがもともと同じ人物だったこと、トロイア人の軍隊とヘブライ人の軍隊が同じ原理で編制されていたことは、別に不思議ではない。時代的にも地理的にも近い二つの文化は、密接に結びついていたに違いないから。

しかし、西洋文明が唯一の根から芽生えたこと、つまり、ギリシア語を学んだミノス島のセム人（または、ヘブライ語を学んだフィリスチア［ペリシテ＝パレスチナ南西海岸］のギリシア人）に由来するという主張は、まだ〈吟味〉される必要があるだろう。ギリシア人とユダヤ人が一つのアルファベットによってコード化された共通の世界から出てきたということ、したがって哲学と預言が奥底では一体をなすものだったということは、そこから導かれる予想もできない帰結を含めて、まず探求されるべきテーマである。

当時支配的だった状況は、〈極端な言語混乱〉という概念でとらえることができる。比較的小さな地域、たとえば［シリアの都市］ウガリトの一帯では、以下のような言葉が使われていた。北部セム語系のシリア語・カナン語・アラム語・原ヘブライ語。東部セム語系のバビロン語・アッカド語・アッシリア語。コプト語系のエジプト語。インド＝ヨーロッパ語系の、アーリア語・原ギリシア語・ヒッタイト語。起源不明のリュディア語やミノス語……。こうした状況（それは、聖書がバビロンの〈摩天楼〉の建設を述べるさいに触れている）を理解するためには、それを現在の（たとえばアフリカやインドにおける）言語混乱と同じようなものと考えてはならない。当時の住民は、言語混乱にもかかわらず共通のエリート層をもっていた。だから、エリートたちのために一つの共通コードを創ることは、何よりも重要な課題であった。だが、そのために（後にインド人が英語を使うように）バビロン語・アラム語・ミノス語といった既存の言葉の一つを使う試みは、失敗した。

中世においてラテン語を用いたようにシュメール語のような死語を交易語《リングア・フランカ》として用いる試みも、やはり失敗した。となれば、思い切った解決をはかるしかない。こうして、アルファベットが発明されたのである。

若干の粘土板は、この発明がどのようにしてなされたかを示してくれる。そこには、同じアルファベットとしてコード化される六つの言語で、テクストが書かれている。六つのテクストは、いずれも同一の情報を与えるものである。だから、読む能力のある者（アルファベットのエリート層に属する者）は、相互理解のためには六つの言語のうち一つをマスターしていればよい。かれは、別の人に向かって、粘土板上のその人の言語によるテクストを指さしてやりさえすればよいのだ。粘土板は、いわば辞書と旅行案内書を兼ねたものであった。そのさい、このコミュニケーション形式がエリート的なもの、高度に抽象的なものだったことは、明らかであろう。もっと洗練度の低いコード（身振りのコードは論外としても、絵文字や、［ギリシアの共通語］コイネーのようなエスペラント的普遍言語を使う可能性も、あるにはあった）を相互理解に役立てるのでは、もう不十分であった。それらは、いまや伝達されるべき情報にとって十分な柔軟性をもっていなかったからである。アルファベットのコードだけが、エリート層の要求を満たすものであった。それでは、伝達されるべき情報とはどのようなものだったのか？

商業のコードとしてのアルファベット

その答えは、何年か前から明らかにされている。アルファベットのエリート層は大小の商人から成っており、やりとりされた情報は商品の在庫目録・船荷目録・取引の決済・度量衡の計算にかかわるものだったことが判ったのである。この発見がわれわれのメンタリティー、いわゆる〈西洋的生き方〉にとってもつ意味は、どんなに高く評価しても足りないほどだ。〈昨日までのわれわれを大幅にプログラミングし、今日その衰退がわれわれを悩ませている〉アルファベットのコードは、計算と勘定、秤量と計測のために取り決められたコードなのだ。［古代エジプトの］表語文字《ヒエログリフ》などとは違って、それは、神官たちがかれらのために創ったコードでもなければ、王や戦士、職人や芸術家のためのコードでもなく（〈民衆〉すなわち農民や牧夫のためでないことは言うまでもない）、商人のために創られたものであった。アルファベットとその他のコードとの戦いは何世紀も続いたが（そのクライマックスはホメロスと聖書の登場、つまり社会をアルファベットによりプログラミングすべき〈聖なる〉テクストの創造であった）、それは、商業的コードと非商業的コードとの戦いであった。［ユダヤの］預言者たちが〈図像の作成〉を偶像崇拝として禁じたとき、かれらは絵文字や表語文字から商人のコードを守ったのである。［ギリシアの］哲学者たちによる〈神話〉攻撃も、やはり、イメージのコードからロゴス（商業的なアルファベットのコード）を守るものだったと考えなければならない。このように、アルファベットは生き方の脱宗教化をもたらすものであり、いま振り返ってみれば、そのようなものとして西洋の歴史全体を特徴づけているのである。

もっとも、紀元前八世紀に、アルファベットは〈神聖〉になりはじめた（聖書とホメロス）。そのために、アルファベットの脱宗教化機能は見えなくなってしまった。この機能が再び明らかになるのは、印刷術が発明されてからである。聖書からルターまで、ホメロスからグーテンベルクまでのこの長大な時期を一つのまとまった時代（たとえば〈手書き本の時代〉）としてとらえるのは、たしかに普通のやり方ではない。その間にはいくつかの重要な区切り（たとえば、キリスト教やイスラム教の登場、地理的重心の東から西への移動）があったと思えるだろう。ペリクレスの時代のアテナイの市民と、カール大帝の時代のガリアの農民と、再キリスト教化《レコンキスタ》の時代のグラナダの学者の在りようには、ほとんど類似点がないように思えるだろう。それでも、コミュニケーションの観点から見れば、これらの人々の状況の間には共通するところがある。状況を特徴づけるのは、アルファベット（エリート層のコード）と画像のコード（〈民衆〉のコード）との戦い、つまり、計算する（〈歴史的な〉）意識とイメージ化する（〈呪術的な〉）意識との戦いである。計算 対 祭儀、概念 対 表象、字母 対 画像、これが、ソクラテス前の哲学からスコラ学を経て人文主義に至るこの時代の主題であった。それは、〈歴史の核心〉であった。

この時期の最初のうちは、アルファベット化されたエリートたちも、アルファベットに潜む可能性を完全に意識していたわけではない。かれらは、まだ〈書ける〉ようになっていなかった。時間をかけてようやく、書記や物書き、〈作家や学者〉が登場し、商品目録だけでなく出来事や思想や願望を書きとめること、アルファベットで情景を記述するばかりでなく歴史を物語ることができるようになったのである。行に並べられた字母が〈明晰判明〉［デカルト］であること、すなわち、行そのものの逐次的《プログレッシブ》な線形性も、時間をかけてようやく意識されるようになり、意識をプログラミングするようになった。ここで重要なのは、この新しい意識の担い手がユダヤ人とギリシア人だったこと、つまり、〈エジプトやメソポタミアの場合と違って別のコードにより煩わされず〉最初からアルファベットで書きはじめた文化だったことである。その意味で、ユダヤ人とギリシア人は〈生まれながらの語り手〉なのだ。

そうはいっても、両者の数え方、物語り方は異なっており、したがって歴史も異なっている。タルムードの語り方はアリストテレスのそれとは違うし、プラトンのユートピアは、神の国とは別の歴史《ヒストリー》［物語］の、ハッピーエンドである。また、［ギリシアの］三段論法の論理は、救済の論理〈ピルプル〉［タルムード解釈論に示される、できるだけ多くの視点から問題に迫ろうとするユダヤ的思考］とは別の数え方である。だから、〈歴史の核心〉を、二つの物語の間の対話とみなすことができよう。この対話は、二つの情報の合成によってたえず新たな情報を生んできた。キリスト教も、イスラム教も、科学も、特別な政治的価値というものも、こうして新しく生まれた情報である。西洋文明が他の文明と比べて内部では分裂しており、外に向かってはダイナミックであるのは、そのユダヤ的要素とギリシア的要素の間にたえず（今日なお）対話が行われるからである。

しかし、この対話が、きわめて小さなエリート層のなかだけで進行したこと、アルファベットで書かれたテクストによる対話だったことを、忘れてはならない。それは、ここで対象としている二千三百年間（［旧約］聖書からグーテンベルクまで）を通じて、寡黙で鈍感だったかに見える人々、つまり呪術にとらわれて生きる先史的な〈群衆〉を背後に置いて行われたのである。テクストとテクストの争いは、こうしたアルファベット以前の人々にとって無関係だったように見える。むろん、実際には、そうではなかった。〈異教的な大衆〉は、争い合う物書きたちの生活を支え、かれらの争いをそもそも意味のあるものにしただけでなく、その争いにたえず疑問を投じた。〈歴史〉には決着がつけられなかった。それは、歴史のギリシア的変種とユダヤ的変種の対立が解消しないからではなく、歴史を支える群衆のほとんどすべての在りようが歴史的構造を欠いていたからだ。

識字化の進行と近代

それが変化したのは、紀元後千五百年頃のことである。それ以降、ごの群衆は、識字化の進行によって、つまり印刷されたテクストによって、歴史のなかに取り込まれた。西洋文明の内部的な分裂と対外的な活動が爆発的に進展し、その後四百年間に西洋人が地上に氾濫した。この爆発はむろん多様な観点から眺められるが、本書の観点からすれば次のような見方が可能である。まず市民、それから労働者をアルファベットの意識レベルに取り込むことによってはじめて、アルファベットに潜んでいた可能性が実際に展開されることになる。アルファベットの構造によってプログラミングされている社会は、いまはじめて、アルファベットのコードの最終的帰結、つまり厳密な科学とそれに基づく技術を展開できるようになった。それによって、社会は、科学技術を全然解読できない言脱（〈奇跡〉）として受けとめる硬直した遺物的人間を抑え込み、屈服させることができるようになる。こうした人々が科学技術に対して無力なのは、その背後にあるアルファベットのコードを解読するための鍵をもたないからだ。アルファベット化されたメンタリティーにはじめて接する人々が信じられないほど硬直した反応を示すことの、ほんの一例として、西洋人による世界征服の口火を切った事件を挙げておこう。それは、何十万ものメキシコ軍に対する僅かなスペイン人の勝利である。この信じられない出来事を信じられるものにするのは、スペイン人の鉄砲がアステカ人の弓に勝っていたということではなく、アステカ人の物の考え方ではスペイン人の物の考え方が全く理解できなかったということなのだ。

〈近代〉と呼ばれる時期をそのように読めば、それがあまり多くの実りをもたらさなかったことが判るであろう。むろん、この時期を通じて（とくに産業革命以後）、地球の表面では大きな変化が起こった。紀元後一八世紀の生活は、紀元後一九世紀のそれよりも紀元前一八世紀のそれに似ていると思えるほどである。それでも、表面の下ではもはや〈手書き本〉の時代ほどの沸騰が見られないというのは、本当だ。アルファベットとアルファベット前のコードとの戦いが行われていた当時は、既存の情報を字母へとコード変換する〈神話を歴史に組み替える〉試みが繰り返し見られた。その成果として挙げられるのは、宗教と哲学、論理学と数学、詩と文学、法と政治的プログラムばかりではなく、何よりも、随所に見られた神話的な生き方が片端から大幅に〈合理的〉意識に対して開かれていったという事実である。ところが、アルファベットの勝利とともに、新たな情報が科学の言説から雪崩のように流出しはじめたにもかかわらず、その情報の流れの源泉、すなわち歴史以前の生き方は、印刷本の下に埋まってしまった。これが、基本的に、近代の〈近代らしさ《モダニティー》〉なのだ。表面の形（対象物やイデオロギーや様式など、要するに流行の形）の変化のスピードはどんどん上がるが、一皮むけば、変わらぬ傾向（〈逐次性《プログレシブネス》〉）が見られる。手書き本の時代、すなわち〈歴史の核心〉は、ゆっくりした、しかし創造的な逐次的過程《プロセス》であり、そのおかげで、アルファベットによって構造化された新しい意識レベルの高みに登ることが可能になった。これに対して、印刷本の時代は〈歴史の頂点〉である。それは息継ぐ暇もない逐次的過程であり、その過程を通じて、右の意識は、世界を自己のカテゴリーに合わせようとするのだ。

もとより、ここに述べたことは〈近代的《モダンな》〉メンタリティーに向けられた批判であるにとどまらず、その追悼の辞でもある。二〇世紀が終わろうとする現在から振り返って見れば、こう言える。前近代のメンタリティーは、たえず〈神話〉によって脅かされていたが、それだからこそ実りを生むことができた。これに対して、近代は、自分自身について（すなわち、近代的な説明・理論・計算・歴史・尺度・価値等々について）自信をもっている。近代のこの自信、つまり、科学と進歩［逐次性］（世界とそのなかの生活をどんどん改善してゆく理性の力）に対する近代のこの〈信頼〉が、近代をあれほど強力にすると同時に、あまり実りのないものにしたのである。［かつては］〈明晰判明〉な歴史意識が呪術的在りようによってたえず脅かされていた（たとえば中世の修道士が〈悪魔の誘惑〉によって脅かされていた）からこそ、その意識は世界に向かって開かれていたのだ。これに対して［近代の］歴史意識は、内面的な自信をもっている（たとえば科学者は専門的方法を信じている）が、そのために、その意識は世界に対して閉ざされたもの、偏執症的なものになる。このように、意識が［アルファベットのコードを］全面的に〈信頼〉しながらアルファベット化され、前アルファベット的プログラムが〈克服〉された結果、歴史の全期間を通じて隠されていたことが顕在化するに至る。それは、アルファベットとは商人が商人のために、勘定したり計算したり重さを量ったり大きさを測ったりできるように発明したコードだということ、これは脱宗教的なコードだということである。

これが追悼の辞だと言うのは、われわれの世代が〈説明〉や〈理論〉や〈計算〉や〈歴史〉や〈尺度〉や〈価値〉に対する〈善意の信頼〉を失いはじめているからだ。前近代の歴史意識が脅かされたのと同様に、われわれの歴史意識も脅かされているのだ。だから、われわれは、今世紀前半の科学者よりも中世の修道士にわれわれ自身の姿を見出すことができる。科学と進歩に対するわれわれの信仰、世界とそのなかの生活をどんどん改善してゆく理性の力に対する信仰は、揺らいでいるのである。われわれ（少なくとも年配者）はまだアルファベットによってプログラミングされているが、もうそれを信頼してはいない。だから、いまや、近代のメンタリティーを（たとえば、精神分析や社会学的分析や経済分析によって）〈アルファベット前〉をバックに透視してみること、つまり、われわれ自身を透視してみることが許されるであろう。なぜなら、われわれ自身が歴史の終期にあり、われわれ内部の歴史的な在りようが砕けつつあるにもかかわらず、われわれはやはりまだ歴史のなかにあるのであって、われわれの前方にあるのは、登るべき新たな歴史意識のレベルなどではなく深淵であり、その向こうに別のレベルの輪郭が薄ぼんやりと予感されるにすぎないからだ。これが、われわれの〈危機〉なのだ。われわれの歴史的在りようを脅かしているのは〈神話〉ではなく〈疑似神話〉である。われわれのアルファベット的プログラムを侵すのは、印刷術以前とは違って画像ではなく、テクノ画像である。そして、われわれの課題は、かつてとは違って画像をアルファベットに翻訳することではなく、アルファベットをテクノ画像に翻訳することである。

(c) アルファベット後

コード変換の冒険

若干のメソポタミアの粘土板から線形的コードの起源を見て取れることを述べたさいに、それが正真正銘の〈跳躍〉だったに違いないと言おうとしたつもりである。心眼を凝らして見れば、書き手は画像を説明するために画像から跳び出さなければならなかったこと、画像の世界から概念の世界に跳び移り、世界に対する自分の立場を飛躍的に変更しなければならなかったことが、判るであろう。しかし、「もはや画像ではなく概念こそが存在だとする」そのような〈存在論的革命〉を考えてみると、それはありえない出来事だったようにも思えてくる。いったい、画像から行に並べられた諸概念に跳び移るなどということが、概念を考え出してそれを行に並べることを考案する前に、どうして可能だったのか？　あるコードから別のコードに移ることが、その新しいコードを使って翻訳しようという合意が成り立つ前に、どうして可能だったのか？　古いコードの意味を明らかにするための新しいコードを考案するとき、人はどこに立っているのか？　画像を説明するために文書を考案するとき、人は、もはや画像のなかにいるはずはないが、まだ文書のなかに移ってもいないではないか？　けれども、われわれは、日常の経験からしてそれが不可能ではないことを知っている。われわれはそれを、連日体験しているのだ。歴史の幕を切って落とした書き手と同じように、われわれは〈跳躍〉しなければならないのであって、ただ、その方向が違うだけなのだ。われわれはたえず、線形的なコードから全く別の構造をもつ（そしてたえず案出されなければならない）各種のコードへの翻訳を行う必要がある。われわれもまた、翻訳すると同時に翻訳のコードを考え出す必要があるのだ。われわれは、一次元的・歴史的な意識のレベルから離れるしかないが、どんな意識ももたないようになるのではなく、別の意識構造を生み出さなければならない。これが不可能な状況だと言うなら、われわれはまさにその不可能な状況に置かれているのだ。だからこそ、われわれは、われわれの祖先たちとは違って、線形的文書が考案された当時の状況を理解することができる。われわれは、かつてのそれと似た〈存在論的革命〉のただなかにあるのだ。

線形的な文書を発明した何世代かの人々がその発明に至ったのは、自分たちの生が無意味になろうとする事態に直面して、それに新種の意味を与えるためだったに違いない。かれらは、伝来の意味に対する〈信仰〉を失っていたに違いない。かれらは、われわれが知りえない何らかの理由によっても、もはや画像によりコード化されたかれらの世界の取り決め《コンヴェンション》についてゆけず、呪術と祭儀を信ずること、〈イマジネーション［イメージ化］〉に生きる在りようの意味を信ずることが、できなくなっていたに違いない。そこで、かれらは、新たな意味を求めたのだ。古い意味がもはや〈通用〉しない以上、そうするしかなかった。だから、画像の世界から跳び出すことは、あまり難しくなかった。画像の世界はもう効力を失っていたのだ。無に向かって跳び出す危険はあったが、この危険は克服された。すなわち、新しい線形的コードは、画像を説明し、呪術を解き明かし、祭儀を語り説くものである。それは、画像の世界に新しい意味を与えたのだ。こうして、一つの新しい信仰が生まれる。それは、歴史への信仰、勘定すること・計算することへの信仰、「逐次的」進歩への信仰である。もっとも、線形的コードの発明者自身にとって、それが底なしの無への顚落をもたらす危険は、まだ一掃されていなかった。かれらは、新しい意味をみずから体験し、自分が案出した新たな信仰を体験するところまで行かなかった。それは、かれらの体験できないものだったばかりでなく、かれらの全く思い及ばないところにあった。つまり、線形的文書の発明者は、自分たちの発明が理論と技術、進歩と世界変革をもたらすということなど、全く予感していなかった。そうした概念は、かれらの理解を絶するものであった。要するに、かれらは生に新たな意味を与えるために線形的文書を発明したが、その新たな意味は、かれら自身にとって全く思い及ばないものだったのである。

アルファベットの破産

かれらと全く同様にわれわれも、新種の意味を求めている。われわれも、生が無意味になる事態に直面している。われわれもまた、伝来の意味に対する信仰と、線形的にコード化された世界の背後にある取り決め《コンヴェンション》に対する信仰を、失っている。われわれはもはや、〈進歩〉のなかの在りようが意味をもつと信ずるわけにはいかない。だから、テクストの世界から跳び出すことは、そんなに難しくない。テクストの世界はもう効力を失っているのだ。しかし、無意味ないし無に向かって跳び出す危険はある。そこで、われわれは、新種のコードを考案する。それが、テクノ画像というものだ。テクノ画像によって、テクストに新種の意味を与えようというのだ。それが成功しなければ、われわれは、その新種の意味を実際に体験し、理解し、評価することができないであろう。なぜなら、われわれは、もはや信じられないものになっているプログラム（科学的真理の有効性・技術の有用性、要するに歴史というもの）に向けて予めプログラミングされており、それは如何ともしがたいからだ。つまり、われわれがアルファベットで印刷されたテクストの世界から跳び出して写真や映画やテレビ画面や赤信号の世界に跳び込むことはそんなに難しくないが、われわれが跳び込む世界はわれわれにとって何の意味ももたないかもしれない。われわれはそれを、従来のプログラムによってプログラミングするしかないのだから。われわれは、もはや歴史のなかに在ることはできない。しかし、歴史の外の在りようは、（われわれが日々それをプログラミングしているにもかかわらず）全くわれわれの思い及ばないものなのだ。

われわれのコード化された世界を支える取り決めへの信仰、つまり、世界と生の線形性・逐次性に対する信仰は、すでに一九世紀中葉に崩れはじめた。その原因を解説することは、残念ながら本書の枠内では不可能である。こう言っておけば十分だろう。すなわち、それは、一方では（たとえば、観察による、そしてまた観察と理論的言説の関係からする）科学的批判の結果であり、他方では西洋文化を支える諸前提（たとえば、何らかの存在が生成するのだという存在論的思考）に対する批判の結果であった。救済過程としての〈［逐次的］進歩〉というものに対する信仰（マルクシズムはその最後の高まりであり、同時に転換の始まりであった）が失われるとともに、説明と解説への関心、要するにテクストへの関心も徐々に失われていった。もっとも、〈物語と歴史［逐次性］〉への関心の衰弱は、印刷物の氾濫という奇妙な現象によって覆い隠される。まさに、アルファベットが支配的なコードであり続けるかどうか疑問になりはじめたその瞬間に、活字を満載した紙の大洪水が始まったのである。観察されるこれら二つの現象は、一見するところ互いに矛盾するようだが、実際には表裏一体の関係にある。ますます〈有益〉でなくなるテクストが濫読されるのは、新聞や雑誌や本がますます安価になるからでもあるが、説明や物語の価値、要するにアルファベットでコード化されたテクストの価値が、ますます失われるからでもある。

しかし、一九世紀の中葉は、コード化された世界の有効性に対する信仰が失われはじめたばかりでなく、その世界を解読することがとくに困難になりはじめた時期であった。物語と説明、われわれを取り巻くテクストの解説と解明は、これ以降ますます困難になってゆく。そうしたテクスト、とくに科学のテクストを使ってわれわれが生きている世界の像を描き出すことは、ますます困難になる。テクストを正確に深く読めば読むほど、一つの

〈世界観〉を得るなどということはできなくなる。むろん、これは、アルファベットにとって致命的な事態に他ならない。アルファベットの当初の機能からすれば、それは、画像の意味を明らかにするコードなのだ。それは、画像を解明し、説明し、[逐次的に] 物語るためのコードである。それが、画像を解き明かすのではなく遮蔽する（世界を説明すればするほど不可解になる）段階に達したとすれば、いまやコミュニケーションコードとしてのアルファベットは破産したとさえ言えよう。

これら二つのファクター（テクストへの批判によってテクスト世界への信仰が失われること、および、画像を説明するテクストの機能がますます不十分になってゆくこと）は、互いに強め合うものである。私が聖書を批判すればするほど、聖書は世界像を説明するものではなくなってゆく。そして、聖書が世界像に合わなくなればなるほど、私は聖書を批判せざるをえない。私が認識論を学べば学ぶほど、私が科学のテクストを読んで得る像は混乱したものになる。そして、科学理論による説明が困難になればなるほど、私は認識論を学ばざるをえない。テクストへの信仰が失われるのはテクストが機能不全に陥った結果であり、その機能不全は、信仰が失われたことからするテクスト批判の結果なのだ。同様の事態は、アルファベット発明の当時、画像について起こったに違いない。イメージ的な世界への信仰が失われたことから、その世界への批判が生まれたであろう。そして、その批判が、当時の絵に見られる奇態な歪曲をもたらしたのであろう。要するに、昔も今も、コード化された世界（昔は画像の世界、今はテクストの世界）は、ますます奇態なものになる。ますます世界への媒介に役立たないもの、〈見せかけ〉にすぎないものになる。違うのは、かつては画像が理解できないものとなり、概念で把握されることが必要となったのに対して、いまやテクストから何かを思い描くことが困難になり、テクストを再び〈意味を与えるもの〉［何かを思い描けるもの］にできるような［新種の］画像を案出する必要があるということだ。

テクノ画像の発明

テクストの世界が奇態なもの、無意味なものになりはじめたのと時期を同じくして（むろん、それは偶然ではない）、テクストから何かを思い描けるようにする画像が発明された。写真と映画である。これこそが、今日われわれをますます強力にプログラミングするようになっているテクノ画像の一族の始祖なのだ。真の意味で〈革命的〉なこの発明によって生み出されたテクノ画像が、系譜的にも機能的にもアルファベット前の画像と全然無関係の存在論的地位をもつことを、確認しておくことが重要である。アルファベット前の画像は、系譜的には、そもそも人間が人間になるために世界から退いたさいの〈原初の〉一歩から生まれたものと見られる。それは、世界から疎外された人間がその世界についての像をもとうとする試みであった。これに対して、テクノ画像は、系譜的にはテクストから退きテクストの外に出る一歩、とくに光学的・化学的意味でのテクストの外に出る一歩から生まれたものだと言える。それは、科学的進歩の成

〈世界〉←—— 画像 ←——テクスト←—— テクノ画像

果なのだ。一見しただけではそうであることが判らないとしても、それは、世界についての像をもとうとする写真家の試みではなく、写真家が画像についてもった概念についての像をもとうとする試みなのだ。アルファベット前の画像が世界に意味を与えるものだったのに対して、テクノ画像は、世界に意味を与える画像に意味を与えるテクストに意味を与えるものなのだ。

これを図示してみれば、上のようになる。

写真家は文筆家の〈背後〉に立ち、その文筆家は画家の〈背後〉に立ち、その画家は世界の〈背後〉に立つ。描くためには、世界から距離をとる必要がある。記述するためには、画像から距離をとる必要がある。撮影するためには、記述を使いこなす必要がある。テクノ画像のコードはアルファベット後のコードであって、アルファベットなしには考え出されなかったものであろう。

写真術の発明が革命的な事件であったこと、西洋的人間の構造的な在りようを揺さぶるものであったことは、徐々にではあるが判明してきた。ただ、この事件を正当に評価するためには、それを印刷術の発明と比較するのではなく「線形的な」文書の発明と比較しなければならないのだが、このことはまだ広く認識されるに至っていない。テクノ画像がもたらす革命がどんなに徹底的なものか意識するのに時間がかかるわけは、新たなコードが長くて難しい学習期間を必要とすることによって説明される。もう百年以上も学習してきたのに、写真や映画やビデオなどの〈言葉〉によって何を言えるのか、どう言えるのか、また、そうした表現がテクストによる表現や［伝統的］画像による表現とどんな関係に立つのか、まだ学び取られていないのだ。テクノ画像のなかに眠っている潜在能力は、まだ完全に発見されたわけではなく、まして利用し尽くされてはいない。このコードが意味を与えることのできる範囲の広さに気づいてはじめて、われわれの［アルファベットによって］コード化された世界が、新しいコードの導入によってどれだけ揺さぶられるか判るのだ。至るところで電光広告やポスターやテレビ画面が見られるというだけでは、現代の革命がどんなに過激なものか、理解したことにはならない。そうした広告や掲示や画面が、生に意味を与える新種の表現の、ためらいがちに踏み出された第一歩にすぎないということを、考えなければならないのだ。

切り替えの難しさ

新しいコードの利用を学習するさいの難しさは、〈技術的〉な難しさではない。映画を制作することは、字を書くこと・絵を描くことより難しくはない。難しさは、映画制作者の在りようのレベル、制作者自身がまだよく判っていない在りようのレベルにかかわる。〈正しく〉映画制作するためには、制作者は撮影機とロールフィルムと糊と鋏をもって、観衆の前で映写される歴史の〈背後〉に立っていなければならない。かれは、歴史を外から見るばかりでなく、糊と鋏で外から歴史に介入しなければならない。しかし、その映画制作者は、予めアルファベットによってプログラミングされている。つまり、歴史のなかに立って行為するようにプログラミングされている。かれはドラマの〈俳優〉であって、しかも〈俳優〉と〈ドラマ〉を外から扱うべき者である。かれは歴史を〈物語る〉のではなく、切り分け、貼りつけ、〈構成〉すべきである。それは、不可能に近い難事であろう。切ったり貼ったりすることが難しいからではなく、アルファベットによってプログラミングされた人間にとって、歴史的な在りようを超えて上に出ることがほとんど不可能であるからだ。

はじめて文書を作成した者も、これと似た困難に直面したはずだ。かれも、まず、アルファベットのコードによるのは新しい手段によって［画像を］描くためではなく［逐次的に］物語るためだということを、学ばなければならなかった。ちょうど、われわれが、ビデオは新しい手段によって［従来と同様に逐次的に］物語るものではなく新たな意味レベルを開くものだということを学ばなければならないのと、同様である。最初の書き手が線形的なコードを用いたのは、何よりも、情景を解説するためであり、アルファベットが発明されたのも、実は、情景を解説することが必要になったからであった。全く同様に、われわれが映画やテレビやスライドなどのテクノイメージのコードを用いるのも、何よりもいろいろな歴史を語り直すためであって、このコードが発明されたのは、実は、いろいろな歴史が（そしておよそ歴史というものが）眉唾になったからである。書き手たちは、字母を実際に扱いながら少しずつ、アルファベットの〈本質〉、すなわち、それが明晰判明な線形的コードであって情景の解説ばかりでなくもっと多くの用途に役立つということを、知るに至った。現在のオペレーターは、テクノ画像を実際に扱いながら、このコードが〈本質的〉に新たな次元の形式に他ならず、歴史を物語るよりもはるかに多くの用途に役立つということを、知りはじめている。もっとも、このコードがどんな役に立つかは、いまのところせいぜい予感することしかできない。それでも、こうした予感から、次のことが確実視される。それは、われわれが発明したこのコード形式が、世界と世界における生に、われわれ自身がもはやかかわることのできない意味を与えるだろうということだ。

これが確実視されるということが、口には出さなくとも、今世紀初頭以来（テクノ画像が徐々にアルファベットに取って代わりはじめて以来）の西洋文化の支配的ムードを成していたのである。ところが、第二次大戦以後（つまり、テクノ画像が円形劇場型言説に奉仕するものとなって以後）、そのムードは明らかに弱まった（たとえば世代間のコミュニケーションはますます困難になっているのであって、年長世代が主としてアルファベットによりプログラミングされているのに対し、若い世代は主としてテクノイメージ的にプログラミングされている）。いま始まったアルファベット後の時期のこうしたムードを、次のようにまとめることができよう。

現代は、ほとんど誰もが〈書くこと〉〈アルファベットのテクストをつくり、解読すること〉を学んだ時代、それなのに、こうしたテクストがたえず〈もっと安価〉になってゆく（価値が減少してゆく）時代である。テクストの世界は、かつてないほど高密度になっているにもかかわらず、われわれのコード化された世界をもはや特徴づけるものではない。これに対して、テクノ画像の世界はますます魅力を発揮する。それは、新しいメッセージを運ぶものだから。だが、この新しいコードを操作してその本質的なメッセージを表現することができるようになった者は、まだほとんどいない。まだ、このコードにふさわしい意識レベルに達するところまで行っていないのだ。だからこそ、このコードは稀に見るほど危険である。それは、自己の本質を明かさぬままでわれわれをプログラミングする。それは、見える橋としてわれわれを現実と結びつけるのではなく、不透明な壁としてわれわれを脅かす。これが、われわれの危機なのだ。

3――これらのコードはどう機能するか?

三つのコード類型

人間が世界からの断絶に架橋することをめざして過去において用いたコード・現在用いているコード・未来において用いることができるコードと、その類型は、無数にある。人間が生に意味を与えるために、死に至る不条理な孤独に向けて投射した意味、いま投射している意味、これから投射できるであろう意味の数と、意味の類型の数には、はっきりした限界があるわけではない。意味について他人と合意し、その合意について互いに了解する可能性は、無尽蔵である。だから、ここでわれわれの直面する危機を理解しようという試みにさいして、三つのコード類型、三つの意味類型だけを取り上げること、生の意味についての人間の相互了解の三つの類型だけを取り上げることが、〈コードの一般理論〉をめざすものでないことは明らかであろう。以下の叙述の守備範囲を明らかにするために、本書の考察がコミュニケーションの若干の側面に限定されたものであることを改めて断っておくのが適当であろう。

本節では、画像・テクスト・テクノ画像という三つのコード類型の系譜論を、機能論によって補完することを試みる。三つのコード類型は、もはやどういう順序で出現しどのように影響し合ったかを明らかにするためではなく、われわれをプログラミングする世界において、そしてわれわれ自身のプログラムの内部において、それらのコード類型がどのように交錯しているかを明らかにするために観察される。だから、ここでは、アルファベットの〈興亡〉ではなく、われわれを取り巻くコード化された世界のなかで、そしてわれわれの意識のなかでの、画像・テクスト・テクノ画像の役割の揺らぎを論じようというわけだ。これまでの節との関連を明らかにするために、ごく単純化した図を示しておこう（次頁）。

異境化の歴史

歴史的な見方からすれば、この図は、たとえばこう読むことができる。人間は〈世界〉から追い出され（異境化1）、画像の投企によって断絶に架橋しようと試み、実存と画像の間のフィードバックによって〈世界〉に対する視点を獲得する（呪術的意識）。画像の媒介機能が弱まると、人間は画像の世界を去って（異境化2）、自分と画像の世界との断絶をテクストによって架橋しようと試みる。人間は新たな視点を獲得するようになった実存とテクストの間のフィードバックによって、いまや成り立つように（歴史意識）。だがその結果、テクストは次第に不透明なもの、〈思い描くのに役立たない〉ものになる。そこで、人間はこれを棄てはじめる（異境化3）。底なしの視点喪失に陥った人間は、いまやテクノ画像によってテクストとの断絶を架橋しようとしているのだ。こうした読み方をすれば、この図に時期区分を読み込むこともできる。たとえば、呪術は〈紀元前千五百年まで〉、歴史は〈紀元前千五百年から紀元後千九百年まで〉というように。しかし、この図から人間と〈世界〉の間の媒介の〈歴史的弁証法〉を読み取る方が、もっ

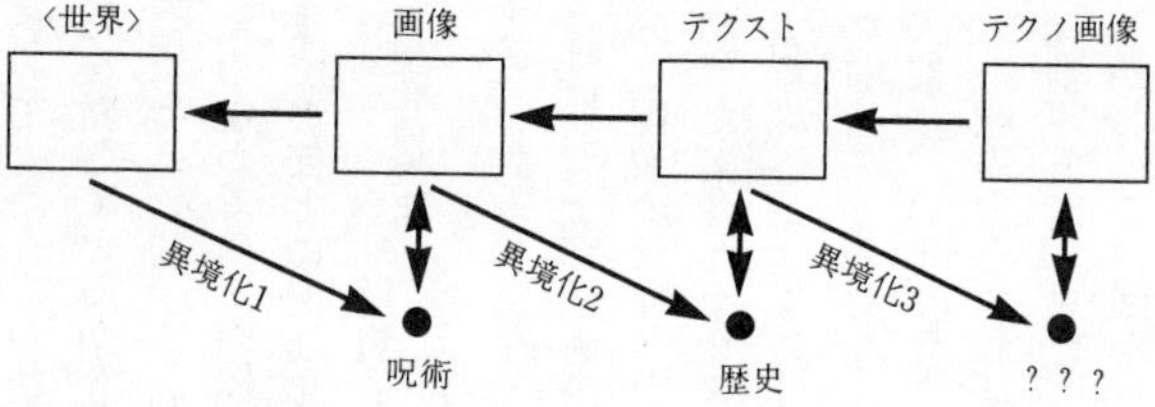

a図

と面白い。人間が世界のなかに在ることを知るや否や、人間はもはや〈無媒介に〉世界のなかに在るのではなく、世界を引用符のなかに入れる（世界を括弧に入れる、または括り出す）。世界の否定としての意識は、画像の形で矛盾を克服しようと試みる。これによって、新たな矛盾、画像と意識の間の矛盾が生まれる。その矛盾によって、意識にとっての画像の機能は逆転する。画像は、媒介することをやめて世界の前に立ちふさがり、世界を覆い隠す。意識は、画像世界を否定するものとなり、テクストの形でこの矛盾を克服しようと試みる。これによって、第三の矛盾、テクストと意識の間の矛盾が生まれる。その矛盾によって、意識にとってのテクストの機能は逆転する。テクストは、媒介することをやめて、意識と画像世界の間に壁のように立ちふさがり、〈思い描くのに役立たない〉ものとなる。テクストによってプログラミングされた意識は、図書館の壁のおかげで、もはや何らかの世界像を思い描くことができず、まして〈失われた世界〉に回帰することはできない。こうして、意識は、鏡に反射して自分に跳ね返ってくる。自分自身のテクストを否定するものとなる。これが、現在の状況なのだ。否定としての意識が、テクストとの矛盾を媒介すべきテクノ画像を投射しはじめることによって、逆のポジションに立とうとしているのだ。

こうした媒介の内的・歴史的な弁証法（それは、ヘーゲルによって〈精神の現象学〉と呼ばれ、マルクスによって〈史的唯物論〉と呼ばれ、ショーペンハウアーによって〈意志と表象〉と呼ばれた）は、まさに一九世紀的な見方で図を読むことによって、もたらされるものである。これは、自己の構造そのものを意識するようになった考え方である。だからこそ、歴史主義は歴史意識の頂点であると同時にその没落の始まりを示すと言えるのだ。図のこうした読み方は、図そのものにも表れている。それは、〈異境化3〉という矢印である。

この矢印に沿って疑問符まで、つまり現在まで進むなら、こうした歴史的見方を棄てて、図の右端の下端をこう読むことができよう。

脱出の可能性

われわれがいま立っているところで、テクスト、とりわけ科学は、思い描くことに役立たないものになりはじめている。それに、われわれは、歴史とかテクストの読み上げとかに対する信仰（理論とかイデオロギーによる説明とかに対する信仰）を失っている。われわれのテクストは、もはや媒介に役立たない。われわれはテクストの背後に、もはや画像を見るのではなく、テクストをつくり出したわれわれ自身を見るからである（古典物理学の背後に自然の像ではなくニュートンを見る。ヘーゲル哲学の背後に人間の像ではなくヘーゲルを見る。カラマーゾフの兄弟の背後に人間の魂の像ではなくドストエフスキーを見る）。テクストがその意味で〈透明〉になったからこそ、それは、意味にとって（つまり、〈世界〉に意味を与える画像にとって）〈不透明〉になったのだ。われわれは、世界がわれわれによって生み出された世界に他ならぬことを見抜いたからこそ、テクストの世界から疎外されているのである。

むろん、われわれは、テクストを傍に押しやって、テクストが覆い隠した［伝統的］画像へと（イマジネーションへ、表象力［思い描く力］の世界へと）立ち返ることもできる。だがそうすると、これはもはや〈概念によって把握〉できない世界だ、ということに気づくであろう。われわれは、思い描ける前に概念によって把握しなければ気がすまないようにプログラミングされているのだ。われわれと表象［画像］の世界との断絶を、われわれは概念によってのみ架橋することができる。さもなければ、われわれは、（たとえば麻薬の使用やそれに類した傾向が示すように）テクストを越えて呪術に跳び込むしかないのだ。テクストを〈跳び越える〉とか、〈意識の深層レベルに迫る〉とかいった問題は、こうして、あるコードから何らかのメタコードへの〈逆翻訳〉の問題となる。われわれの状況において、イマジネーションは、世界を見るために世界から一歩退くことではなく、テクストから一歩退くこと、すなわち正反対の方向での意識の動きとして現れるのだ。

概念を去って表象［画像］へと回帰しようとするこの方向転換の意図が絶望的であることが判ったら、画像さえ括弧に入れて（または括り出して）すべてのコミュニケーションを跳び越え、〈具象的な世界〉に浸る試みについては、議論するまでもないであろう。むろん、こうした試みもわれわれの危機を特徴づけるものではある。しかしそれは、同時に、人間の在りようの否定（〈実存〉の否定）がどんなに歪んだものであり、曲がったものであるかを明らかにする。自然的であろうと〈欲する〉こと、神秘の一体《ウーニオ・ミスティカ》を体験しようと〈欲する〉ことなど、できはしないのだ。

　しかし、この［逆行を逆行として受けとめない］〈共時的〉見方から、（たとえば薬物による幻覚や［ヒンドゥーの神］ハリークリシュナ賛歌によって）〈画像〉＝〈世界〉をめざすこの種の［ヒッピー的］試みにそれなりの理解を示しながらもそれとは違う読み方で図を読む示唆も、得られよう。われわれの危機的状況において、この種の道をとらないとすれば、もっと右下方に図をはみ出して、疑問符の先の深淵に落ち込んでゆくしかない。そして、実はこれが、われわれに残されている唯一の道なのだ。むろん、われわれのコード化された世界の現状を直視しないですませることもできるし、われわれは多くの場合そうする。しかし、その場合、われわれは、画像として思い描けず概念的に把握もできない世界に生きているということ、すなわち、コード化された世界によって媒介されるのではなく遮蔽され、テクノ画像の氾濫によって覆われてしまっている世界に生きているということだけは、認めなければならない。もっとも、こういう言い方が誤解をもたらさないように言っておくが、われわれが思い描くこともできず概念的に把握することもできない世界に生きているというのは、あたかも奇跡を眼前にするようにその世界の前で哲学的戦慄に立ち竦んでいるからではなく、その世界が些末な概念や画像によってわれわれから遮蔽されているからである。そうした概念や画像が一種のスクリーンになり、そこにテクノ画像が〈第四指標の世界〉として投影されるのだ（a図を見よ）。換言すれば、無意味になりつつある世界、いまや自分自身による意味づけしかできないコード化された世界で、無意味な生を生きるというのが、一つの可能な読み方なのだ。これは、全体主義としての未来である。その道をとらないとすれば、テクノ画像のコードをマスターした上で、協力して新種の意味を投射するしかない。さもなければ、自分自身にしか意味を与えないテクノ画像によってコード化された世界において、人間の在りようが個人的・集団的狂気を免れる道はないのだ。われわれは、無意味なテクノ画像の無反応な壁に囲まれて生きるか、テクノ画像から世界への橋を架けるかの、いずれかだ。

(a) 画像

伝統的な画像

以下では、画像の概念を特殊な意味に限定し、記号で覆われた平面を指すこととする。これによって、画像の概念は、日常用語におけるそれよりも広い意味をもつことになる。地図や二次元的モデルのような平面も、画像だということになるのだから。他方で、三次元的客体、たとえば立像や舞台装置は、画像の意味するところからはっきり除外される。だから、ここにいう〈画像〉の定義によれば、それは、さまざまの記号の意味が四次元的な時間‐空間において相互関係に立つのと同様の仕方で、さまざまの記号が相互関係に立つ平面である。換言すれば、画像とは、〈具象的〉な四次元的関係を二次元的関係へと縮減したものである。

画像をそのように記述することに対しては、尤《もっと》もな異論が強く唱えられよう。多くの画像は〈具象的な〉関係ではなく可能な関係を写し取ろうと試みるものであり、世界が如何《いか》にあるかではなく如何にありうるか、如何にあるべきかを示そうとするものだ、と言うこともできる。画像世界には道路地図があるばかりでなく、機械の設計図もある、というわけだ。さらに、まさにそうした〈投射的〉画像こそが、思い描く力ないしイメージ化《イマジネーション》する力の本質的部分だと論ずることもできる。〈イマジネーションをもつ〉というのは、事態をあるがままに見るというよりも、如何にありうるか、如何にあるべきかを見るということであり、事態があるべきようになるために何をなしうるかを見るということである……。

この異論は尤もである。しかし、その異論の力が実例によって支えられてはじめて、この異論のいう画像についての記述は実証されたということができる。たしかに、［南仏ラスコーの［先史時代の］壁画は、〈先見的投射〉だと言える。その意図は、おそらく〈具象的〉な事態を示すことではなく、望まれる事態を設計すること（〈狩りの呪法〉に役立つこと）にあった。それは、小馬がどんなものであるかを示そうとするのではなく、小馬を狩るにはどうすればよいかを示そうとするものであった。だが、ミシュランの道路地図には、呪法のかけらもない。それは、道路がどうあるべきかではなく、事実どうあるかを示すのである。それでも、それは、むろん〈価値〉をもっている。それは、運転者に、ある町から別の町へ行くにはどうすればよいかを教えてくれる。それは、運転者に役立つなら〈良い地図［画像］〉であり、そうであるためには実際の状態を忠実に再現しなければならない。同じことが、ラスコーの壁画についても言えるのだ。それは、狩猟の幸運の役に立つなら〈良い絵［画像］〉であり、そうであるためには小馬を解剖学的に忠実に再現していなければならなかった。

つまり、多くの画像（多分、すべての画像）の背後に〈当為論的〉動機があるというのは尤もだ。それは、あるべきものを示そうとする。しかし、その動機は、自ずから〈認識論的〉動機を含んでいる。事物が実際にどうであるかを示さないでおいて、事物がどうあるべきかを示すことはできない。むろん、逆もまた正しい。事態を変える望みをもたないで、事物が実際にどうであるかを示すことはできない。イマジネーションの〈当為論的〉側面をその〈認識論的〉側面から切り離そうとする試みは、すべて失敗するしかない。あらゆる画像は、〈重みがどちらかにかかることはあるにしても〉地図であると同時に狩猟の呪法なのである。

画像についての上記の記述に対するもう一つの強い異論は、こうであろう。多くの画像は地図でもなければ狩りや住居建築の設計図でもなく、自己目的とみなされる〈気ままな〉画面なのだ。そして、普通に画像と言うとき念頭に置かれるのは、まさにこの種の画像なのだ。画家は、測量家でもデザイナーでもないからこそ画家なのだ。かれは、有用な道具を造るのではなく、面白い画面を創るのだ……。こうした異論を、〈唯美的〉異論と呼べるであろう。これは、第一の異論と比べて、はるかに説得力を欠く。なぜなら、〈美〉〈ないし〈独創性〉等々〉を重視することは、イマジネーションの衰弱の兆候と見られるからである。何かが〈美しい〉のは、それが〈美しく〉ありたいと思うからではなく、思い描く力がそこに示されているからではないか。それでも、この異論にも答えておこう。〈芸術〉と〈技術〉の分離は、後述のように、印刷術の発明の結果である。画像は、支配的なコードでなくなるや否や芸術作品となる。それは、もはや〈善〉でも〈真〉でもありえないからこそ、〈美〉でしかないものとなる。そのことによって、画像はまた、不透明にもなる。世界を読み取れるものではなく、自己目的になるのである。かつて画像がまだ図解していたときには、それは〈善〉であり〈真〉であるかぎりで〈美〉であった〈地図や家の設計図が〈美しい〉というようなものだ〉。ビザンチンのイコンが〈美しい〉のは、それが〈芸術作品〉であるからではなく、祈る人の役に立つからであり、そのために、イコンは〈超越的〉なるものを写し取らなければならない。画像がアルファベットに屈するまでは、その美的次元は当為論的・認識論的次元から分離していなかった。あらゆる画像は、〈善い〉計画であり〈真の〉地図である程度に応じて美しかった。

しかし、いまや画像が退廃し、一方で〈芸術作品〉に、他方で〈通俗物《キッチュ》〉になってしまったとはいえ、〈唯美的〉な異論はやはり維持できないものである。絵［画像］が壁のあちこちに掛かっているだけのものだとしても、それは〈美しい〉だけではない。それは、世界を体験するさまざまのやり方のモデルなのだ。ロマン派のイデオロギーにとらわれて〈芸術家〉を人類の感覚器官とみなしたり、まして［自然主義的に］〈芸術〉を〈現実暴露〉と解したりするまでもなく、われわれは、ゴヤの絵を見るときとマチスの絵を見るときとで、世界を別様に眺めるのだ。現在の退廃状況においてさえ、画像は体験モデルであり、したがって倫理的側面や認識的側面を（いわゆる〈抽象的〉側面をも）もっている。たとえば、いまでも通俗画について、これは嘘っぽいなどと言われるのだ。美しいこと・独創的であること・興味を惹くこと等々が何を意味するかは簡単には言えないが、何を意味するにせよ、それは情報と関係がある。画像は（そしてあらゆるものが）、情報を多く与えるものであればあるほど〈美しい〉のだ。だから、右に挙げた二つの異論にもかかわらず、画像とは四次元的な関係の二次元への縮減だという記述を維持することにしたい。

その縮減が世界を変える意志によって、つまり美（情報）を求める傾向によって動機づけられていると認められるかぎりで（画像とは人間と世界の間の断絶を架橋する試みだということが認められるかぎりで）、この記述は維持できるのである。

イマジネーションの定義

もっとも、画像についてのこうした記述は、〈イマジネーション〉という概念について、通常の定義と完全には一致しない定義を行う必要を生む。ここでは、表象力《アインビルドゥングスクラフト》［画像化する能力］ではなくイマジネーションという語を用いる。なぜなら、〈画像《ビルト》〉の意味は〈イメージ〉の意味と百パーセント合致するわけではないからだ。イマジネーションとは、ここでは、四次元的な時空関係を二次元的な関係へと縮減する（画像をつくる）ばかりでなく、その二次元的縮減から、念頭に置かれた四次元性を逆推論する（画像を解釈する）能力をも意味する。二つの能力は、むろん表裏一体を成す。イマジネーションとは、画像によってコード化するとともに解読《デコード》する能力である。この定義は、普通の定義と共通するところがほとんどないように思えるかもしれないが、実は、普通の定義を確認するものだ。なぜなら、これは、イマジネーションとは意味にかかわる（つまり記号とコードにかかわる）能力だとするものだから。

イマジネーションがどう機能するかを、次頁の二つの図によって考えよう。

b図には四つの記号がある。〈太陽〉の記号が一つ、それぞれ一人の〈人間〉の記号が二つ、〈犬〉の記号が一つ。これらの記号は、互いに、それらの意味が四次元の空間‐時

b図

H–O–H

b–1図

間において相互関係にあると想定されるような関係にある。二人の人間が太陽の〈下に〉あり、その一人が他方の〈右に〉立っている、というように。記号相互のこうした関係を記号類型に由来するものとしてしまおうとする（これは絵文字だから、とする）誘惑に陥らないように、別の図（b－1図）を示しておこう。

b－1図が含む記号は絵文字ではなく、表意文字である。その二つはそれぞれ一個の水素原子を、第三の記号は一個の酸素原子を意味する。だが、表意文字であるにもかかわらず、それらはこの画像で、それらの意味が四次元の空間－時間において（すなわち水の分子において）相互関係にあると想定されるような関係にある。だから、画像の〈描写的〉機能、つまり画像が〈具象的な関係〉を写し取ろうとするという事実が、その記号と意味の類似によるものでないことは明らかである。したがって、イマジネーションは、類似性を生み出し、解読する能力ではありえない。そうではなくて、イマジネーションは、世界のなかのさまざまの対象を画面上の記号の関係として思い浮かべる能力なのである。そのことは、b図とb－1図をテクスト（線形的コード）に翻訳してみようとすれば、明らかになる。〈二人の人間と一匹の犬が昼どきに散歩している〉とか、〈$2H+O=H_2O$〉とかいうように。こうした翻訳によって、上とか右とか間とかいった、思い描かれた関係は消えてなくなり、二とか歩くとか＋とか＝とかいった概念的関係により取って代わられる。思い描かれた関係をこうして概念的関係により置き換えることが、〈説明する〉ということなのだ。だから、イマジネーションとは何かという問いは、関係を思い描くとはどういうことかという問いになる。

これについて、こう答えてみることができよう。イマジネーションとは、〈具象的〉、四次元的な関係が二次元的に表示されることによって認識されるような取り決めを提案し、受け容れることだ、と。やや面倒な定式になったのは、そのような〈具象的関係〉なるものが直接には認識できないものだ（そうでないとしたら、媒介される必要も伝達される必要もなかろう）という事実による。状況の画像を描かずに事物の状態が判るなら、画像を描く必要はないであろう。イマジネーションとは、直接認識できなくなった世界と認識したいと欲する人間との間の断絶を、画像によって架橋し、媒介する能力である。画像を描くのは既知の状況を模写する（写し取る）ためではなく、逆に、未知の状況を思い描けるようにするためである。そのことを顧慮して、右の定式は、取り決めの提案と受け容れという言い方をしたわけだ。画像のもとになる〈具象的状況〉があるわけではない以上、もとにあるのは〈具象的状況〉についての取り決め以外にはありえない。〈具象的〉という語が引用符に入っているのは、そのためなのだ。

この定式が面倒に見えるのは、画像を経由してその意味へ、かの有名な〈具象的関係〉へと考えを進めることが、きわめて難しく、面倒だからである。〈現実〉について考えるのは不可能だが必要だという事情が、ここに表現されているわけだ。しかし、画像のコードを基礎づける取り決めにしぼって考えれば、この困難を免れることができる。その取り決めは、こうである。〈現実〉は、それから奥行きを捨象するとき平面になり、それから時間を捨象するとき静止するようにできている、と。イマジネーションとは、そのように取り決められた現実を描き出し、その描き出された現実が、具象的関係の世界（人間はそのなかに巻き込まれているが、そこから自分を疎外している）に意味を与えられるようにする能力である。要するに、イマジネーションは、操作する記号の意味についての取り決めに基づくものである。それは、特別のコードを生み出す能力である。だから、ここでいうイマジネーションは、孤独で行われる活動ではなく、まして〈天与の才〉ではない。それは、人間が、世界と世界のなかの生に意味を与えるために互いに了解し合う方法の、一つである。そして、それは習得を要するのだ。画像を描き、解釈することは、一個の〈技術〉なのだ。

取り決めとしての画像

もっとも、それは、原初の技術であり、われわれの深部にプログラミングされているので、その人為的・取り決め的性格を意識することは、ひどく難しい。画像を見て解読しようとするとき、それよりずっと表面的なコード（たとえばモールス信号のコードや化学式のコード）の解読に似た課題と取り組んでいることを、われわれは意識しない。画像のなかの記号を秩序づける〈右〉とか〈上〉とかいうイメージ上の関係が、モールス符号における関係と同様に取り決めに基づくものであることを、われわれは意識しない。画像の解釈にさいしてわれわれはそんなことを意識しないのであって、それがきわめて困難なのは、画像のコードの取り決め的・人為的・技術的性格を忘れるように、われわれがプログラミングされているからである。われわれは、画像のコードを〈信ずる〉ようにプログラミングされている。つまり、画像が媒介物ではなく写像であり、われわれが世界に向けて投射したものではなく世界がわれわれに向けて投射したものであるかのように、信じ込まされているのだ。換言すれば、われわれは、画像に媒介されて世界を見るのではなく、さまざまの画像が織り成す文脈として世界を見るようにプログラミングされているのだ。だが、われわれがこのプログラムを意識するや否や、それは崩壊する。

画像のコードが取り決めによるものであることを意識しない人々にとって、世界は、画像に示すことが可能な構造をもつものではなく、実際に画像に示されうるものである。つまり、世界は情景《シーン》なのだ。だから、かれらは、〈現実の〉世界と〈イメージの〉世界を区別できない。かれらにとって、画像の世界が、二つの次元を捨象した現実の世界なのだ。それは現実の、硬化した表面〈〈表皮〉〉である。そして、〈仮想の世界〉が語られるようになるや否や、イマジネーションは脅かされる（プラトンが神話について語るや否や、神話は脅かされる）。なぜなら、そういう人々（たとえば、幼児や、いわゆる〈未開〉文化の人々など）は、そう信じられがちなように実際に〈生き生きした〉、〈ゆたかな〉イマジネーションをもっているわけではないからである。かえって、画像やテクストに対する批判の酸やアルカリに耐えて溶けなかったイマジネーション（たとえば科学者のイマジネーション）の方が、はるかに生き生きしており、豊かである。画像コードのプログラミングがまだ無傷であるような人々のイマジネーションは、危険に曝されている。かれらにとって、それが、かれらを世界から分かつ断絶を架橋する唯一の能力であるからだ。かれらにとって、画像の世界がそのまま媒介なのだ。だから、かれらにとって画像の世界は、保護してくれると同時に恐ろしいものなのだ。

われわれは、a図（一四二頁）において〈呪術〉の点に立たず、右下の端に立っている（だから、われわれは画像の世界を距離を置いて眺めるが、それは、画像コードに向けてプログラミングされた人々にとっては不可能である）。したがって、画像の解読は、われわれにとってとくに面白いことではない。イマジネーションの機能を考えるに当たっては、われわれ自身のイマジネーションが最初に画像を描いた人々や幼児や〈未開人〉や非識字者のイマジネーションとレベルを異にすることを、忘れてはなるまい。

b図（一五二頁）は、解読すべき画像を示す。まず全体を見ると、それは、いろいろな情報を含む画面である。情報は画面上に散在しており、コードのための鍵をもつすべての者に提供されている。それは、いわば〈お盆の上にのせて差し出されている〉のだ。この種の情報は、構成する諸要素を同時に提供するものだから、〈共時化された〉メッセージと呼べるであろう。この種の情報を受信するためには、それを分解し、解析しなければならない。たとえば、まず一人の人間を、次に太陽を、次に第二の人間を、次に犬を観察してはじめて、これらの要素を結ぶ関係を見出すことができるのである。こうした観察の仕方を〈精査《スキャンニング》〉と呼べるが、この技術は映画で使われるものである。目が画面を走る頻度が大きければ大きいほど、また、目が画面上でたどる道が複雑であればあるほど、メッセージは適切に解読される。まず全体を見ることによって、提供されている情報についての印象が得られる。そして、その印象は、メッセージを解析する時間をかければかけるほど、ますます〈深められる〉。これは、同時に、解読するという側面から見たイマジネーションの機能の記述でもある。これに対して、コード化するという側面から見れば、それは〈通時的なものの共時化〉である。すなわち、一個の情報を合成するために画面上で諸要素を組み立てること、である。

旋回する時間

イマジネーションのこうした機能をやや詳しく見ると、そこには、きわめて特殊な時間構造、すなわち回帰の構造が認められる。通時性の共時化（それは画像の組み立てをもたらす）と共時性の通時化（それは画像の解読を可能にする）は、実はイマジネーション特有の時間処理なのだ。時間は曲げられて円環状になる。画像のコードに向けてプログラミングされた人々にとっては、この独特の時間処理が唯一の時間経験なのである。かれらが〈具象的に〉体験する時間は、循環的に回帰する時間であり、組み立てては解析するための時間なのだ。

画像における時間は、画面上の諸要素をまとめておくために画面を（情景の内部で）流れる流れである。画像の枠は、そのなかで時間が流れる器である。したがって、枠そのものは〈時間とともに移ろう〉ものではなく、内部でさまざまの時間（業績をあげたり被害を受けたり、行動したり処置されたりする時間）をとりまとめて、画像が一つの情景を意味するようにする場所である。だから、画面のなかで回るそれらの時間は、諸要素を時間的に（たとえば、以前とか以後とかその間にとかいうように）秩序づけるのではなく、場所的に（右・左・上・下・大・小というように）秩序づける。さまざまの時間は、ここでは場所の範疇なのである。b図において太陽が犬の先に行くか後から行くかを言うことは、意味がない。視線をどちらから回すかによって、太陽が犬の先に行くとも後から行くとも言えるのだから。画像解読の動きのなかに線形的な関係をひそかに持ち込み、第一の人間は第二の人間の先を行くなどと言いたくなるのは、われわれの線形性をイマジネーションから排除することがいかに難しいかを示すものである。

イマジネーションの、旋回する時間（播種と収穫の時間・昼と夜の時間・出生と死亡の時間〉は、a図の〈歴史〉の観点から見れば〈永劫〉である。つまり静止である。そこで連鎖（たとえば因果連鎖）を云々することは、意味がない。種播《たねま》きが収穫の原因であるのと同様に、収穫は播種の原因である。夜によって昼を説明できるのと同様に、昼によって夜を説明することもできる。ある要素が別の要素の〈先に〉行くと言うのが無意味である以上、日の出にさいしてのみ鶏が鳴くと言えるのと同様に、鶏鳴にさいしてのみ日が昇るとも言える。太陽‐鶏の関係は、通時的なるものの共時化であり、〈一緒〉であって、一方を他方なしに思い描くことはできない。さまざまの要素を一緒に見ること・情景の全体性のなかでの諸要素の相補性・旋回する時間による空間の秩序づけ、これが〈呪術的意識〉というもの、つまりさまざまの情景の織り成す文脈として現実を体験するということなのだ。

b‐1図（一五二頁）を見ると、われわれがもはや直接には知ることのできないこの意識レベルが、多少はっきりする。H-O-H の画像は枠で囲まれており、枠のなかで、旋回する時間が諸要素を空間的に秩序づけている。この画像は、一つの情景を意味するのだ。この情景は、二つの側に展開できる。一つは〈$2H+O=H_2O$〉であり、もう一つは〈$H_2O=2H+O$〉である。第一の説明では、水素と酸素が水の原因であり、第二の説明では水の結果である。第一の説明が画像の意味する情景を合成過程の終点と見るのに対し、第二の説明は解析過程の始点と見る。二つの説明はいずれも、諸要素を時間的に秩序づける。

だが、それによって、もともと画像に含まれていた情報が失われてしまう。失われたその情報は、ある事態（情景）内部における諸要素H・O・Hの間の空間的な（まさに非逐次的な）関係にかかわるものだったのである。

画像の画面［平面］をその線形的説明の行と比べたからといって、むろん、まだ、〈保護と恐怖〉なる語が表すあの呪術的意識の雰囲気をとらえたことにはならない。それだけでは、H-O-Hの画像が守ってくれると同時に脅かすもの（つまり〈神聖〉なもの）だというのに〈$2H+O=H_2O$〉というテクストがその神聖を汚すもの（解説するもの）である理由が、明らかになるわけではないのだ。画像で支配的な秩序がテクストの秩序と全く異なる性格をもつことを考えてはじめて、イマジネーションの神聖な雰囲気を感じ取れるようになる。すなわち、画像の秩序は、テクストの秩序とは違って、説明的秩序ではなく全体的秩序である。〈上〉とか〈右《ライト》〉とかいう類型の関係は絶対的な関係であり、〈気高い〉とか〈正しい〉といった意味をもちうる。これを相対化して、〈何々より上〉とか〈何々より右〉と言うとき、画像に含まれていた情報は失われてしまう。b図の太陽は犬の上方にあるのではなく、画像の上部にある。そこにあるからこそ、太陽は犬より〈高く〉、〈気高く〉、〈卓越して〉あるのだ。太陽と犬は、画像によって決められた絶対的関係にある。両者はそれぞれ、〈正しい〉位置にある。旋回する時間が、画像のなかの諸要素を〈正当に〉、〈正しく〉秩序づける。それは、画像のなかで、気高い位置と卑賤な位置、正しい位置と落ち着かない位置、支配的位置と従属的位置を割り当てるのである。H-O-Hの画像において、〈O〉という要素は重要な中心的役割を引き受けており、情景を支配している。この倫理的かつ美的な〈神聖な〉雰囲気は、〈$2H+O=H_2O$〉という方程式では跡形もない。

呪術的世界とその終焉

画像によって世界と結びつく者、世界を情景として体験する者、呪術的意識レベルにある者、要するにイメージに生きる者にとって、世界は正しく、かつ恐ろしい。世界は〈神聖〉なのだ。われわれは誰でも、きわめて頻繁にこのレベルに身を置くものだから（そこに定着していることもあるが、それを〈呼び出し〉たり他の意識レベルを〈締め出し〉たりすることもある）、そして誰でもイマジネーションをもちうるものだから、そのさい、世界と生が〈神聖〉だという感覚をもつことができる。われわれは、世界を〈神秘の顕現《ヒエロファニー》〉と見たり、〈神々の充満〉と見たり、〈価値に満たされた〉ものと見たりすることがある。そのような世界観が〈プリミティブ〉だというわけではない。それは、歴史的に見れば、説明するテクストの世俗的世界観によって追い越されたものであるが、画像的に見ればそうではない。もし、〈前〉が〈後〉に劣り、〈旧〉が〈新〉に劣ると信ずるなら、それは、線形的なコードによって秩序づけられる諸情報の関係を誤って画像的に「前後関係を誤って優劣関係として」読んだことになる。世界に対する呪術的見方は、歴史的見方からすれば自分より悪いものでも間違ったものでもなく、ただ古いというだけなのだ。そのような[優劣を否定する]見方は間違っていると言えば、却ってそんな見方に立ち戻ることになる。ちょうど、(とくに第三世界の諸国においてて)〈高い意識〉としての歴史意識をかち取ろうとする者が実は呪術的な意識レベルにあるのと同じように。

どんな木にも神が宿り、どんな泉にも水の精が宿り、どんな人間にも霊魂が宿ると言うのは、実は、どんな事物も〈目に見えずに〉他のすべての事物と結ばれており、そうしたさまざまの関係から一つの画像がもたらされると言うのと、同じことである。神も、水の精も、霊魂も、旋回する時間を含むゆえに絶対的で永久で不滅であるような全体のなかでの、事物相互の諸関係の名称なのだ。だからこそ、神々も、水の精たちも、もろもろの霊魂も、不死なのだ。画像の諸要素は交換可能である(旋回する時間が、それらを入れ替えることがある)。しかし、それらの間の関係は、恒常的である。世界における諸関係の恒常性(世界の永久の下部構造)は、世界《ヴェルト》を、信頼できる保護者としての環境世界《ウムヴェルト》にする(数理化できるインフラストラクチャーに対する科学の信頼や、弁証法的論理に対する弁証法哲学の信頼を、その他の点では逐次的[線形的]な意識のなかの呪術的遺物と解釈してみるのは、一興であろう)。これに対して、世界の事物の可変性、時間の迷路のなかでの世界の変転と遍歴、世界の〈現象性〉は、恐ろしい。そうした画像世界に生きるということは、たえず規則に頭をぶつけるということである。生きるというのは動くということであり、動くというのは画像における自分の正しい場所を棄てたということなのだ。規則とのたえざる衝突には〈報いがある〉。それは〈仕返しされる〉。だからこそ、生は語源学上の意味で〈恐ろしい《エントゼッツリヒな》〉ものなのだ。つまり、生とは、正しい席（正当に指定された場所）から離れる《ヴェクゼッツェンする》こと、自己をその正当な復讐に曝す《アウスゼッツェンする》ことなのだ。こうした考え方を注意深くたどるなら、イマジネーションの息を呑むばかりの機能を理解することができよう。まず、見通しのきかなくなった世界を認識するために、画像（地図）が描かれる。そこで、世界は、画像として体験されはじめる。つまり、画像の諸範疇を反映しはじめる。画像によって決められたそのような情景が織り成す文脈のなかで、生は恐ろしいものとなる。これ以後、画像は、恐ろしさを逃れる戦略に役立ち、呪術の道具として（先見的投射として）機能しなければならなくなる。しかし、画像がまだ呪術に役立つうちは、つまり、（イメージ的特徴をもつ世界であるにせよ）世界を変えるための道具であるうちは、イマジネーションの道程はまだ終わっていない。呪術師が霊たちを呼び出しては機嫌をとっているかぎり、イメージの世界は依然として、意味の世界と人間との間の一種の媒介物であり続ける。画像がこうした呪術的（倫理的）次元をも失いはじめ、世界にとって不透明になりはじめ、もっぱら画像として〈崇拝され〉はじめてようやく、イマジネーションの機能は尽き果てる。そうなってはじめて、画像によってコード化された世界は、人間を体験の世界から区切る防壁として完成され、〈妄想的〉で〈奇矯な〉ものとなる。イマジネーションが奇抜なものに転化した時点、呪術師が物狂いになった時点、カンガルーのお面をつけた踊り手がカンガルーになったふりをするのではなく自分は本当にカンガルーだと信じて踊るようになった時点を、厳密に確認することはひどく難しいであろうが、イマジネーションから奇矯へのこうした転換が実際に生じたことは、疑問の余地がない。そのことは、文化についても（たとえばアステカ文化の場合）、個人についても（たとえば偏執気質の場合）認められるのである。

イマジネーションから奇矯への転換による個人的・集団的な狂気が心配されるそうした状況において、線形的文書の発明は、救いとして受け取られたに違いない。意図されたのは、不透明になった画像をもう一度透明にするということであった。預言者が〈偶像崇拝〉と呼んだその状況において、概念によるコードに頼ることは、（たとえばナチスの時代にそうであったように）さし迫った狂気から救われる道であるように思われた。自己を閉ざす画像世界は、呪術でさえもう効き目を失って型どおりの祭儀に固まったために、恐ろしいものになっていたが、その夢想的気分は地獄のそれであった。イマジネーションの機能をとらえようとするさいに、このことに触れずにすますわけにはいくまい。

(b) テクスト

〈第二の質的跳躍〉(一四二頁のa図では異境化2)は、〈原初の跳躍〉(異境化1)ほど過激なものではないかもしれない。その代わり、それを追体験することは、ずっと容易である。初めて〈画像を描いた人々〉を理解することは、実存的に不可能だ。なぜなら、われわれがその人々だったとき、われわれは自分たちが何をしているかを観察できなかったからだ。〈自己観察《レフレクシヨン》〉は、〈第二の跳躍〉による距離ができてはじめて、可能になったのだ。それとは違って、われわれは初めての〈書き手〉のことを、かなり正確に思い出すことができる。なぜなら、われわれがその人々だったとき(つまり、われわれが小学一年生だったとき)、われわれは、[字母を]細く書く箇所と太く書く箇所を習う自分自身を、観察していたのだから(ただし、われわれがまだ、細い箇所と太い箇所を区別する世代、つまりほぼ完全にアルファベットによってプログラミングされている世代に属しているものとする)。第二の質的跳躍は、奇矯の狂気に陥る危険に迫られて底なしの深淵に跳び込み、その深淵から新しい意味を取り出してこようとするものだが、それを図にしてみよう。

次頁の図は(幼稚とは言わないまでも)子どもらしい単純さを示しているが、それは、ここに登場する記号が幼稚だからではなく、画像の右に書かれたテクストを秩序づける規則が子どもらしく簡単なものだからである。その規則とは、画像に織り成された文脈から諸記号を引き剝がして、任意の順序で左から右へと進む行に(一つ一つの記号がはっきり

c図

分離されたままで）並べなさい、というものだ。普通、画像についての記述は、これよりもずっと複雑である。記述するテクストの記号は記述される画像の記号と共通するところがないのが普通だし、記述するテクストの正書法の規則は上の例よりずっと手の込んだものである。

子どもらしく単純な右のような図を選んだのは、画像からの跳躍が劇的なものだったことを明らかにするためである。この跳躍は、全く風変わりなふるまいであった。こう言ってよければ、両脚によって跳んだのではなく、両手によって跳んだのだ。両手でセーターをつかんで脱ぐときのように、画像をつかんで引き裂くことによって、画像の外に跳び出たのだ。両手は画像の平面を、テクストの行へと繰り広げ、ほぐし、展べ、延ばして線にし、開いた（平面を線に、情景を逐次的過程《プロセス》に解体するこのふるまいを言葉で表現するために、どんな動詞を使おうとかまわない）。

むろん、平面を繰り広げることは実際には不可能だという異論がありうる。平面は、理論的には無数の線から成るのだから。しかし、そのような意味で繰り広げることが、行への跳躍の意図だったわけではない。平面に含まれるあらゆる線を繰り広げて一本の線にしようというのではなく、画像のなかで情景中の諸要素の関係を意味づける何本かの線を、コード変換して行にしようというのである。これは、幾何学の仕事ではなく意味論の仕事なのだ。イメージ的な関係を概念的な関係によって置き換える仕事なのだ。c図を、その意味論的骨格にしぼって示してみよう。

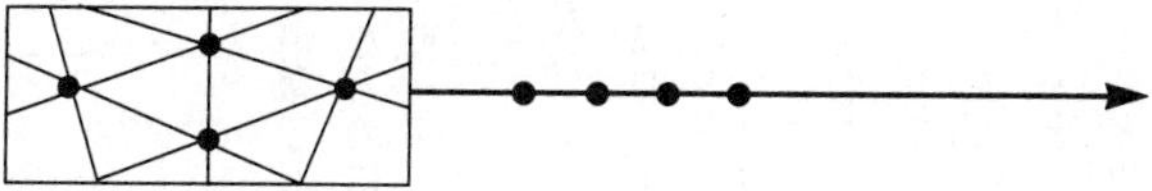

c−1図

明晰判明と意味の貧しさ

上の図の左側は、c図の画像が四つの記号の間の関係として描いたものを示しているつもりである。右側は、その仮想の関係がc図のテクストによってどのように解かれ、謎解きされ、ほどかれ、左側のさし迫った狂気が明晰判明な秩序によって避けられたかを示そうとするものである。だが、c－1図は、イマジネーションが直面した狂気を明晰判明な概念的思考（概念のコード）によって回避するために、どんな代償を払わざるをえなかったか、その後もたえず払わざるをえないかを、示そうとするものでもある。払った代償とは、意味の貧しさなのだ。

ひと目見ただけで、線形的コードが二次元的コードよりもずっと少ない（途方もなく少ない）情報しか伝達できないことが判る。理由は二つある。第一に、それは、記号を秩序づけるための次元を一つしかもっていない。第二に、それによって意味を与えられる関係は、二次元的コードの場合よりもずっと狭いパラメーターしかもっていない。記述の経験からして、小さな画像を不完全ながらも記述するために多くの頁の行が必要であることは、周知のとおりである。世界地図をそのすべての情報ごと記述するためにアルファベットで印刷された本を収める図書室が、どんなに大きなものになるか、考えてみるがよい。左側の画像のイメージ的関係が意味するのは、上・下・右・左・間・傍などである。右側のテクストが意味を与えている概念的関係は、ただ一つ、〈そしてそれから〉だけなのだ。c図を解読すれば、こうなる。左側の画像：〈二人の人間と一匹の犬が昼どきに散歩している〉。右側のテクスト：〈太陽そして人間そして人間そして犬〉。むろん、画像からテクストへの翻訳にさいして意味が貧しくなるということを、c図とc－1図はきわめて誇張して描いている、という異論がありうる。たとえば、H-O-H の画像をほどいて〈2H＋O＝H_2O〉というテクストにする例を見れば、〈右〉・〈間〉・〈左〉というイメージ的関係が〈＋〉・〈＝〉という概念的関係によって置き換えられているだけで、意味が貧しくなっているわけではないように思えるであろう。そして、ここに挙げた例とは違って絵文字または表意文字によりコード化されていないテクスト、たとえばアルファベットのテクストを見れば、意味が貧しくなるなどということは全くないと思えるであろう。アルファベットのテクストは、それによって意味を与えられる言語［音声言語］の意味を担うものであり、音声言語が何であれ、そうした意味は圧倒的に豊富なのだ、と。

例を選ぶに当たって、私が次のように考えたことは認めておこう。私がある画像をアルファベットのテクストに翻訳するならば（画像を説明しようとするならば）、理論的には、画像に含まれているすべての意味をテクストに移すことができる。ただ、必要なだけ長く書き、私の文書が意味を与える言語において適切な単語を見出すか、またはそれを造りさえすればよい。しかし、そうして書かれたものを見るとき、私は、画像に含まれた情報の全次元、まさに前節で〈神聖〉とされた次元が、実は雲散霧消してしまったことを、確認するであろう。むろん、私は、c図における太陽と犬の関係を、上・気高い・下・従う・尊い・輝くなどの単語を用いて、アルファベットにより説明するテクストに取り込み、その種の単語を好きなだけ長く並べることができる。しかし、イメージによって描かれた関係における意味の迫力は、やはり失われてしまうのである。c－1図は、テクストによる論理的解析が概念によって行うことを、視覚的に示す試み、線形的関係がごく僅かの型（多分、AならばBという唯一の型）に縮減されたものであることを示す試みであった。線形的コードは、二次元的コードよりも、構造的に意味の貧しいものである。アルファベットのテクストで可能なように、意味を与えられる言語の豊かさによってこの貧しさがある程度埋め合わされるとしても、貧しさが否定されるわけではない。

イマジネーションが肥大化して狂気に至るのを防ぐためにたえず支払わなければならない代償が、意味の貧困化だということを確認するだけでは足りない。はるかに重要なのは、われわれが過度の豊かさによって脅かされたからこそ貧しくなれるのだ、という洞察である。線形的・概念的コードは平面的・イメージ的コードを貧しくしたものだが、その貧困化は始めから意図されていたのである。線形的・概念的コード（とりわけデカルトが〈言説《ディスコース》的〉コード一般のモデルとした算数のコード）が明晰判明であることは、イメージ的コードの混乱と肥大化に対処しようという方法的意図に発したものであった。したがって、ロマン派の一部がよく言うように、概念的な（テクストによってプログラミングされた）思考は〈イメージ的な〉（画像によってプログラミングされた）思考よりも貧しい考え方だ、というのは当たっていない。むしろ逆である。〈イメージ的〉思考が癌のように肥大化する危険が迫ってはじめて、〈概念的〉思考が実際に機能しはじめるのだ。画像から行への跳躍は、イマジネーションの貧しさよりも豊かさに悩む人々に見られるのであり、自己紀律のしるしというべきものだ。それは、自分のイマジネーションを刈り込む〈疑う〉ための一つの方法である。デカルトは、画工よりもイマジネーションが豊かだったからこそ、二次元的な幾何学を線形的な方程式に翻訳しなければならなかったのだ。書くことは、イマジネーションが乏しいことではなく、ありすぎることのしるしである。明晰判明は、（想像力のない批評家が言うのとは違って）不毛のしるしではなく、増えす

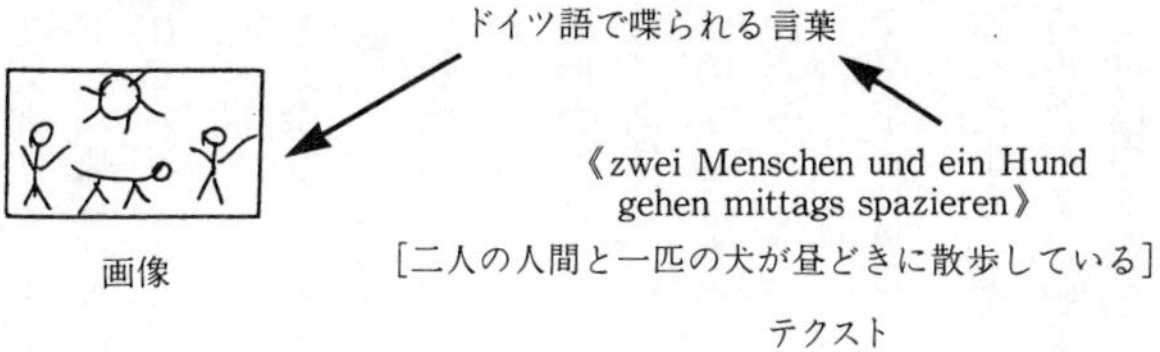

c−2図

ぎる雑草の根絶のしるしである。

ここに述べたことを、もっと簡単に言えばこうである。すべてのテクストは画像について述べているのであり、画像がなければテクストもない。テクストは、画像を記述し、説明し、解明するものなのだ。ただし、この簡単な定式をはじめから持ち出すことはできなかった。なぜなら、それは、経験に反するように見えるからである。われわれが書いたり読んだりするアルファベットのテクストの大部分は、画像ではなく、どんな意味であれ〈思考〉について述べているように思える。もう少し批判的な言い方をすれば、それは、音声言語のさまざまの文《センテンス》を有意味にしているように思える。だが、右のような分析をしてみれば、アルファベットのテクストは音声言語に意味を与えるものではなく、テクストが画像に意味を与えるためのコードであることが判る。図にしてみれば、こうである（c－2図）。

この図から判ることは、音声言語が、アルファベットのテクストにとっての一つの〈前《プリ》テクスト〉になっているということだ。そこから二つのことが言える。①画像について喋ることは、画像を記述することとは全く異なるコミュニケーション形式である。②アルファベットのコードと［喋られる］言葉のコードとの関係［文字言語と音声言語の関係］は、一般に信じられているよりもずっと複雑である。

c図、c－1図、c－2図は、a図（一四二頁）の〈テクスト〉と〈画像〉の間の矢印を顕微鏡で見ようという試みである。これらの図によって、画像とテクストの間の断絶、〈概念的〉に考えはじめるや否や跳び越えられる断絶を、仔細に見ようというわけだ。この断絶は、むろん、省察の絶えざる主題であった。これが〈唯一の〉主題だったと言えるかもしれない。デカルトの出発点は、算数と幾何学の間には深い断絶があり、それは〈神の助力〉によってのみ克服できる、ということであった。カントの場合、この断絶は、〈純粋理性〉と〈実践理性〉の境を走っていた。それほど要求水準の高くない本書では、この主題はもっとささやかな、つまり機能的な形をとる。人はテクストをどのように読むのだろうか？

テクストの読み方

c図を見れば、答えはこうなる。人は、画像の解読とはほとんど共通しない仕方でテクストを読む。図の左側の画像を解読するさいには、右に述べたようなやり方で視線が旋回する。図の右側のテクストを読むにさいしては、視線は行をたどる。画像が自己の情報を平面上に繰り広げる（共時化）するのに対し、テクストは自己の情報を（いくつもの小石や穀粒やビットが順に列を成すように）行に並べる（通時化する)。〈読む《レーゼン》〉(それは、語源的には〈一つ一つ取り出す《クラウベン》〉とも近い関係にある)とは穀粒を一つずつ拾って集めるということであり、行末ですべての穀粒を拾い終えてはじめて、メッセージを受け取った、ということになるのである。こうしてインフォーメーションビットを拾ってゆくことが、まさに〈概念的に把握する《ベグライフェン》〉ということであり、小石を集めることが〈計算する〉ということなのだ。〈書く〉ということは、むろん、同じメダルの裏側にかかわる。それは、イメージ的に編まれた文脈からもろもろの要素を引き剝がし、それらを穀粒・小石・ビットとして、行に並べてゆくことである(c図を見よ)。要するに、〈概念化による把握《コンセプション》〉とは、イメージ的関係を分解して、諸ビットから成る列に並べる(〈通時化する〉)こと、そしてそれらのビットを合成する《シンセサイズ》(再び共時化する)ことである。画像とテクストの間の断絶は、こうして再び共時化された諸ビットが画像に意味を与えるだけであって、画像を再現するものではない、ということに示される。

イマジネーションを論じたときに、それは平面を組み立てて精査する《スキャンニング》ことだ、と述べた。これに対して、コンセプションは、平面をばらばらに分解し(〈合理化〉)、断片に糸を通して並べ(〈計算〉[カルキュレートの元になったラテン語の calculus は、計算のための小石])、最後に、それらの断片をまとめて全体情報にする(〈合成〉[ラテン語の concipere は、一緒にして摑むの意])ことである。書いて読むということは、このようにきわめて複雑なふるまいであって、これについてもっと精密な現象学的研究をすれば、テクストによってプログラミングされた人間の在りようを明らかにすることになるであろう。しかし、テクストによるコードについては、現象学的ばかりでなく語源学的にも、判ることがたくさんある。たとえば、テクストの機能に関して、ドイツ語の〈把握する《ベグライフェン》〉とか〈書く《シュライベン》〉とか〈数える《ツェーレン》〉とか〈計算する《レヒネン》〉とか、ギリシャ語の graphein［引っかいて書く・描く］とかラテン語の legere［拾い集める・読み上げる］とかいう語を語源学的に研究する必要がある。把握する（画像をとらえる）能力も、そうした研究によってもっとよく自覚される（自分自身をもっとよく把握する）ようになるだろう。残念ながら、そうした試みは本書の枠の外に出る。ここでは、読み書きの一つの側面にしぼって論ずるしかない。

　読むさいには、書くさいに手によって（ペンやタイプライターやその他の道具を使って）投射された行を追って、視線が動く。もっとも、これは正確な記述ではない。読むことに慣れた目は、〈跳ばす〉ことができる。つまり、並べられた記号（たとえば字母）の姿から、若干の記号を実際に読まずに推測することができる。そして、テクストというものが退廃した現在の状況では、ますます無価値になるテクストを実際に読むよりも、テクストのインフレーションに対処するために大量に呑み下すことが必要だから、行をたどらずに視線を斜めに走らせる方法が開発されている（いわゆる〈対角線読書法〉）。それでも、読書についての右のような不正確な記述（行に沿って読むこと）は、線形的なコードの機能を理解するために（少なくとも、線形的コードが原理的に、イメージ的事態を経過へ、イメージ的情景を逐次的過程《プロセス》へ、ひとことで言えば旋回するものを［行に沿って］横に滑ってゆくものへと変えるものであるかぎりで）決定的な意味をもつ。

書くとは、旋回するイメージ的時間をまっすぐに延ばして線形にすること、読むとは、そのように線形的に進行する時間を〈終わり〉まで追ってゆくことだと考えることができるかもしれない。しかし、これは、画像と概念の断絶を正当に理解したものではない。なぜなら、時間はまっすぐな線に延ばされることによって、別種の時間になるからである。それは、画像の枠を破っただけでなく、跡形もなく消してしまったのだ。むろん、テクストを枠のなかに組むこともできる。しかし、そうした枠は、行に沿って、そして行から行へと、流れてゆく時間をせき止めることができない（通俗的な小市民住宅には、刺繍で書かれた格言の額がよく掛かっているが、これもやはり画像ではない）。まっすぐ延ばされた時間は、もはや画面のなかで諸要素を秩序づけるために流れるのではなく、明確に〈過去から未来へと〉、果てしなく流れるのであり、その流れのなかで諸要素を秩序づける。その範疇は、旋回する時間の場合と違って〈上〉や〈右〉ではなく、〈以前〉や〈…の間〉である。そうした時間が意味を与える関係は、一次元的で、連鎖的である。その関係は、状況ではなく、次々と起こることなのだ。

もっとも、テクストの時間（歴史的時間）が画像の時間（呪術的時間）に比べて、より具象的な時間形式だとか、より具象的でない時間形式だとか、思い込まないようにしなければならない。実は、両方とも、（いまやテクストを脱しようとしているわれわれが見逃していることだが）取り決め《コンヴェンション》なのだ。具象的に体験される時間は、いずれにせよ、具象的である以上コード化できないし、線形的ではありえない。それは、四方八方からやってくる。それは、過去から未来に流れ込むものではありえない。［流れの方向は逆であって］やってくるのは過去ではなく未来なのだから。現在は、時間の奔流の上の一点ではありえない。現在《ゲーゲンヴァルト》はすべての時間が集まってきて、居合わせる《ゲーゲンヴェルテイヒになる》場所だから。他方で、歴史的時間が呪術的時間よりも抽象的だというわけでもない。呪術的時間と同様に歴史的時間も、われわれの具象的体験を予めプログラミングするものだから。呪術的時間と同様に歴史的時間を〈信仰する〉こともできるのだ。二つの時間構造は、二つの異なるコード構造（記号を秩序づける規則）なのである。

歴史意識の発生

しかし、そのように認識したからといって、線形的にコード化された情報が受信者のプログラムに及ぼす実存的影響力が、少しでも弱められるわけではない。受信者は、呪術的雰囲気とは全く異なる雰囲気で生きることになる。受信者は世界を、もはや情景としてではなく出来事として体験する。つまり、時間を、呼び戻せないものとして体験する。戻ってくる日は一日たりともないし、どの収穫も、繰り返される収穫のなかの一回だけの収穫である。〈再生〉というものがあるとしても、それは最初の出生の反覆ではないし、死の一回性を拭い去るものでもない。テクストによって構造化された世界のなかの生は、[画像のなかの生とは違って] 安全と恐怖に生きるといったものではなく、ドラマチックなものになる。なぜなら、いまや、然るべき場所を離れたことに対する正当な復讐を逃れる必要はなくなり、正しい道、時間に沿った道〈正義の路・救済への道・進歩など〉を行くことが必要になるからだ。こうした歴史意識の範疇を、もっと細かく論ずる必要はあるまい。われわれがアルファベット化されているかぎり、われわれはすべて、(それらの範疇が取り決めに他ならないことを認識したつもりでも) その範疇によって生きているのだ。

したがって、生は、画像からテクストへの翻訳によって全く新たな意味を得たのである。イマジネーションが肥大化して奇矯の狂気に陥る危険は、避けられた。いまや、すべての画像を一歩一歩 (一行ずつ) 説明すること、それを再び世界にとって透明なものにすることができるようになったばかりでなく、テクストによってコード化された世界のおかげで、イメージ化できない全く新しい意味を世界に投射できるようになったのである。テクストの世界は、画像世界と人間との媒介者として登場するばかりでなく、その画像世界を破って単刀直入に世界をとらえようとする。歴史意識とは、呪術的立脚点を〈追い越す〉視点、呪術的な立脚点を新たなレベルに高め、それに新しい意味を与える視点なのだ。

テクストの不透明化

右の論拠に窺える（そしてとくに〈新しい〉という用語から見て取れる）オプティミズムは、しかし、a図（一四二頁）の〈異境化3〉の矢印に沿って右方の深淵に滑り落ちてゆく人々には当てはまらない。概念化《コンセプション》による把握もイマジネーションと同様に肥大化するものであり、テクストも画像と同様に奇矯になりうるものであり、不透明な書物の壁に囲まれて生きる狂気が書物のおかげで陥らずにすんだ狂気と同様におぞましいものであることは、もう判っているのだ。不透明なテクストによってプログラミングされた実存［人間］に、この狂気をはっきり見せてやる方法は、たくさんある。たとえば、テクストが意味するところを論理的に分析し、ヴィトゲンシュタインがしたように、そのテクストが同語反復的（何も言っていない）か自家撞着的（自分自身と矛盾する）かだということ、そしてテクストがもつように見える意味は〈文法的誤謬〉（コード操作の誤り）に基づくものであるということを、示すこともできる。また、テクストが意味するところを意味論的に分析し、ヒューム以来の多数の認識論がしたように、線形的なコード（考え方）のすべての規則、とくに因果連鎖の規則が記号の逐次性に基づくこと（〈その後だからそのゆえに〉）、そしてすべてのテクストが実は自己言明だということを、示すこともできる。しかし、テクストの関数（本の虫）にすぎない実存が無意味であることを見抜くには、哲学的分析の鋭いメスを用いるまでもない。われわれは誰でも、自分を振り返り、他人を見るだけで、人間とテクストの関係が逆転するや否や、すなわち、もはや本によって世界を認識するのではなく逆に本が世界だと認識するようになるや否や、テクストが媒介することをやめ壁を造りはじめたことが判るであろう。その徴候としては、テクストの与える情報が思い描いてみることのできないものになった、という事実がある。

われわれが読みながら何かを思い描くかぎりで（つまり、テクストが与える画像をイメージするかぎりで）、テクストは画像を媒介する。この媒介が、テクストの意味なのだ。ところが、考えられた画像から線形的なコードが独立すればするほど、また、読みながら画像を思い描くことが難しくなればなるほど（たとえば［テクストとしての］方程式を読む場合）、テクストの意味は曖昧になる。読みながら画像を思い描くことが不可能なだけでなく、画像を思い描こうと欲すること自体が間違いだということになると（たとえば、物理学のテクストの方程式を読む場合）、そのテクストはどんな意味ももたないものとなる。テクストが画像以外の何か（たとえば、何らかの〈具象的な関係〉）を意味しうるということを論証できるとは、考えられない。なぜなら、コードは記号から成るが、その記号は画像記号しか意味しない（〈概念〉は〈思い描かれたもの〉しか意味しない）からであり、また、線形的コードの規則は、画像コードの規則を延ばして線形にするために合意されたものだからである。カント風に言うなら、純粋理性の範疇は直観形式にのみ適用される。どんな議論をしてみても、思い描くことの役に立たないテクストは何も意味しないということは、疑いようがない。

ここに述べたことに対しては多くの異論が唱えられようが、それらは二種類にまとめることができる。①画像が自律的になるという傾向は、線形的コードの特徴であって、意味が貧しくなったということではなく豊かになったということだ。〈$\sqrt{2}$〉という概念の基礎に何も思い描けないからこそ、それは新種の意味をもつのだ。②学習によって、概念の画像を思い描けるようになる。そして、イマジネーションの刺激が概念化《コンセプション》による把握をもたらすだけでなく、コンセプションの刺激がイマジネーションを生むこともある。アルファベットによって$\sqrt{2}$の画像を思い描くことはできまいが、数学者にはそれができるのだ……。この異論②はきわめて重要だが、誤解に基づいている。概念から画像を描くことを学ぶと言うさいに、その画像は概念が与えた意味をもつのではなく、画像がはじめて概念に意味を与えるのである。そして、概念化《コンセプション》による把握に刺激されて画像をデザインするイマジネーションは、概念と世界の間に介在するのではなく、概念と、概念から遠ざかる人間との間に介在するのである。したがって、この第二段の画像（情景ではなくテクストに意味を与える画像）を第一段の画像から用語上も区別して、テクノ画像と呼ぶのがよいだろう（a図を見よ）。そこで、異論②は、次節で扱うこととする。

異論①は、形式的に異論と言えるにすぎない。たしかに、何を思い描かせることもない概念を操作することはできる。そして、そうした操作から何かを思い描かせる意味が得られることもある。原子爆弾をもたらしたもろもろの方程式は、何も思い描かせない記号から成っている。だからといって、それらの方程式から成るテクストを無意味とみなすことはできない。しかしそのさい、われわれは、画像をもはや地図としてではなく呪術の道具として使う呪術師と同様の、あやふやな土台の上に立っているのだ。なるほど、原子爆弾は機能を発揮した。だから、原子爆弾を生んだテクストが意味をもったことは、認めなければなるまい。しかし、原子爆弾そのものが、特異な意味で〈思い描けない〉ものなのだ。同じことは、テレビ受像機や自動車のような、現在・未来の大部分の技術的製品について言える。それらは〈ブラックボックス〉なのだ。したがって、異論①は、実は、自己が批判する主張の正しさを確認するものである。何かを思い描く役に立たないテクストの意味《ジン》は〈迷妄の意味《ヴァーンジン》［狂気］〉であって、そのテクスト（テクノロジーのテクストも）が機能を発揮するならば、それは〈狂気の〉コード、実存的に一層の異境化を生む（技術的客体［ブラックボックス］としての）コードをもたらすのである。

　われわれは（誤魔化すつもりでないなら）この議論の二つの側面を了承していなければならないというのが、危機の一徴候である。われわれは、テクストが何も思い描かせないものになれば世界にとって不透明になること、その不透明性への傾向が線形的コード自体の力学に基づくことを、認めなければならない。それと同時に、われわれは、この不透明性への傾向、〈純粋な概念性〉への傾向が、〈狂気〉や〈異境化〉といった言葉で簡単に片づくものではなく、文書発明以来の歴史がめざしてきた目標だとも言えることを、認めなければならないのだ。

すべての線形的コードのなかで、アルファベットのコードが歴史にとって最大の射程をもつことは、言うまでもない。われわれのまわりの大部分のテクストがアルファベットによってコード化されているばかりでなく、何よりも、それが、われわれの生を最も明確にプログラミングしているからである。ここでは、テクストの不透明性がわれわれの危機の徴候だという診断を下したわけだが、他のコードと比べてアルファベットのコードは、まだしも不透明性を免れている方である。科学のコードが、表意文字や、表意文字と字母の混合から成り立っている場合、何かを思い描ける情報を伝達できる可能性は、アルファベットだけのテクストによる場合よりもはるかに小さい。それにもかかわらず、そのアルファベットのコードが、他のどんなコードよりも明らかに、退廃の段階にあるのだ。そうしてみれば、テクストの不透明性が歴史意識の衰退の唯一の徴候だというわけではなく、テクストが奇態化する唯一の原因だというわけでもあるまい。

(c) テクノ画像

画像とテクノ画像

われわれは誰でも、書いたり読んだりできる。小学校で習ったのだから。われわれは（いつも意識しているわけではないが）画像を描いたり解読したりすることができる。われわれはそれをまだ全然意識しない年齢で、習ったのだから。しかし、テクノ画像のコードで情報を実際にコード化できる者がほとんどいないということは、簡単に言えるだろう。それは、誰からも習えないことなのだ。だが、いまのところまだごく不出来にコード化されているこの情報を解読するとなると、われわれは、習わなくともできるつもりでいる。映画を理解すること、テレビ番組を批判すること、そしてレントゲン写真を解読することまで、できるつもりでいる。しかし、本当は、そう信ずることは危険な間違いなのだ。

この間違いは、次のような素朴な前提に立脚している。すなわち、画像には二種類ある。①人間が描く伝統的画像と、②装置が描くテクノ画像と、である。人間が描く画像は、人間が自分に見える情景を平面上に写し取ろうとしたものである。テクノ画像は、とくにそのために造られた装置の助けを借りて、情景自身が自分を平面上に写し取ったものである……。こうした素朴な前提を、次頁に図解しよう。

ここでは、伝統的画像が〈主観的〉である（情景を見る人間の見方を写し取る）のに対し、テクノ画像は〈客観的〉である（情景すなわち客体自身によって生み出される）、とされる。言い換えれば、伝統的画像は〈記号的《シンボリカル》〉であり（画像を描いた人間がいて、写し取るべき情景を指さしているのだから、画像に登場する諸要素［記号］の意味を習得する必要がある）、テクノ画像は〈反映的《シンプトマティカル》〉である（そこに登場する諸要素は、写し取られ

d−1図

た情景自身の〈軌跡〉すなわち反映であり、習得の必要なしに理解できるものである〉というわけだ。また、こうも言われる。伝統的画像と写し取られる情景との間には人間が介在し、情景と画像とのつながりが中断される。これに対して、テクノ画像と情景との間の因果連鎖は中断されることがなく、テクノ画像は情景の直接的な結果である、と。

　この素朴な間違いがどんなにひどいものであるかは、われわれを取り巻くコード化された世界を一瞥《いちべつ》するだけで明らかになる。ポスターや映画雑誌に載っている写真は、客観的画像・〈現実〉の反映・情景を写し取った結果であるかのように受けとめられる。そして、それを解読するために学習は要らないという信仰が、こうした画像のもたらす異境化に寄与しているのだ。

　むろん、情景と画像と人間の関係は、d−1図が示すところよりもずっと複雑である。同図の左半分については、〈画像〉の節で述べたことを参照していただきたい。右半分については、次頁のd図で補足しておこう。

　一定の線形的・技術的テクストの所産が、写真機《フォトアパラート》である。写真家は、取扱説明書を読んでから写真機を操作する。写真機の内部にはミラーがあり、写真家はそのミラーで、自分の視点から見える情景を見る。それから、写真家は、技術的テクストが指示する操作を実行する。それで写真が撮れる、と

技術的テクスト ⟷ 装置＋オペレーター ⟷ テクノ画像

d図

いうわけだ。写真は、写真家がミラーの上で選んだ情景を写し取った平面である。

これは、むろん、写真撮影の（そして、およそテクノ画像制作の）実際の関係をごく単純化した描写であるが、それでも、右の素朴な間違いを正す役には立つであろう。テクノ画像について客観性とか反映性とか、現実との間の因果連鎖とかがあると言うのは、当然のことながら全く根拠がない。そして、テクノ画像の背後にある取り決めを解読することがどんなに難しいか、判るはずである。しかし、ひどい間違いが除去されたとしても、それは、この図を読んで得られる最初の成果にすぎない。

d図は、a図（一四二頁）でテクノ画像とテクストとを結ぶ矢印を解析したものだ、と言いたくなるかもしれない。しかし、d図にはもう一つの要素、すなわち装置＋オペレーターという複合要素が加わっている。これは、ここで扱う状況の重要な特徴だから、d図をa図の一部と見る前に、論じておかなければならない。そして、そのためには、〈テクノ画像〉という概念を少なくとも暫定的に定義しておく必要がある。テクノ画像とは、線形的テクストの記号に意味を与える諸記号によって覆われた平面である。

この定義によれば、テクノ画像は、〈画像〉という類の下に位置づけられる一つの種に当たる。だから、画像一般の強みとして挙げられたその認識論的・倫理的・美的側面は、すべてテクノ画像にも当てはまる。たとえば、骨折した腕のレントゲン写真〈つまり〈地図〉[真]〉は、同時に、その腕を治療する医師にとってのモデルでもあり〈つまり〈先見的〉[善]であり〉、真かつ善であるかぎりで〈美〉的でもある。また、いわゆる〈ビデオ芸術〉は、独創性と自己充足感、つまり美的作用を追い求めるものだとされるが、それは、ビデオテープが地図であるとともにモデルであるかぎりで〈美的〉なのだ。それが判らないなら、画像コードの本質が判っていないということになる。要するに、テクノ画像の右の定義は、それが明白な特色〈たとえば画像が動くこと、音声の次元をもっていること〉をもっているにもかかわらず、結局のところやはり画像だということを示そうとするものである。

概念に意味を与えるもの

だが、この定義は、テクノ画像の特殊性がその意味に存するのであって、それを生み出す方法〈撮影機による〉にも、それをつくる資材〈たとえばブラウン管〉にも、その構造〈巻き取り式のテープによるものがある〉にも求められないということをも、言おうとしているのだ。もとより、さまざまのテクノ画像のこうした特色が重要でないというわけではない。それどころか、それらの特色は、われわれの危機を理解するのに見落とすことのできないものである。けれども、テクノ画像は他のあらゆる画像と同様に記号から成るものだから、意味を与えることがその特徴なのである。ただし、その意味は、他のどんな画像の意味とも異なる。それは、情景に意味を与えるのではなく、概念に意味を与えるのだ。これは、他のあらゆる画像と全く異なる存在論的地位をもち、全く異なる系譜に位置づけられる。これは、革命的に新しいコードなのだ。

右の定義はテクノ画像の〈作り方ではなく〉意味に着目するものだから、テクノ画像という語は、大多数のコミュニケーション学者（および、コード化された世界の批判者たち）の場合よりも広い範囲をカバーすることになる。すなわち、ここでテクノ画像とは、技術的につくられた画像（マイクロフィルム・スライド・ビデオテープ・望遠鏡写真等々）を指すばかりでなく、概念に意味を与えるものであれば、多かれ少なかれ伝統的につくられた画像をも指す〈青写真・図案・統計グラフや、本書に出てくるいろいろな図〉。画像をテクノ画像にするのは、それが技術的につくられるということ（たとえば、月の表面が精密な装置によって撮影される）ではなくて、それが情景に意味を与えず概念に意味を与えるということ〈月の表面に意味を与えるのではなく、天文学のテクストの著者が月の表面について描こうとする画像に意味を与えたそのテクスト中の概念に、意味を与えるということ〉なのだ。要するに、テクノ画像についての右の定義は、テクノコードを楽に扱えるように、いまなお容易にとらえられないその本質を取り出そうとするものである。この定義が〈暫定的〉なのは、そのためだ。これは、一つの作業仮設なのだ。

その暫定性を前提にしてのことだが、テクノ画像と表意文字《イディオグラム》との間には、特異な類似性があることが判る。両方とも、〈概念〉に意味を与える画像なのだ。しかし、そのさい、〈概念〉という語の意味が同一でないことは、明らかであろう。ただし、同一でないという確信を直感的にもてるとしても、それを明確に論証することはきわめて難しい。数字の〈2〉は表意文字だが、それと、ブラジャーの広告に使われている胸の写真（＝テクノ画像）とが、両方とも〈概念〉に意味を与えるものであるにもかかわらず全く別種の記号だという〈感じがする〉。だが、この違いを明確に定式化しようとして、たとえば、〈2〉は〈一対《ペア》〉という情景の抽象化を意味するのに対し、胸の写真は〈ブラジャーを買いなさい［ブラジャーをどうぞ］！〉という命令文を意味すると言ってみても、両者の違いの肝心のところが素通りされているという印象しか与えない。これが、われわれの危機をよく表しているのだ。つまり、テクノコードの本質は、われわれがそれを摑まえたと思った途端に指の間からこぼれ落ちてしまうのだ。

表意文字の意味レベルとテクノ画像の意味レベルの重大な違いに迫るために、文字言語の領分に少しばかり足を踏み入れることにしよう（これには、別な理由もある）。アルファベットのコードと表意文字のコードは、いわば並んで走っている。両者とも、画像を概念に翻訳するものだが、そのことは、［アルファベットのコードによる］〈Zwei und zwei ist vier ［ドイツ語で、二足す二は四］〉と［表意文字のコードによる］〈2＋2＝4〉については当てはまらないように思えるだろう。むしろ、後者は前者によって記述されているのであり、したがって〈画像〉であるように思える。だから、われわれは、表意文字のコードが線形的であるにもかかわらず、それは画像的な文書だと考えがちなのだ。アルファベットのコードも表意文字のコードも画像を記述するものであるのに、われわれは、〈2＋2＝4〉という文は一つの線形的な事態の画像だという印象をもつのだ。これは、むろん間違いである。〈2＋2＝4〉という文は、たとえば 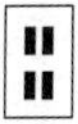 といった情景の記述であって、〈Zwei und zwei ist vier〉という文と同じ意味レベルにある。表意文字は画像ではなく、〈字母〉という類型の記号に他ならない。それは、画像に意味を与える概念である。それとは違って、テクノ画像は、右の定義によれば、概念に意味を与える画像なのである。

だが、こう言ってみたところで何の役にも立たない。テクノ画像の機能には、やはり、表意文字の機能と似たところがあるのだ。すなわち、両者はいずれも、〈超言語的〉である。〈2＋2＝4〉という文をアルファベットにするなら、〈Zwei und zwei ist vier［ドイツ語］〉という文でも、〈Two plus two makes four［英語］〉という文でも書ける。同様に、胸の写真をアルファベットにすれば、［ドイツ語で］〈Kauf einen BH!〉という文でも、［英語で］〈Buy a bra!〉という文でも書ける［日本語では、ブラジャーをどうぞ！］。

これに対して、伝統的な画像は、それについて語られるという意味で〈言語以下的〉である。人間はたしかに、画像を用いて相互了解に達することができるが、それでも、画像

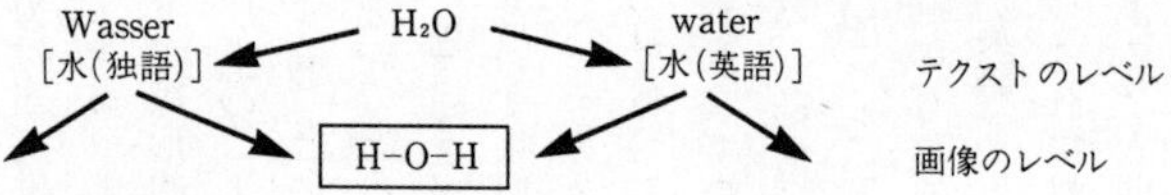

d–2図

のコードは〈普遍的に理解される〉、と信ずるのは間違っている。他のすべてのコードと同様に、画像のコードについても学習が必要なのだ。なるほど、画像のコードによるコミュニケーションは言葉によるコミュニケーションと無関係に行われるが、それでもやはり、喋られる言葉［音声言語］のコードが画像について語れる度合は、画像のコードが会話を写せる度合よりも大きいのだ。その意味で、伝統的な画像は〈言語以下的〉である。音声言語が、そのメタコードだということになる。

これに対して、表意文字は音声言語の彼方にある。ちょっと変わった方向で、音声言語の彼方にある。すなわち、表意文字 H_2O は、ある事態の画像に他ならない H-O-H といった情景に意味を与える。しかし他方で、表意文字は、〈Wasser〉とか〈water〉とかいう語［前者はドイツ語、後者は英語の、水］にも〈意味を与える〉。この意味関係を、上のように図解することができよう。

表意文字とアルファベット

この図を見れば、表意文字のコードが、その〈超言語性〉にもかかわらず決してアルファベットのコードを脅かすことがない理由が、判るであろう。表

d–3図

意文字のコードにおいて、記号は、アルファベットのコードにおけるのとは別の意味パラメーターをもつ。二つのパラメーターは、いずれも意味を与えられる画像にかかわるにもかかわらず、別なのである。表意文字のコードとアルファベットのコードは、互いに他方を脅かすことがない。それどころか、互いに補足し合う。表意文字はアルファベットのテクストに入り込む一方で、それを受け容れる。要するに、〈H_2O〉［という表意文字］は、Wasser［というアルファベット］が［英語で喋られる］〈water〉に［ドイツ語を喋る人間にとっての］意味を与えるのとよく似た意味で、〈Wasser〉［というアルファベットに］意味を与える。それは、翻訳なのである。これに対して、テクノ画像は、全く別の方向で音声言語の彼方にある。これを図で示せば、上のようになる。

ここで、〈H_2O〉という記号とPという記号が同一のコード類型に属するように（つまり、両方とも表意文字であるか、または画像であるかに）見えるであろう。だが、実は、Pという記号は革命的に新しいものなのだ。それが属する新種のコードは、次第にアルファベットのコードを滅ぼすに違いない。その種のコードが、新しい、国際的な〈文字言語〉となるからだ。

　テクストが手書きであったうちは、アルファベットと音声言語の間に不透明な関係があった。一方で、字母《レターズ》は、何らかの言葉の単語《ワード》に意味を与えるもの［表語文字］ではなく、多くの言葉に共通する音声《トーン》を取り決めるものであった。だからこそ、多様な言葉を書きとどめるのに、同一のアルファベットを用いることができたのである。しかし、他方で、圧倒的多数の言葉は書きとどめられることがなかった。書くことは、少数のエリートの特権だったからである。〈文字言語〉は、ごく僅かしかない。ギリシア語・ラテン語・アラビア語・ヘブライ語などがその例だが、これらの言葉はいずれも、歴史的な理由からして、それぞれ特殊なアルファベットで書きとどめられた。そこで、当時の書き手にとっては、個々のアルファベットと個々の音声言語との間に密接な関係があるかのように思われた。ヘブライ語を学ぶとは、ヘブライ語のアルファベットを学ぶことに他ならないと思われたのである。そこで、奇妙なことに、それぞれのアルファベットが〈普遍的〉になった。それぞれのアルファベットで書かれた言葉［文字言語］が〈超言語的〉だった（つまり、民衆が〈喋った〉さまざまの言葉の上に立っていた）からである。

　印刷術の発明によって、事態は一変する。字母は母型によって鋳造されたから、（ラテン語のアルファベットのような）一種類のアルファベットだけが、多くの言葉を書きとどめるためのコードとして役立つことになったのである。こうして、印刷術は、アルファベットと音声言語との関係をすっきりさせたが、新しい問題をもたらすことにもなった。いまや、本は、さまざまの言葉で出版されなければならない。ラテン語を喋れるエリート層はあまりにも薄く、それだけを相手にしていては、版を重ねて採算に合う見込みがないからである。他方で、喋られる言葉（〈卑俗語〉）で出版したとしても、やはり僅かの読者しか得られなかったであろう。本に興味をもち、購買力もある市民たちはそうした言葉（たとえば、ヘッセン語・トスカナ語・プロヴァンス語）を用いていたが、かれらも、あまりに少数だったからである。だから、印刷することが採算に合い、音声言語に近いために潜在的な買い手がたやすく学べるような言葉を、案出する必要があった。こうして、近代の〈文字言語〉、たとえばドイツ語やイタリア語やフランス語が生まれたのである（その端緒はすでに中世末期、印刷術の発明以前に見られたが、そうした端緒が、いまや印刷工と植字工によって、近代の国語［ナショナルな言語］の完成に利用されたのであった）。

この発明が、部分的には恐ろしい結果をもたらすに至ったことは、言及の必要もあるまい（恐ろしい結果というのはナショナリズムのことであって、それは、小学校による識字化のおかげで最初は西洋を、それから全人類をペストのように汚染したのである）。ここで重要なのは、国語によって、アルファベットと音声言語の当初の関係が逆転した、ということである。当初は、さまざまの音声言語を書きとどめるために合意されたのが、アルファベットであった。だが、いまや突如として、ただアルファベットで書きとどめるためにのみ、国語というものが合意される。そして、このように紙の上だけのものとして合意された国語が、産業革命後性格を一変して、もともとは音声言語であったものを方言へと格下げし、排除しはじめたのである。そして、テクノイメージ革命の前夜には、ほとんど文字言語だけが喋られるというありさまであった。この喋られる文字言語はアルファベットのコードのために取り決められたものだが、それがアルファベットのコードの構造によってどんなに強く特徴づけられているかを示すことは、(残念ながらここではできないが)大いに意味のあることであろう。国語とは、非文字言語とは別の規則に従うもの、自らが由来したさまざまの言葉の規則からさえ区別される独自の規則に従うものである。

テクノ画像の革命的性格

ナショナリズムの時代は終わりを迎えようとしている。われわれのコード化された世界において、国語が機能を失ってしまったからである。にもかかわらず、もろもろの国語がまださしあたり、印刷された紙の形で、人類の上にますます雨あられと降り注いでいるとすれば、それは、テクノコードの正しい使い方がまだ学ばれていないからである。なぜなら、テクノコードこそ未来の〈文字言語〉なのだ。そのことを明確化するために、d-3図を次頁のように変えてみよう。

この図は、テクストレベルが機能的に棚上げされたことを示そうとするものである。テクストなしに、テクノ画像Ⓟを解読することを学べるのだ。それでも、テクノ画像Ⓟが、表意文字と同様に駐車中の車に意味を与えていると信ずるなら、それは間違いである。そ

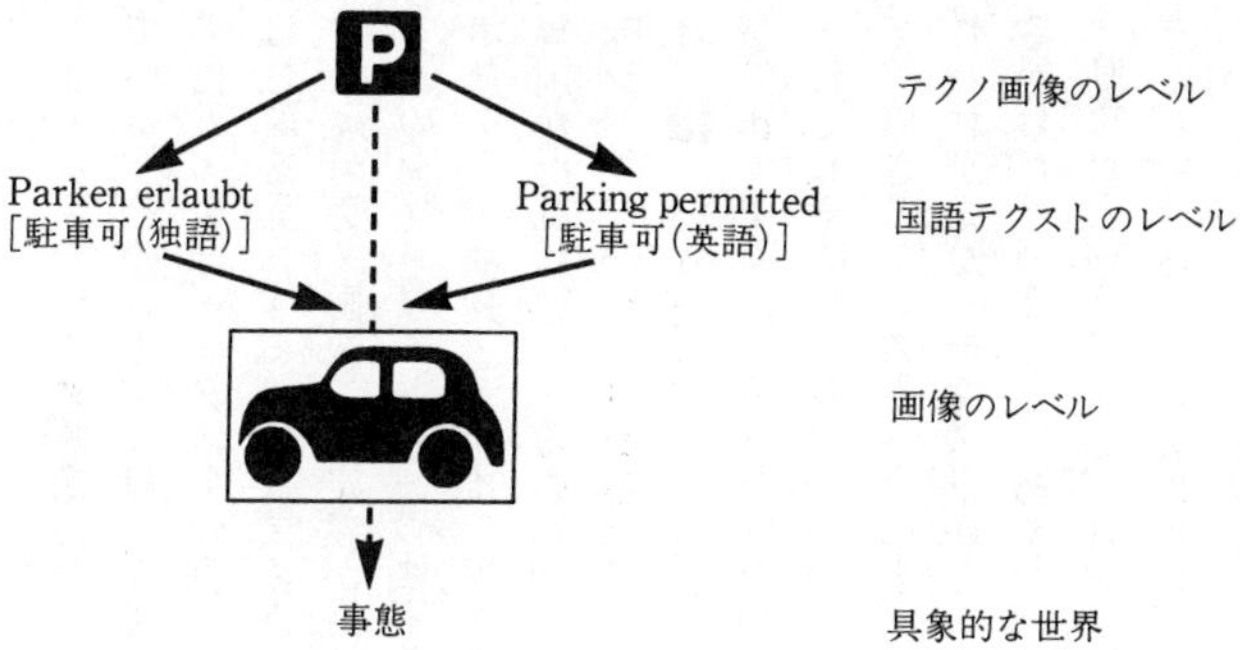

d-4図

れは、画像に意味を与えるテクストに、意味を与えるのだ。それは、アルファベットのテクストから生まれたものであり、テクストの構造を内在させている。それは、テクストを通して間接的に、画像に意味を与えるにすぎない。しかし、そのさい、テクストによる媒介は省略されるのだ。テクノコードが〈国際的〉なのは、それがありとあらゆる国語によるテクストに意味を与え、どんな国語も不要にするからである。テクノコードは、さまざまの画像の画像ではなく、さまざまのテクストの画像である。しかし、そのさい、それらのテクストを自己の内部で解消し、唯一の普遍的コードに高めるのだ。それは、新たな意味における〈文字言語〉である。音声言語をアルファベットによって書きとどめたものではなく、文字言語が何であれ、画像によってそれに意味を与える言語、すなわち、文書ではなくその意味をコード構造とする言語である。

d－4図でテクノ画像のレベルに描かれている記号は、交通信号と呼べるコードに属している。そのコードには、字母〈P〉が記された板のような平面が含まれるだけでなく、赤信号・矢印・テクストが書かれた標識・警笛の音等々も含まれる。だから、このコードは性質を異にする雑多な要素から成るものであり、その多くの要素についてはここで提唱した〈テクノ画像〉の定義が当てはまらないように見える。他方で、交通信号のコードは多くのテクノコードの一つにすぎない。その他に、映画・テレビ・スーパーマーケット・ポスター・写真・デザイン等々を挙げることができよう。このように、いろいろな記号や規則が混乱状態にあるのだから、その意味レベルを定義しようとすることも、そもそも意味レベルが一つだけあると考えることも、無意味に思える。電子顕微鏡写真が与える意味と、Ⓟという記号が与える意味とでは、共通するところが皆無であるように思える。だが、d－4図が示そうとしたのは、この革命的に新たなコードの外見的カオスの背後に、それでも意味レベルが一つだけ（テクストから一歩退くことによって到達できるものとして）隠されているということ、そして、その意味レベルがわれわれに隠されているのはわれわれがまだ［テクストから一歩退くことによって］そこに到達することができないでいるからだということであった。

駐車可という記号を、d－4図の構造を変えずに、別のテクノ画像によって置き換えることができる。そのためには、テクストレベルに記されたテクストと、画像レベルに記された画像を、新しいテクノ画像にふさわしいものにするだけでよい。これに対して、駐車可の記号を伝統的な画像（たとえば、イコン・ルネッサンス絵画・地図）によって書き換えるならば、d－4図は意味を失う。そこでは、テクノ画像レベルの記号と画像レベルの記号が同じになってしまうからである。電子顕微鏡写真は、原子核内部の現象について特別のテクストが提示する関係を写し取る。映画の画像は、ある出来事について映画のスクリプトが提示する関係を写し取る。統計グラフは、経済動向について経済のテクストが提示する関係を写し取る。これらの記号や記号が属するコードは多種多様だが、テクストに意味を与えるものだという点は、それらすべてに共通している。そのように見えなくとも、また、それらがテクストではなく事態に意味を与えているという外観を呈しているとしても、そうなのである。要するに、d－4図は、テクノ画像の正体を明らかにする試みである。すなわち、それは、テクノイマジネーションが外見とは違って世界をイメージ化するものではなく、もはや信じられなくなった概念をそれでも信じられるようにイメージ化するものだということを示す試みなのだ。

解読の必要　テクノ画像を解読するとは、その正体を明らかにするということだ。それだけでも、これは特異な企てである。われわれは誰でも、こうした図の助けを借りずとも、コード化された世界をほとんど絶え間なしに読んでいるのではないか？　この世界はわれわれに情報を与えるために、たえず四方八方から迫ってくるのだから……。

この問いに対する本書の答え、現在の危機の核心に触れる答えは、こうである。いや、われわれは自分をプログラミングする世界を読んでいない。われわれは、その世界が何を意味するかを知っているわけではない。それにもかかわらず、その世界がわれわれをプログラミングしているということが、まさに、われわれの危機なのだ。

それは、どのようにしてわれわれをプログラミングしているのか？　われわれは、どのようにその情報を（解読できないままで）受信しているのか？　この問いに対して現象学的な答えを与えることは、比較的簡単である。赤信号を見ればブレーキを踏む・ポスターを見れば特定の製品を買う・映画を見れば特定のセンセーションを体験する・テレビ番組を見れば特定の候補者に一票を投ずる。電子顕微鏡写真や、統計グラフや、骨折した腕のレントゲン写真を見れば、〈原子〉とか〈経済動向〉とか〈骨折〉とかいった概念の意味についての画像を思い描く……。しかし、この種の答えは、どう解釈できるものだろうか？

本当は、ポスターとレントゲン写真は、同じ仕方で受信されるのではない。レントゲン写真は、実際に解読される。それが概念に意味を与えるものであることは判っている。つまり、その種のテクノ画像においては解読の仕方を学ばなければならない、ということが判っているのだ。電子顕微鏡写真や統計グラフやレントゲン写真の場合、読み方を学んでおかなければならない。その種のコードを解読できるのは、実は〈専門家〉だけなのだ。

ポスターを受信する仕方は、これと違って、解読を要しない。だから、テクノコードは、解読できる（そして、解読を欲する）ものと、解読なしに受信される（そして、そうされることを欲する）ものとの、二種に分類することができる。前者を〈エリート的テクノ画像〉、後者を〈大衆的テクノ画像〉と呼ぶことができよう。この区別は、本書の第Ⅲ章で扱われる。

以下の考察では、さしあたり、エリート的テクノ画像については論じない。その正体を明らかにする必要はないのだ。なぜなら、それを受信する者は解読もするわけだし、それを解読できないような者はすべて、そもそもそれを受信しないからだ。ところで、「解読を要しない大衆的テクノ画像のみを念頭に置いて」テクノ画像についての右の問いに答えることは、とかく心理主義に陥ってしまうことになりがちである。赤信号を見てブレーキを踏むさいに、記号の意味（〈ブレーキを踏め！〉というテクスト）を解読したのではなかったか？　ポスターを見てブラジャーを買うさいに、ポスターが意味を与える命令文を解読したのではなかったか？　しかし、これは、真の解読（コードの基礎にある規則の解読）ではなく、一種の〈詐欺〉であるような感じがするであろう。まさに、コードの意味を間違って読むことによって、発信者が考えた意味で読むことになるのである。大衆的テクノ画像は、〈騙す〉のだ。

われわれは誰でも、この〈騙し〉に引っかかっているのだから、その正体を暴露することは容易ではない。われわれ自身の状況を理解しやすくするために、テクストというものが生まれた当初の、識字化以前の民衆の状況と比べてみることにしよう。モーセが十戒の記された石板をもって山から下りてきたとき、そのテクストを前にしたイスラエルの民衆は地にひれ伏した。アルファベット前の状況〈黄金時代〉について語る［ローマの詩人オウィディウスの］『変身』巻一は、〈硬い金属の威嚇的な言葉［銅板に書かれた法律］〉がまだ読まれておらず、民衆はまだ跪いていなかった、と述べている。こうしたテクストは、読み書きを知らず埃まみれで生きる民によってどのように受信されたのか？ われわれがテレビ番組を受信するのとほぼ同様に、つまり〈間違って〉受信されたのだ。かれらは、モーセのもたらした十戒［十の戒律《ゲゼッツ》］の石板や［古代ローマの］十二表法［十二枚の板に書かれた法律］が呪術的な祭儀に意味を与え、逐次的に繰り広げたものであることを知らなかった。かれらは、読むことができなかったからである。テクストを書いた者でさえ、それらの〈法律《ゲゼッツ》〉が呪術的画像を脱呪術化するために繰り広げて行にしたものであることを、漠然と感じているだけであった。かれらは、まだ、よい書き手ではなかったのである。したがって、これらのテクストは、まさに呪術的に、画像であるかのように機能した。こうした原初的テクストの〈騙し〉は、法律制定者の何らかのイデオロギー的意図に由来するものではなく（そのような意図が一つの要素として加わったことは否定しない）、まだ理解できないコード構造そのものに由来するものであった。コードの線形的な意識レベル（歴史意識）がすでに生み出されていたにもかかわらず、それは、理解を超えていた。だから、権限なしに情報を発信する書記層が出現する一方、識字化以前の民衆がその情報を理解せずに受信し、まさにその結果として発信者の思ったとおりにその情報に服するように、コミュニケーション状況が構造化されてしまう危険が存在したのである（エジプトでは、実際にそうなった）。このような当時の（画像からテクストへの）跳躍は、われわれの（テクストからテクノ画像への）跳躍と、少なくとも構図としては似ているところがある。われわれにとって、テクノコードにより合意される意味レベルは、われわれ自身が合意したものであるにもかかわらず、理解を超えている。だから、われわれは、われわれ自身が生み出したコードを解読できないのである。しかし、当時の状況と似ているのは、そこまでだ。なぜなら、われわれがテクノコードの情報を受信する仕方は、テクストを受信するのと違って、識字化以前の跪く民衆がしたように、呪術的コードを受信するかのような仕方なのだ。かつての非識字民衆は、テクストを受信するさいにも呪術的意識レベルにとどまった。これに対して、われわれは、テクノコードを受信するとき歴史的意識レベルにとどまるのではなく、呪術的意識へと退行する。赤信号を見てブレーキを踏むとき、〈ブレーキを踏め！〉というテクストを読んだかのようにそうするのではなく、ブレーキを踏む足の画像を見たかのようにそうするのだ。テクノ画像の〈騙し〉は、要するにここにある。それは、伝統的な呪術的画像であるかのように機能する。だからこそ、われわれは、それを読むことを習得する必要はないと信じているのだ。われわれはテクノ画像に騙されて、それを伝統的画像であると思いこんでいるのだ。実は、その伝統的画像の読み方を、われわれは［幼時に］習得したのだが。

(d) 装置＋オペレーター

ファンクショナリーによるテクノ画像化

こうした考察を経た上でd図（一八五頁）に戻ることにするが、その前に、二つの定義を追加しておかなければならない。一つは〈装置《アパラート》〉という概念の定義であり、もう一つは〈オペレーター〉という概念の定義である。われわれの文脈では、〈装置〉は〈テクノ画像を生み出すための道具〉として定義される。この定義は、一見するところ通常の用法に反するように思えるだろう。しかし、一般的な用語法においてアパラートがどんなに広い意味で用いられるかを考えるなら（一方でたとえば〈計測器具《アパラート》〉・〈手術器具〉、他方でたとえば〈党機構《アパラート》〉・〈行政機構〉）、右の定義がアパラートのすべての意味に共通する核心を衝いていることが判るはずである。次に、〈オペレーター〉は、われわれの文脈では〈装置のための技術者〉として定義される。これら二つの定義は、もろもろの情報がテクノコードによってコード化されている状況（その状況から、われわれの生を規定するプログラムがたえずわれわれの上に注がれるのだ）をとらえるのに役立つはずである。

d図をもう一度見ると、そこでは、装置とオペレーターを不可分の単位と見ようとしていることが判る。われわれの状況にとって特徴的なのは、人間と道具が右に述べたような別々の古典的な形をとっていないということだ。装置がオペレーターの（たとえば鍛冶屋がハンマーを使うように）使える駒《こま》として機能するわけではないし、オペレーターが（たとえば労働者が機械と工場団地の駒であるように）装置の駒として機能するわけでもない。装置の機能とオペレーターの機能は、融合しているのである。写真家がある情景についての自分の概念（自分の見方）について画像をつくるために装置［写真機《フォトアパラート》］を道具として扱うと言うのは、正しくもあれば間違ってもいる。同様に、写真家は写真撮影にさいして自分を写真機の部品（一種の自動シャッター）とみなしていると言うのも、正しくもあれば間違ってもいる。写真機は、〈人間に仕える機械がするように〉写真家を〈解放する〉わけではないし、〈人間が仕える機械がするように〉写真家を〈奴隷化する〉わけでもない。こうした状況では、マルクス主義者がするような伝統的〈価値分析〉の不毛性が実証されるばかりでなく、新しい人間学的コンセプトが必要とされる。すなわち、〈オペレーター〉（ないし［ロシア語の］アパラチキ［機構員＝服務員《ファンクショナリー》］）は、新しい意味での〈つまりポストヒストリーの意味での〉〈人間〉なのだ。かれは、〈能動的〉な処理者（〈英雄〉）でも、〈受動的〉な被処理者（〈被虐者〉）でもない。かれは、［自分の使える］駒《ファンクション》として作動《ファンクション》する諸機能《ファンクションズ》［装置］の駒《ファンクション》として作動《ファンクション》するのである。この歴史以後的な在りよう、善悪・真偽・美醜の彼岸にあるばかりでなくそもそも能動－受動という範疇の彼岸にあるこの在りようは、もう何十年も前からわれわれの周囲に見られる（実例は［ユダヤ人虐殺の責任を問われた］アイヒマンや、経営者・党書記・将軍、要するに〈服務員［ドイツ語ではFunktionär《フンクツィオネーア》］〉）。だが、それは、徹底的に分析されたにもかかわらず、まだわれわれの人間学の一カテゴリーになってはいないのだ。それが成功すれば、［従来の］歴史的在りようは終焉を迎える。d図は、現在を顕著に特徴づけるこの装置＋オペレーター複合体が、テクストを呑み込んではテクノ画像として吐き出すことを、示そうとしたものであった。たえずわれわれをプログラミングする〈情報源〉は、機能的に見れば巨大な中継者であり、それが線形的コードをテクノコードへ、歴史を歴史以後《ポストヒストリー》へと変換するのだ。歴史は、テクストから（とくに、科学技術の樹木型言説から）流れ出て、装置＋オペレーター複合体へと（たとえばテレビや映画産業や広告やグラフ雑誌の円形劇場型言説へと）流れ込み、ポストヒストリーとして（平面的な［テクノ］コードによって）大衆へと融解した人類の上に放散《ブロードキャスト》されるのだ。装置＋オペレーター複合体がわれわれのコミュニケーション構造のなかで演ずる役割は、手書き本の時代に文筆家（書記・司祭・修道士）が演じた役割と似ている。だが、われわれの状況がかつてと全く違うのは、中継者が（かつてのピラミッド型言説における権威とは違って）人間ではなく、人間と装置の不可分の絡み合いだということである。われわれのコミュニケーション状況が〈非人間的〉になったと言われるのは、このことだ。装置＋オペレーター複合体に流れ込むテクストがもってくるのは、むろん、科学技術の言説からますます激しく流れ出る情報ばかりでなく、入手した情報のすべて、かつて〈政治〉・〈芸術〉・〈哲学〉・〈宗教〉等々と呼ばれたもののすべてである。いまや、歴史の全体が装置＋オペレーター複合体に流れ込み、そこでポストヒストリーへとコード変換されるのだ。それによって、装置＋オペレーター複合体は、d図の左側から見れば歴史のダム（かつてユートピアとか無窮の時とか神の国とか共産社会とか称したもの）になる。いまや、テレビ番組になることが、歴史の目標なのである。装置＋オペレーター複合体が、歴史の記憶《メモリー》、歴史の保存瓶になる。カエサルでも月着陸でも、いつでも映画で見られるのだ。

こうした状況を図解するために、次頁のように図の形を変えてみよう。

いまやあらゆる歴史へのかかわりが装置＋オペレーター複合体により動かされる駒としてプログラム化され、あらゆる科学研究・芸術活動・政治行動が

歴史の終焉

結局のところテクノ画像のコードに変換された上で円形劇場で放射されることをめざしているのだが、それは、あらゆる小説が映画のスクリプトのつもりで書かれているというだけのことではなく、とりわけ、政治演説から革命や戦争に至るあらゆる行動が装置＋オペレーター複合体を念頭に置くものになっているということだ。しかし、あらゆる歴史的行動が装置＋オペレーター複合体へのかかわりだということになると、厳密に言うなら、歴

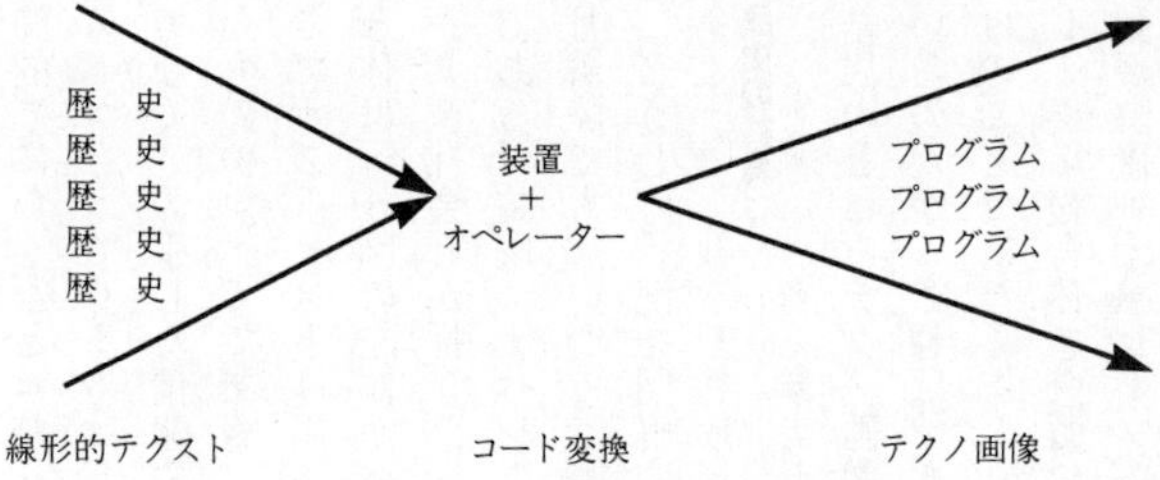

d–5図

史は終焉を迎えようとしているのである。コードの視点からすれば、これは、すべてのテクスト「線形性・逐次性・歴史性」がテクノ画像「平面性・旋回性」へのコード変換をめざしている、ということになるのだから。

エリート文化と大衆文化の関係如何という問いは、よく出されるものだが、問題の立て方が間違っている。画家がテレビに積極的にかかわるか否定的な態度をとるか、映画の名に値するのは〈芸術映画〉だけだと言うかどうか、哲学者がプレイボーイのような種類のグラフ雑誌に執筆するかどうかが、問題なのではない。装置＋オペレーター複合体が歴史を呑み込んでしまう機能、いわゆる〈脱イデオロギー化〉機能に対し、図の左側から（つまり歴史の側から）まだ少しでも影響を及ぼすことができるのか、それとも、逆に図の右側から（つまりテクノ画像の側から）これに取り組むべきではないのか、ということが問題なのだ。テレビカメラの前で焼身自殺を遂げる仏教僧の方が、〈政治的態度をはっきりさせた哲学者〉よりも、現在の事態をよく認識しているのではないか？

さて、いまや、a図（一四二頁）において矢印〈異境化3〉の先にある疑問符を、装置＋オペレーター複合体についての問いと解すること、また、その疑問符を右端の〈テクノ画像〉と結ぶ点線の矢印を、テクストからテクノ画像へのコード変換という機能を想定したものとして読むことが、可能になった。そのことを前提として、テクノ画像の機能を解釈する手探りの試みを始めることにしよう。

テクストには、考えられている画像から自立して、ますます概念的なもの、思い描けないものになってゆく傾向が、内在している。ところで、テクストとは画像に意味を与えるもの、［テクストの要素である］概念とは表象［思い描かれたもの］に意味を与えるものだから、［右の傾向によって］テクストはますます無意味なものになってゆく。そこで、ある臨界点を越えると、テクストはもはや画像への媒介（間接的には世界への媒介）を果たすものではなくなり、世界への道を閉ざす堅い壁になってしまう。西洋のエリート層がこの臨界点に達したのは一九世紀の中葉であり、われわれのなかでも、解説や理論、イデオロギーや教説への信仰（要するに進歩としての歴史への信仰）を失った者は、次々と臨界点に達している。テクストを読むさいに何かを思い描くことがもはやできもしないし期待もされず、テクストの背後にもはや世界を見るのではなくそれを書いた人間を見るようになれば、それは、臨界点に達したということだ。だから、臨界点におけるテクストの逆転は、テクストが世界にとっては不透明になり、世界をコード化する人間にとっては透明になるということを意味する。

絶望と希望

この臨界点に達するや否や、狂気の深淵に落ち込む危険、道が閉ざされているために無意味になってしまった世界のなかで無意味に生きるという不条理に落ち込む危険が待ち受けている（ヴィトゲンシュタイン、カフカ）。人間のコミュニケーションは崩壊し、人々は、孤独ないし無と向き合うのだ。そうした状況でとれる道は、およそ三つある。①黙り込む手がある。〈世界の具象性〉に埋没し、コミュニケーションを断念するという道だ（〈語れないことについては黙るしかない〉［ヴィトゲンシュタイン］）。②失われた画像に立ち返ろうと試みる手がある。呪術的意識を取り戻すという道だ（ナチズム）。③テクストに（つまり世界と生に）新しい意味を与えるという手がある。これは、a図の疑問符に向かう道だ。①と②は、試みるまでもない。異境化を無かったことにする（素朴であろうとする）わけにはいかないからだ。ヴィトゲンシュタインに〈真の〉沈黙を強いること、ヒトラーに〈真の〉呪術を強いることは不可能なのだ。われわれにとって、何かを思い描き、それを概念によって把握するというのが、動かせない定めなのである。したがって、③を試みることだけが、われわれの危機を克服する希望、無意味・無価値な生がもたらす狂気を免れる希望を、見せてくれるのだ。

この試みは、新しい態様でコード化された世界を人間とテクストの間に打ち立てること、つまり人間とテクストの間に橋を架けることを、めざすものである。その橋が、テクストに新しい意味を与え、概念によって何かを思い描けるようにし、概念に意味を与える画像をつくり出すのだ。理論と解説、イデオロギーと教説を画像としてデザインすることが重要になる。それは、もはや逐次的・一次元的・線形的ではなく、構造的・多次元的・画像的に把握しようということだ。情景について歴史的に［画像を逐次化して］考えるのではなく、［逐次化された］過程について現象学的に［テクノ画像として］考えるということだ。歴史とは、情景を変える方法ではなく、外からも下からも上からも（つまり、歴史の外の次元から）変えることのできる過程だ、と考えることだ。つまるところ、これは、世界をサイバネティクス的に、解明できない複雑性をもつものとして記述し、それによって世界に意味を与えることができるような仕方で、世界をコード化する試みなのだ。

これは全体として、なかなかうまく言えないことである。なぜなら、これについて合意が成り立つための視点はまだ明示されていないし、その視点にふさわしい意識レベルの高みにすでに到達しているかということになると（到達する兆候は随所に、とりわけ科学技術や芸術・政治に見られるにせよ）首をかしげざるをえないからである。それでも、テクストからテクノ画像への跳躍、概念からテクノイマジネーションへの跳躍は、めざましく成功している。新たな仕方でコード化された世界は、もう打ち立てられており、多彩な輝きと退屈な基調をもつもの、われわれの生を不条理な孤独から救う一方でわれわれをプログラミングするものとして、四方八方からわれわれを取り巻いている。この世界が、われわれの目からテクストを覆い隠し、無意味になってしまったテクストを見ることを許さないのだ。それは、われわれを、「アルファベット化されていないという意味での第一段階の非識字者とは区別される」第二段階の非識字者にする。概念の世界からテクノ画像の世界への跳躍がこれほどうまくいったのは、中間に装置＋オペレーター複合体が介在するからである。その介在が可能になったのは、技術の言説から流れ出る情報の洪水がそれを許したからである。こうして、われわれは、いわば自動的・無意識的に、〈歴史の彼岸〉にあるのだ。

しかし、これが事態の全貌ではない。一切を挽き砕いて紋切り型にしてしまう装置＋オペレーター複合体のものになっていないテクノ画像も、あるにはある。そうした〈エリート的〉テクノ画像は、随所に（科学技術、政治・芸術に）見られる。それは、専門家だけが読むことができるという点で、大衆的テクノ画像から区別される。それは、概念によって何かを思い描けるようにしようという、意識的な試みである。つまり、歴史への信仰の喪失を、新たな意味付与によって克服する試みである。ただし、この試みは、まさに〈エリート的〉なのだ。それは、高度に専門的な樹木型言説の枝の先に掛かっているようなものだ。そこで到達される高い意識レベルを、新たな意味付与のためにそのまま日常の生にもってくることはできない。自動車のモデル・遺伝子情報モデル・遂行すべき戦争のモデル・未開文化モデル等々をテクノ画像としてデザインする専門家は、映画館に行くときもその意識レベルを保っているわけにはいかない。かれらは、テレビ番組のテクノ画像の背後に、自分たちがホログラムをつくったり考古学的研究のために写真を撮ったりするときと同じような取り決めがあると考えることができないのだ。

　したがって、われわれの状況から下せる診断は、二つだけである。①装置＋オペレーター複合体がすべてのテクストを一旦呑み込んで、テクノ画像へとコード変換して放散《ブロードキャスト》する。そのさいエリート的テクノ画像をも粉砕し、粥にしてしまう。それとも、②エリート的テクノ画像から新しい意識レベルが生み出されるかもしれない。その意識レベルは、テクノ画像によってコード化された世界を自己運動的・自動的な装置＋オペレーター複合体の手から解放し、その世界を人間のコミュニケーションと本当に言えるものに役立てることを、可能にするであろう。

4――三つのコードの同期化

さまざまの組み合わせ

a図（一四二頁）に示された関係は、われわれの現在のプログラムの構造を描写する試みとみなされよう。われわれは、たえず情報を提供され、貯蔵し、その情報を世界の体験・認識・評価のために利用したり、他の情報と交換して新しい情報を生み出したりする。情報は、コード化されてやってくる。どのコードも、それぞれに特有の仕方で貯蔵される（つまり解読される）ことを要する。a図は、われわれが情報を受け取るさいの多くのコードのうち、三つだけを示している。こうした解釈について出される質問は、こうであろう。これら三つのコードは、われわれの記憶《メモリー》のなかでどのように統合されるのか？　それらは、われわれのプログラムにおいてどのような相互関係に立つのか？

後者の問いは、さらに次のように分けることができる。われわれのプログラムにおいて、現在、画像とテクストの関係はどうなっているか？　画像とテクノ画像の関係はどうか？　テクストとテクノ画像の関係はどうか？　例を挙げよう。水彩画と印刷本の関係はどうか？　水彩画と写真の関係はどうか？　本と写真の関係はどうか？　これまでの各節を注意深く読んだ読者にとって、これらの問いが、テクストのなかに画像をどう取り込むか、映画のなかにテクストをどう取り込むか、といった〈形式的な〉問いでないことは明らかであろう。これは、自分のアイデンティティーを求める実存的な問いかけなのだ。私は、私の体験・認識・行動において、さまざまのレベルの在りようをどのように統合できるのか？　もっとも、本書で提案した視点によれば、この実存的な問いに〈形式的に〉（コードを手がかりとして）アプローチすることができる。ごく簡単に言えば、三つの問いに次のように答えてみることができる。①画像はテクストを図解できる。テクストは画像を記述できる。画像とテクストは互いに独立して機能しうる。②画像はテクノ画像を取り込むことができる。テクノ画像は画像を取り込むことができる。両者は互いに独立して機能しうる。③テクストはテクノ画像を記述できる。テクストはテクノ画像のなかで機能できる。テクストはテクノ画像に指示できる。テクノ画像はテクストを図解できる。テクノ画像はテクストを［新種の画像として］投射できる。テクノ画像とテクストはまだ不透明な仕方で協力し合えるが、互いに独立して機能することはもはやできないように見える。……むろん、われわれの意識においては、これら三つの関係は交錯している。

これらの関係の例を挙げよう。①図入りの教科書・絵本・絵画館・図書館、②〈超現実主義《ハイパーリアリズム》〉の写真・絵画についてのテレビ番組・アクションペインティング・写真アルバム、③天体写真の解説・無声映画の字幕《テクスト》・映画のシナリオ・本書のいろいろな図・マイクロフィルム・解説つきの録音テープ・続き漫画《コミック・ストリップ》の吹出し［せりふ］・ウィルソン霧箱の軌跡の数学的計算・新聞の映画評等々。これらの例を見れば、意識統合の問題が、とりわけ③の場合、すなわち歴史意識とポストヒストリー的意識の関係において生ずることが明らかになる。それは、まさに、a図において疑問符の列により示されたものである。しかし、この問題が他の関係で生じないというわけではない。

(a) 画像－テクスト

敵対関係

以上で論じたように、およそ歴史の主題とは、イマジネーション［思い描くこと］とコンセプション［概念化による把握］、表象［思い描かれたもの］と概念［構成されたもの］、呪術と歴史的論証の間の弁証法的緊張関係である。テクストが発明されたのは画像を記述するため、つまり画像に役立つためであった。この緊張関係の劇的な荒々しさ、すなわち文筆家による画像破壊と呪術師による焚書は、いまなお余燼を見せている。歴史の全体を聖画像破壊者のよろめきながらの前進とみなし、ナチスドイツの焚書を歴史全体の敗北とみなすこともできる。ただ、この劇的な敵対関係が、現在見られるコード変換によって土中に埋められようとしていることを、付言しなければならない。

通時的に見れば、テクストの説明的機能（たとえばメソポタミアの粘土板に見られる）と、画像の図解的機能（たとえば中世の手書き本に見られる）との間の動揺が、二つの意識構造を理解するための手がかりになる。テクストが画像のために役立てられる場合（たとえばロマネスクの教会）、概念的思考が呪術に奉仕するわけである。逆に、画像がテクストのために役立てられる場合（たとえば絵入り読本）、呪術的思考が歴史化（アルファベット化）に奉仕するということになる。［ロマネスク様式の教会の］中庭を囲む回廊では、（聖書の）テクストから何かを思い描けるようになることが期待されるが、絵入り読本の読者は、画像を概念で記述できるようになることが期待される。ロマネスクの回廊と手書きの絵入り読本が歴史上同じ時期に現れたということは、どんなコミュニケーション状況もそれぞれにきわめて入り組んだものであることを物語っている。

奇態化の進行

これに対して、共時的に見れば、問題は別の形をとる。現在、画像は、コード化された世界の中心から追い払われている。絵本は、ロマネスクの回廊や手書きの絵入り読本と同じような役割を果たすには高価すぎるか、または安っぽすぎるものになってしまった。今日、問題は、ますます大幅にテクノ画像によってプログラミングされる意識の内部での、イマジネーションとコンセプションの緊張関係という形をとっているのである。ますます多彩に煌《きら》めきながらめまぐるしく動くテクノ画像のただなかで、そして、美術館の絵を見てまわるよりも夜の街を散歩する方がよほど〈仮想的《イマジナリー》〉になった世界のただなかで、人間の意識における画像とテクストの弁証法の構造変化が起こるのだ。表象［思い描かれたもの］と概念は、合わせ鏡のように互いを映し合い、われわれが鏡の間で経験するような無限の縮小という、底なしの深淵を生む。われわれは、たえず、概念から何かを思い描こう、思い描かれたものを概念化しよう、そしてその概念からまた何かを思い描けるようにしようと努める。イマジネーションとコンセプションはたえず競《せ》り合って、ますます奇態なものになる。われわれは〈超現実主義的《シュールレアリスム》〉になるのだ。画像がもはや世界を媒介せず、テクストがもはや画像を媒介しなくなってから、つまり、画像もテクストも不透明になってからというもの、両者は互いに相手を映す合わせ鏡として機能しながら、テクノ画像によって意識の片隅に追いやられているのだ。コンセプションがイマジネーションを凌駕したり、逆にイマジネーションがコンセプションを凌駕したりすることによって、画像が〈概念的〉になったり〈概念美術《コンセプチュアル・アート》〉、逆にテクストが〈仮想的《イマジナリー》〉になったり〈サイエンス＝フィクション〉するのであって、これが、普通〈芸術の危機〉と言われるものの一つの重要な側面なのである。それは、正確な想像力《ファンタジア・エザッタ》というルネッサンスの概念とは正反対なのだ。レオナルドは、テクストの勝利、迫り来る科学の勝利の瞬間に、画像とテクストのバランスをとり、テクストが何も思い描けないものになる傾向と戦おうとしたのである。かれの念頭にあったのは、一種の〈現象学的〉科学であった。そこでは、概念は〈関係そのもの〉に意味を与えるものではなく、情景の画像に意味を与えるものであった。また、音響学は鳥の声にかかわるものであり、周波数とは無関係であった。これに対して、テクストが何も思い描けないものになり、科学がどんな個別的決定とも無関係に雪崩のごとく情報を流すようになった現在、概念によってはとらえられない画像を、いわば第二の雪崩としてその科学に対抗させる試みが見られるのである。その試みを〈芸術〉と称するなら、芸術は終焉を迎えようとしていると言える。

(b) 画像 - テクノ画像 どう区別されるか

写真（最初のテクノ画像）が発明されたとき、人々は、線描も絵画ももう終わりだ、と信じたものだ。テクノ画像は、情景を〈客観的に〉模写するには伝統的な画像よりも〈優れている〉、とされた。だが、暫くするとその反対に、テクノ画像は伝統的な画像を〈解放する〉ものだ、と信じられるようになった。いまや、伝統的な画像は、情景を模写〈しなければならない〉ものではなく、〈純粋で美的で抽象的だといった意味で〉無意味であってよい、ということになったのである。だが、その後、二つの見方はいずれも誤りであることが判った。テクノ画像の本質が明らかになればなるほど、伝統的画像の本質も明らかになったのだ。すなわち、テクノ画像が伝統的画像よりも〈客観的〉だなどということは少しもなく、自己の〈主観性〉（つまり、そこからテクノ画像が投射された視点）をもっと上手に隠せるだけだ、ということが判明すると、テクノ画像は〈芸術形式〉として伝統的画像と競合しはじめる（いわゆる第八芸術・第九芸術・第n芸術となる）。写真や映画が伝統的画像を押しのけるのは〈より客観的〉であるからではなく、〈もっと上手に騙せる〉からだということが、判ってくる。また、画像が模写機能から〈解放される〉という点について言えば、一方で、テクノ画像も同様に〈解放される〉ものだということ、他方で、意味から解放された画像なるものが（伝統的画像であれテクノ画像であれ）、コード化された世界のなかのごく周辺的な要素にすぎないこと、そして、意味から解放されているという主張自体、（美術展や芸術映画に見られるような）ごく特殊な異境化［別の状況への適応］の口実として利用されるだけだということが、判ってくる。

画像とテクノ画像の真の違いがどこにあるかを見つけたのは、奇妙なことに、伝統的画像の制作者でもテクノ画像の制作者でもなく、専門科学者であった。考古学者や天文学者、物理学者や生物学者だけが、テクノ画像を〈正しく〉（つまり概念の記号として）用いるのである。伝統的画像の制作者もテクノ画像の制作者も、自分は〈芸術家〉だと思っている（だから、たとえば〈ビデオ芸術〉などという言い方が出てくる）。そのように、二つの画像形式の本質的差異が意識されていないかぎり、関係者は、両者の緊張関係を非本質的なものとしてしか意識しないであろう（せいぜい、伝統的画像は円形劇場で放映されるのに向いていないことが意識される程度である）。［テクノ画像が円形劇場向きかどうかという点について言えば］現在の円形劇場とテクノ画像の関係がきわめて複雑なものであることを、理解しなければならない。それが理解されないかぎり、人々は、円形劇場とテクノ画像はそれぞれ相手のためにつくられたものだと信ずるであろう。ビデオはテレビのために、映画は映画館のために、写真はポスターのために、そして、テレビはビデオのために、映画館は映画のために、ポスターは写真のために、というわけだ。テクノ画像はマスメディアのコードだというこの迷信が、二つの画像形式の違いを歪めてしまっているのだ。

この間違いを背景として、いずれ無意味であることが判るに違いない問いが繰り返される。たとえば、こうだ。〈芸術家〉はどの程度マスメディアにかかわるべきか、かかわることは裏切りではないのか？　テレビや映画館で〈本物の〉文化プログラムを放映ないし上映できるものか？　ポスター（都市の風景を最も派手に飾る〈意匠〉）を〈美術メディア〉として用いることができるのか？　テクノ画像を伝統的画像のように用いれば（たとえば、建物に向けて映画を映写したりビデオ展覧会を開いたりすれば）、マスメディアに〈精気〉を吹き込んで自己変革を促すことができるのか？　飽きるほど並べ上げることのできるこうした問いが、〈現代の芸術的対話〉といったものの大部分を占めているのだ。それは、関係者にとっては生きるか死ぬかの問題（金を稼げるか餓死するか、有名になれるか忘れられるかの問題）だから、そしてまた、イデオロギー的基礎をもつ問いかけ（円形劇場に、つまり支配的なシステムに疑義を呈する問いかけ）だから、現代の芸術的対話は大いに熱のこもったものになっている。しかし、夢中になっているのは関係者ばかりであって、円形劇場的に放映されるテクノ画像にのみ関心をもつ社会一般は、これを冷たく見ている。それもそのはず、熱のこもった問題提起は、見当違いの問題提起なのだから。

二つの画像形式は二つの異なるイマジネーション形式だということが判ってはじめて、両者の間に本質的な緊張関係のあることが明らかになり、正しい問題提起ができるようになるだろう。たとえば、こうである。テクノコードは円形劇場によって放映されるさいにどんなに歪められるのか、それに対抗して何ができるのか？ テクノ画像はどのようにして伝統的画像に意味を与えることができるのか、伝統的画像の［テクノ画像による］技術的複写（原画《プロトタイプ》の複製《ステレオタイプ》）は二つの画像類型の緊張の場でどのように位置づけられるのか？ こうした問題は近未来にとって決定的に重要なものとなり、もしかすると、〈芸術〉という語そのものを不要にしてしまうかもしれない。しかし、テクノ画像のこの本質的側面が厭でも意識されるまでは、つまりわれわれが〈テクノ画像の理論〉を手にしていないうちは、こうした問題提起は時期尚早であろう。

(c) テクスト-テクノ画像

概念と意味

科学者たちは、装置＋オペレーター複合体がもたらす問題をとっくに意識していた。かれらにとって、この問題は、認識論の問題として現れる。観察とは観察者と観察対象の装置のなかでの〈出会い〉だ（たとえば、天文学者は望遠鏡のなかで星と出会う）という信仰は、とっくに揺らいでいる。むしろ、装置のなかでの観察というものがまずあって、観察者と観察対象は副次的な限界状況にすぎない（たとえば、観察される外《そと》の星と、観察する中の天文学者は、望遠鏡の内部においてのみ〈星〉と〈天文学者〉になる)、と信じられるようになっているのだ。装置なしの観察などありはしない〈望遠鏡なしの観察においては裸眼こそが装置である〉ことを考えるなら、ここに新しい意識レベルが開かれつつあることが判るだろう。伝統的な実在論 - 観念論の二分法(より実在的なのは〈星〉か〈天文学者〉か?)は、無意味になる。中心的な問題になるのは、関係とは何か、媒介とは何か、緊張の場とは何か、要するにフッサールのいう〈普遍的学理《マテーシス》〉とは何か、という問題なのだ。〈星〉も〈天文学者〉も、望遠鏡のなかで意味(望遠鏡によって明らかになる意味)を獲得するまでは、空虚な概念にすぎない。

認識論的範疇に代えてコミュニケーション学の範疇を用いるならば、ここに述べたことはテクノ画像の機能を叙述したものだ、ということになる。望遠鏡写真は、〈星〉および〈天文学者〉という概念を思い描けるものにすることによってそれらの概念に意味を与える画像である。二つの概念は、天文学のテクストが進歩するにつれて、何かを思い描くことのできないものになっていたのだ。概念の背後に何らかの情景の画像を見てとることが、不可能になっていたのだ。望遠鏡写真がつくられたのは、天文学のテクストに意味を与えるためである。それは、〈テクノ画像〉に他ならない。だから、天文学の本ではテクストが画像を記述すると思うのは、間違いである。テクストは写真を記述するのではなく、逆に、写真から生まれたのだ。それは、プトレマイオスのテクストがスケッチの表面をたどるのとは違って、写真の表面をたどるのではない。いまや、テクスト写真の下に位置づけられている。これは、そうした天文学の本ではテクノ画像が正しく使われている、ということだ。

しかし、これだけで装置の問題をとらえたことにならないのは、言うまでもない。望遠鏡が製作されたのは、何と言っても、星を観察するためであった。つまり、観察対象としての星が、望遠鏡と無関係に存在するという信仰に立脚していた。だが、その信仰が、まさに望遠鏡の利用によって揺るがされるのである。テクノ画像を生み出す装置は、ある意識レベルの産物であるが、その意識レベルは、テクノ画像が機能するさいの意識レベルと同じではない。換言すれば、装置が歴史の産物、線形的なテクストの産物であるのに対し、装置から生まれるテクノ画像は宙返りして、別の意識レベルに跳び移る。これに加えて、装置とオペレーターが溶接されて単一の複合体になっていることを考えるなら、d図（一八五頁）が簡略化して示そうとしたテクノ画像とテクストの関係が、実はきわめて複雑なものであることが判ってくる。

装置はテクストによって設計され、オペレーターと共にテクノ画像をつくる。そのテクノ画像がテクストを投射する。そのテクストは、また装置をもたらすが、テクノ画像に意味を与えることはできない。なぜなら、テクスト自身は（それがテクノ画像の考える意味であるかぎり）、テクノ画像によってはじめて意味を獲得したのだから。要するに、テク

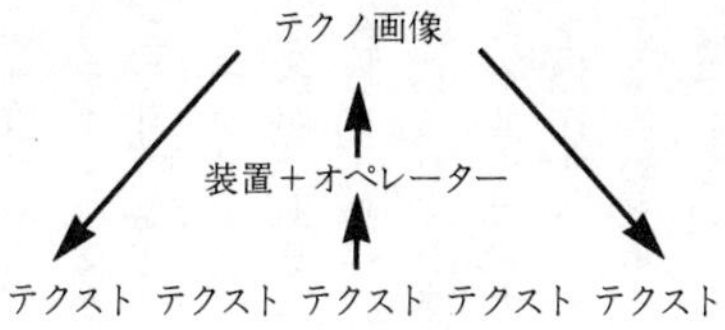

e図

ストとテクノ画像との関係は、線形的（テクスト→テクノ画像）でもなければ旋回的（テクスト→テクノ画像→テクスト）でもなく、一種のサイバネティクス的フィードバックの構造をもっている。テクノ画像はテクストから養分を得て、テクストを呑み込む一方、また呑み込むためのテクストを投射するのである。この画像（それ自体、テクノ画像である）に従うなら、装置＋オペレーター複合体を、テクノ画像の消化器官兼生殖器官とみなすことができよう。そこで、d図を上のように修正することができる。

この図の第一の読み方は、こうである。特定のテクストが、望遠鏡と写真機の製作をもたらす。これらの装置が写真を生み出し、その写真が別の特定のテクストの作成を誘発する。ただし、このテクストは、もはや写真に意味を与えるものではなく、写真によって意味を与えられるものである。それにもかかわらず、それは、望遠鏡の改良をもたらしうる。つまり、やはり写真に意味を与えることができるのだ。第二の読み方は、こうである。特定のテクストが、［映画］撮影機の製作をもたらす。その装置が映画を生み、その映画が別のテクスト（たとえば映画批評）を誘発する。そのテクストは映画に〈意味を与える〉のではなく、映画によって意味を与えられる。それにもかかわらず、それは、今後の映画制作に影響を及ぼしうる。これら二つの読み方の違いは、天文学者がテクストとテクノ画像の関係を意識しているのに対して、映画人はそうでない、という点にある。第三の読み方は、こうである。たったいま読んだテクスト自身、e図というテクノ画像から生まれたもの、そのテクノ画像が意味を与えたものであるが、それでもこの図の変更をもたらしうるもの、つまり図に〈意味を与える〉ことができるものである。

テクストとテクノ画像の関係が不透明であるかぎり（右の試みにもかかわらず、それは不透明であり続けるしかない。右の試みを理解するには、われわれが持ちこたえられない意識レベルが必要であるからだ）、われわれは、われわれの概念がテクノ画像によって呑み込まれてしまう危険に曝されるであろう。別の言い方をすれば、テクノ画像が機能するレベルがわれわれの意識のなかで確保されるまでは、われわれは、テクノ画像がわれわれを操作するためのプログラムを意識しないまま、テクノ画像によってコード化された世界をよろめき歩くことになるであろう。半端にしか意識されない、または、ほとんど全然意識されないプログラミングに服するというこの状況は、非常に長く続くかもしれない。e図が示そうとしているフィードバックは、自動的に機能するからである。そのフィードバックは、［線形的な］テクストのもつ力学（とくに、科学技術の〈進歩〉の力学）によって駆動されるのだ。ただし、この主張は、われわれのコミュニケーション状況を神秘化したり擬人化したりするものではない。状況は実際に擬人的なのだ。人間（オペレーター）が装置のなかで機能しているのだから。また、状況は実際に（超人間的という意味で）神秘的なのだ。装置のなかで機能するオペレーターは、従来の意味での人間とはみなせないものだから。

現在の状況は長く続くだけでなく、長く続けば続くほど安定化し、堅固になってゆくであろう。この状況が進むにつれて、ますます多くの人間が装置に呑み込まれ、オペレーターとして機能するようになるであろう。だから、全人類がe図の〈オペレーター〉になってしまうような限界状況も考えられる。その限界状況においては、e図はテクノ画像の図解であるにとどまらず、社会そのものの図解、ポストヒストリー的全体主義〈国家〉の図解になるであろう。その〈国家〉は、テクストをテクノ画像に、歴史をプログラムに、概念をテクノ知覚に、ひとことで言えば生をセンセーションに変えるために全人類が装置のなかで機能する、その装置として定義されるであろう。e図のこのような読み方は、大いに可能である。われわれのコード化された世界でたどれる傾向は、その方向を指しているからだ。むろん、この読み方を別の言葉で表現することもできる。たとえば、e図が図解しているのは純粋な観照の状態だとか、全面的な消費の状態だとか、聖者たちの社会の状態だとか、共産主義社会の状態だとか、言うこともできる。

解読の意識レベル

地上における楽園の建設、換言すれば（不透明であるゆえに）無意味なテクノ画像の深淵への歴史の顚落などご免だというなら、考えられる方法は一つしかない。それは、こうしたテクノ画像を解読できるように、つまり、テクストとテクノ画像の関係を見抜くように、試みることである。それは、不可能ではない。天文学者が星の写真を観察するさい、かれは自分が見ているものを解読できているのだ。かれは、一つの斑点を見ている。フィルムの表面に生じた化学変化の結果であることを、かれは知っている。それがフィルムの表面がそうした斑点を生じさせることができるように作られていることを、かれは知っている。こうした斑点は特殊な電磁的な線によってもたらされると主張するテクストを、かれは知っている。それに加えて、かれは、なお数多くの、閉鎖的［専門的］にコード化されたテクストを知っており、それらに基づいて、写真表面に見える斑点を、それらのテクストにおける〈星〉という概念に意味を与える記号として解読するのである。つまり、かれは、目に見える表面と、それを生み出したテクストの間の、複雑きわまる関係を知っているのだ。かれは、自分が解読するテクノ画像について、クリスマスカードがするように星を写したものだとは主張しないだろう。つまり、かれは、テクノ画像が実際に機能するレベルに立っているのだ。

残念なことに、かれは、そのレベルに本当にしっかり立っているとは言えない。天文台から帰宅してテレビをつけると同時に、かれはそのレベルを離れてしまう。かれは、テレビ画面上の画像を［望遠鏡］写真の画像のように解読するのではなく、伝統的画像であるかのように無批判に、間違って受信し、それによってプログラミングされる。要するに、かれは、テレビ画面上の画像と、それが写していると主張する画像との間に装置+オペレーター複合体が介在していることを、すっかり忘れているのだ。地上の楽園を逃れる唯一の明白な方法は、科学的な意識レベルを、（政治的・美的なパラメーターを伴う）日常生活全体に広げることである。われわれは、自分の新しい能力を開発できれば、いま開かれようとしているこの意識レベルによじ登ること（そして、［愚者の］楽園を逃れること）ができよう。その能力とは、意識して概念から画像をつくり、その画像を解読もする〈テクノイマジネーション〉の能力である。一九六八年五月に［フランスの］学生たちが「想像力を権力へ」と叫んだとき、かれらはこの能力のことを考えていたのだ。もしそうでなかったとしたら、そう考えるべきだったであろう。

テクノイマジネーションは、この本の最終章で論ずるテーマである。第Ⅱ章を閉じるに当たっては、それが第Ⅰ章（九二頁、d図）と似た図（e図）で終わることに触れておこう。二つの図は、近づいてくる全体主義国家の差し迫った自動化と自己運動化を図解しようとするものである。その一つはコミュニケーション構造の視点から。もう一つはコードの視点から。だが、第Ⅱ章を結ぶのは、われわれの現在の混乱した意識を、コードの視点から、つまり、われわれをプログラミングする情報の視点から照らし出す試みでもある。

われわれの危機から生じているこの課題に答えることは、おそろしく難しい。そのためには、われわれがそれに向けてプログラミングされているすべての範疇、いわゆる〈価値〉ばかりでなく、とりわけ、世界を認識・評価・体験するために従来用いられた範疇を、放棄しなければならないからだ。それは、向こう見ずにも未知の深淵に飛び込めという要請である。そうしないなら、生きるのではなく機能するしかない。すなわち、意味を与えることとしての人間のコミュニケーション、他者において生きのびる方法としての人間のコミュニケーションを、断念するということだ。別の道がそれしかないとしたら、われわれの危機が要請している冒険に踏み切ることの方が、まだしも絶望的ではあるまい。

Ⅲ　テクノイマジネーションの世界へ

1——テクノ画像とは何か?

テクノコードの登場

第Ⅱ章では、〈テクノ画像〉の概念に暫定的な定義を与えようと試みた。しかし、自分の周りを見回して、第二次大戦以後われわれを取り囲んでいる世界を眺めるなら、路上やオフィス、居間や待合室、工場や高速道路の随所で目に触れる多種多様な画像のすべてを十把一からげに〈テクノ画像〉の概念でとらえることは、到底無理だと思えるであろう。むろん、われわれを取り巻くコード化された世界が何らかの一般的原理に立脚すること、そこに何か共通のものが表現されていること、それが一つの〈様式〉であることに、疑問の余地はない。産業社会の灰色の無様式性を経験した後、われわれは再び、かつて〈時代精神〉と呼ばれたものの強い息吹きをいつでも、どこでも感じないではいられない世界に生きているのだ。ゴシック時代以来はじめて、形式を求める統一的意志が、随所でまた作用しているのだ。ただし、その意志は、いまやいかなる地理的・社会的・人種的境界にも縛られない。われわれの〈様式〉は、全地球的なのだ。しかし、もつれ合った多様性に共通するそれは、摑もうとすると指の間からこぼれ落ちてしまうのである。

もっとも、現在のコード化された世界の背後にあるこの一般的原理をとらえたかに見える見解が、よく聞かれないわけではない。たとえば、われわれの世界を変化させる（そしてアメリカ合衆国がその先端を切っている）革命的な過程が、革命以前的な文化形式を日蔭に追いやっているという意味で、世界は〈アメリカ化〉しつつあると言われる。また、［現在では崩壊した］東欧の社会主義諸国におけるコードの変換が西側におけるほど徹底したものでない（西側に比べて多彩ではない）という意味で、それらの国々は声高に唱えられる〈進歩性〉にもかかわらずどうも古色蒼然としている、と言われる。さらにまた、現在のコード化された世界は自然の世界を〈覆い〉、〈汚し〉、〈脅かす〉などとも言われる。こうしたエコロジー論者が言いたいのは、要するに、コードの世界が人間とかれらのいう世界とを媒介するのではなく両者の間に割って入っているということ、だから、そんな無意味なコードのなかで生きるのはますます無意味になっているということだ。

この種の議論はすべて、変化に直面している文化世界のもつれ合った多様性の背後にある共通性を把握しようという、歓迎すべき試みである。実際、多彩なアイスクリームの消費を〈アメリカ的〉だと言うつもりなら、世界は至るところで〈アメリカ化〉している。輝くばかりのショーウィンドウやぴかぴかの自動車ボディーを近代性《モダニティー》のしるしだと言うなら、社会主義諸国は、実際、近代的《モダン》ではない。海岸に群れなす多彩なキャンピングカーは浜の肌の上のペスト腺腫のようなものだと言うなら、コード化された世界は、実際、いま自然を冒している。だが、これらの議論がいくら正しくとも、それは、現在の危機の本質を言い当ててはいない。それがわれわれの危機に対して否定的《ネガテイブ》な姿勢をとっていること、〈反動的〉であることから、そう言えるのだ。世界はアメリカ化しつつあるという主張は、反アメリカ主義を含んでおり、ペシミスティックな主張である。東側諸国は近代的でないという主張は、反社会主義を含んでおり、一見するところオプティミスティックである〈〈われわれの方が強い〉〉にもかかわらず実際にはペシミスティックである〈〈近代性とは反進歩性だ〉〉。最後に、文化とは自然汚染に他ならないという主張は、徹底した文化ペシミズム、エコロジストがどんなに綺麗な花のポスターで覆い隠そうとしても隠しきれない文化ペシミズムを、含んでいる（そのようなポスター自体が、テクノ画像なのだ）。コード化された世界でいま生じている爆発の本質を把握しようとするこの種の試みがすべて挫折するのは、その本質を把握するより前に否定してしまうからである。

むろん、われわれの周りに登場している新しい様式を肯定し、マンハッタンは〈フィレンツェがルネッサンスの都、ザルツブルクがバロックの都であるように〉〈ポップ〉の都だと主張する者も、いないわけではない。しかし、そうした試みは、われわれはまだそのいわゆる新様式の姿をとらえるに十分なだけの距離をとれていないという反駁を受けるばかりでなく、とりわけ、現在の爆発は本質的に新しい様式の登場とか〈美学的〉現象とか言えるものではないという反駁を受けることになる。ますます野放図に多彩化する建物正面《ファサード》の意匠やソックスのデザイン、保存食品や雑誌、ポスターやテレビ番組は、〈ゴシックやルネッサンスの登場のときにそうであったのとは違って）もっぱら（ないし主として）新しい生活感情の表現だというわけではない。そこには、建物正面の意匠やソックスのデザイン、保存食品や雑誌、ポスターやテレビ画像の表面が、われわれをプログラミングする情報の担い手になっているという、革命的な事実があるのだ。マンハッタンをポップの都にしているのは、その〈様式〉というよりも、マンハッタンという街の表皮が円形劇場的に放散《ブロードキャスト》される情報の発信に大いに役立っているという事実なのだ。

この主張は、むろん、本書の次のようなテーゼを支えようとするものである。すなわち、われわれの危機は、主としてテクストからテクノ画像へのコード変換に起因するものであり、われわれを取り巻く世界の爆発的な多彩性と目も眩む多様性に通底するのは、われわれが世界を体験・認識・評価するためのメッセージを伝えるのはもはや［線形的な］行ではなく平面、それも全く新種の平面だという事実なのだ。産業社会の灰色の無様式性は、いまや野放図な人工色彩により取って代わられている。ポスト産業社会は、もはや白紙の上に黒く印刷されたテクストによってではなく、煌めきと動きと響きを伴う画像によってプログラミングされるからだ……。このテーゼが、現在の混乱に共通する本質的なものに迫ろうとする（すでに言及した、またはまだ言及していない）さまざまの試みに比べて卓越している、などと言うつもりはない。これは一つの作業仮設にすぎない。ただ、ここでは、危機の本質は一般的なアメリカ化にあるとか、一般的な消費志向にあるとか、一般的な自然破壊にあるとか、新しい生活様式の出現にあるとかいった主張、その他さまざまの側面を強調する主張ではなく、危機の本質を新しいコードの登場という側面から解明してみてもよいのではないか、というテーゼを立てているのである。われわれの周りで爆発している目も眩む多彩性から、そのなかで何とか方向を見つけようとする試みのための多数の、否、無数のアプローチが生じていることは事実である。その目的のためにコミュニケーション理論を手がかりとしようという提案も、その一つである。そのためにこそ、本書の第Ⅱ章で〈テクノ画像〉という概念を導入し、暫定的な定義を与えたのだ。この概念を、現在の危機を解明する手がかりとして役立てようというわけだ。すなわち、この危機を、かつて支配的だった一次元的［線形的］コードの衰弱、二次元的な（そしてさらに別の次元によって補足された）新種のコードの登場としてとらえようというのである。

新しい意識レベルへ

われわれの危機を解明するためのこうしたアプローチがどんなに過激なものであるかは、前二章の議論ですでに明らかであろう。このアプローチからすれば、現在の状況は、政治的・社会的・文化的・経済的・認識論的・宗教的等々の危機であるだけではなく、狭義における〈歴史［線形性・逐次性］の終焉〉そのものに他ならない。そのさい、すべての伝来の（認識・評価・体験の）範疇だけではなく、伝統的な意味における人間の実存そのものが疑われているのである。つまり、これは、新しい科学・芸術・宗教心の成立だけの問題ではなく、科学・芸術・宗教心といった概念の意味を失わせるような新しい文化の成立という［もっと一般的な］問題であり、新しい政治意識の成立だけの問題ではなく、［もっと一般的な］新しい意識レベルそのものの問題なのだ。換言すれば、このアプローチによると、われわれが日々かかわっている問題（たとえば、新聞で論評される問題）はすべて、いずれ無意味になる。そうした問題は、もういつまでも重視されないような状況、本来であればすでに今でも重視されなくなっているはずの状況に関するものなのだ。だが、他方で、これからの状況に関する問題、つまり実際に何らかの意味をもつ問題を、われわれはまだ知ってはいない。

このように過激な分析は食欲をそそるものではなく、正確で詳細な観察に基礎づけられないかぎり、現在を特徴づけるかのように雨後の筍のごとく出現している多数の新興宗教の黙示録的な終末予言を連想させるものであろう。もとより、われわれは、破滅の予言にはもう慣れており、それをまともに受けとめることはない。現に、われわれの頭の上には原爆や大気汚染や放射能雲の脅威があり、われわれが動きまわっている地上では鉱物・エネルギー・生物資源が涸渇に瀕している。われわれ全員が焼死したり窒息死したり、餓えて死んだり渇えて死んだりするであろう状況において、いまさら歴史の終焉を予言してもほとんど怖がってもらえず、新しい意識レベルが生まれるという予言もあまり喜んでもらえないだろう。それでも、（現状の持続性への信頼から、または変化した状況に対する人間の適応力への信頼から）そうした予言を疑う傾向はますます弱まってきて、投げやり《アパシー》に近い気分が広まっているのだ。われわれが終末予言を勝手にやらせているのは、それを信じていないからでもあるが、世界を保つことにもうあまり関心がなくなっているからでもある。懐疑と投げやりアパシーの混ざったこの気分はわれわれの危機をよく特徴づけるものだが、そのおかげで、本書が提示する分析の過激さは、食欲をそそらないものとなる。耳を傾けてもらうためには、状況からの出口を示す観察によってこの分析を基礎づけることが必要なのだ。

この章では、そのような観察を行いたい。若干のテクノ画像を詳しく検討することによって、ポストヒストリーの意識が具体的にどのようにして生まれるのか、生に新しい意味がどのようにして与えられるのかを、認識したい。ただし、最も重要なテクノ画像に限っても、その検討は、本書の枠に収まらないだけでなく、著者の学問的守備範囲を超えることになる。だから、ここで始めた考察をさらに展開し、コミュニケーションの視点からするわれわれの状況の過激な分析から「過激さのあまり」無責任に見えるところを除去して、危機の克服に寄与してくださるように、お願いしたい。

2——いくつかのテクノ画像の解読

解読の手がかり

人々が映画館の席に腰掛けて映画を見たり、グラフ雑誌を拾い読みしたり、インスタントスープのパックに印刷されている説明を読んだり、さまざまの交通標識を見て進むべき方向を知ったりするとき、それが、ここで言う意味での〈テクノ画像〉の解読に他ならず、レントゲン技師がレントゲン写真について、建築士が青写真について、経済学者が推計的な電算モデルについて、核物理学者がウィルソンの霧箱の軌跡写真についてするのと同じだということを、意識しているわけではない。反対に、人々は、伝統的なコードを前にしているつもりなのである。たとえば映画館では、小説を読むように映画を読んだり、芝居見物するように映画見物することができると思っている。グラフ雑誌のページをめくるときは、本を読んだり美術展で絵を眺めたりするのと同じつもりでいる。インスタントスープのパックを手にするときは、それが鶏肉であるかのように思ったり、料理の本を読むようにパックの説明を読んだりする。交通標識を見るときは、それが道路名標識または道路地図であるかのように読む。テクノ画像が伝統的な意味でのイマジネーションや概念化《コンセプション》による把握を要請するものではなく、従来知られていなかった別の解読法を要請するものだということが、意識されていないのである。まさにその解読法を、この本ではテクノイマジネーションと呼んでいるのだ。

そのことが意識されていないために、テクノ画像から受信された情報は、奇妙な、〈呪術的〉な性格を帯びることになる。それは〈不透明〉なのだ。人々は、それがどのように作成されるかを知らないし、そのことを知らないままでそれによってプログラミングされていることを知らない。テクノ画像がどのように作成されるかを見抜くことの難しさは、奇妙なことに、技術的な難しさではない。それを自分で作成した（たとえば写真や映画を撮った）場合でさえ、それがどのように作成されたかを知っているわけではないのだ。テクノ画像の受信というものを見抜くことの難しさも、奇妙なことに、テクノ画像によってプログラミングされにくいということではない。反対に、テクノ画像によって容易にプログラミングされればされるほど、そのテクノ画像が〈そもそも〉どんな意味を与えるものか知らない、ということになる。テクノ画像の不透明性は、そのコードがつくられる意識レベルが、概念から画像がつくられる意識レベル、われわれがそこに地歩を占めることがきわめて難しい意識レベルだ、という事情に起因する。要するに、われわれが映画館の席についているときに何をしているのか意識できないのは、それを意識する苦労に耐えられないからだ。

テクノ画像がわれわれを閉じこめたこの奇妙で呪術的なチョークの輪《クライデクライス》を破る簡単な方法が、一つだけあるように見える。テクノ画像を見破る専門家に助言を求めることである。

たとえばレントゲン技師は、レントゲン写真がどのようにして作成されるかをかなりよく知っている（かれは、自分が操作する装置の機能を知っており、その装置の基礎にある理論も知っている）。かれは、また、レントゲン写真がどんな意味を与えるか（たとえば、どんな医学テクストによってどんな症候をそこから解読できるか）も、かなりよく知っている。経済学者は、電算モデルがどのようにして作成されるかをかなりよく知っている（かれは、コンピューターに入れられたプログラムを知っており、そのプログラムの基礎にある理論も知っている）。かれは、また、そのモデルがどんな意味を与えるか（特定の経済的傾向に関して画像として示されるテーゼ）も、かなりよく知っている。こうしたエリート的専門家は、われわれが映画やインスタントスープのパックを解読するのを助ける能力があるはずだ。その助力を得れば、われわれは、映画をレントゲン写真のように、またインスタントスープのパックを電算モデルのように解読すること、それを〈見抜く〉ことが、できるはずだ。

　しかし、このようにすぐ思いつく方法は、その方向の多くの試み（たとえば、いわゆるビデオ芸術や運動解析《モーション・アナリシス》など）が示すように、所期の目標を達成させるものではない。それは、専門家自身が自分の専門分野で自分がしていることを十分に意識していないという理由によるのではない。たしかに、核物理学者や天文学者や経済学者に向かって、あなたの画像はどんな意味を与えるのですかと訊ねれば、かれは苛つくであろう。かれは意味

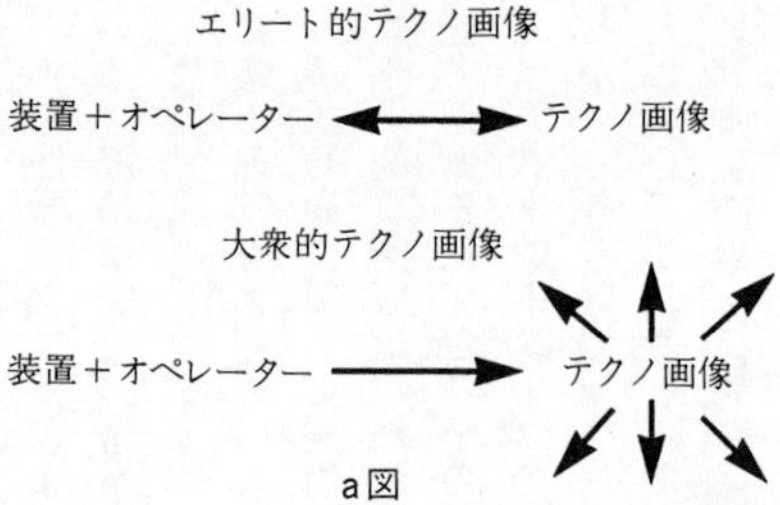

a図

論的な質問ではなく〈形而上学的〉な質問を出されたと思ってしまうからだ（そのことは、専門家にとって、自分の専門分野においてさえテクノイマジネーションの意識レベルを保つことがどんなに難しいかの、証明である）。しかし、専門家の助言を頼りにできない本来の理由は、テクノ画像が、マスコミュニケーション（円形劇場）においてはエリートのコミュニケーション（樹木型言説）の場合と異なって機能するということにある。樹木型言説においては、テクノ画像の受信者はその発信者でもある。かれらは、コード化された装置と結びついているのだ。それと違って、円形劇場型言説においては、コード化装置は受信者の視野の外にある。図にしてみれば、上のようである。

　エリート的テクノ画像の場合、オペレーターは受信者であり、受信した画像を樹木型言説のなかで別のオペレーターに移送する。大衆的テクノ画像の場合は、受信者は円形劇場の放射の周縁部にいる。大衆的テクノ画像がもっぱら円形劇場で放射され、エリート的テクノ画像がもっぱら科学技術の樹木型言説で機能しているかぎり、テクノ画像を解読するさいのテクノイマジネーションの意識レベルは、狭い専門分野のなかでの専門家だけが保ちうるものなのだ。そうであるかぎり、大衆的テクノ画像の解読にエリート的専門家の助言を得る見込みはないであろう。

むろん、これは、耐え難い状況である。われわれが何も知らずに無意識でプログラミングされる一方、われわれをプログラミングする装置＋オペレーター複合体も（後に述べるように）何も知らずに無意識で機能するという状況は、我慢できるものではない。われわれは、いつの日か円形劇場の裂け目ができて、そこで放射されるテクノ画像がエリート的テクノ画像と同様に手の届くものになるまで、待っているわけにはいかない。われわれは、前述のチョークの輪のなかで、悪循環に陥っているからだ。すなわち、円形劇場がうまく機能すればするほど、そこで放射されるテクノ画像は不透明になる。そして、テクノ画像を透明にするために円形劇場を破ろうと思うなら、その仕事は、待てば待つほど難しくなる（［映画の発明者］リュミエール兄弟の時代には、映画はいまよりも透明であり、当時の人々は映画館の座席にいることが何を意味するかを、いまよりもよく意識していた）。

したがって、大衆的テクノ画像を意識して解読するためには、つまり日常生活においてテクノイマジネーションを働かせるためには、別の方法を発見しなければなるまい。一つの方法は、そうした画像の作成を細かく観察することである。そうすれば、それが作成されるさいの意識レベルを見つけるという希望がもてるかもしれない。もう一つの方法は、こうした画像の受信を検討することである。そうすれば、テクノイマジネーションの意識レベルがどのように排除されるかを明らかにするという希望がもてるかもしれない。次の節では、これら二つの方法を試みよう。第一の方法は写真と映画とビデオテープについて、第二の方法はテレビと映画館について。ただし、これら二つの方法は、伝来的な意味での〈コミュニケーション分析〉ではなく、テクノ画像にとって重要な側面に集中した分析を試みるものだということを、強調しておこう。

(a) 写真

視点を探す

テクノ画像の解読を写真から始めるのが賢明に思える理由は、いろいろある。第一に、写真は、歴史的に見て最古のテクノ画像である。第二に、われわれは誰でも写真機［装置］を使ったことがあり、それを操作できると思っている。第三に、写真は、ポスターやグラフ雑誌とは違ってもっぱら円形劇場で放射されるテクノ画像ではなく、写真アルバムのようなあまり典型的でないコミュニケーション構造で移送され、保存される。第四に、写真の場合、その制作は、日常生活でしばしば見られるだけに観察が比較的容易である。要するに、写真機を首からぶら下げた写真家は、歴史をコード変換してプログラムにする装置＋オペレーター複合体のなかで最も取り上げやすいものである。

さて、装置［写真機］をもったそのようなオペレーター［写真家・写真撮影者］を観察すると、かれは何よりも、適切な視点［撮影位置］を探さなければならない、ということが判る。たとえば、ある旅行者が、ある情景における自分の妻の写真を撮ろうとしているとしよう。かれのふるまいから、かれが自分の妻を撮影する視点を探していることが判るだろう。そのふるまいを問いの形にしてみれば、こうである。〈この情景を写真に記録するには、空間のどこから、どれだけ長く情景を見なければならないのだろうか？〉これは、四次元的な空間－時間に向けて投じられた問いであり、それによって、撮ろうとする情景と何らかの関係をもつ視点を撮影者が探しているということが判るのだ。その情景は、三つの要素によって条件づけられている。すなわち、①情景そのもの、②写真機の機能、③撮影者の意図、である。したがって、こうして探された視点が、撮ろうとする情景との関係で〈客観的〉だとか〈主観的〉だとかいうのは、全くの見当違いである。

たとえば、撮影者が妻の微笑みを写真に記録しようという意図をもつなら、それにふさわしいパラメーター（背景のゴシック教会を撮るさいのパラメーターとは全く無関係のパラメーター）によって視点を探さなければならない。そのようにして探される視点は、光の具合とか、微笑む妻の歯の反射とか、その他多くの〈客観的〉要素によって条件づけられるであろう。だが、それと全く同様に、視点は、写真機の精度やメカニズム、フィルムの品質によっても、つまり全く別の意味で〈客観的〉な要素によっても条件づけられるであろう。これら二つの〈客観性〉の間には弁証法的な緊張関係が生ずるが、その緊張関係は、特定の写真をつくろうという撮影者の意図の関数《ファンクション》として、つまり撮影者の〈主観性〉が機能する結果として生まれるのである。しかも、実際の写真撮影における［主観と客観の］弁証法は、ここに述べたよりもはるかに複雑なものである。たとえば、視点を探す途中で突然撮影者の気が変わって、妻の微笑みではなく手振りを撮ることにするかもしれない。そして、こうした意図［主観性］の変更は、それ自体さらに、視点を探すということ［客観性］によって条件づけられているのかもしれない。

写真家は撮るべき情景および写真機により動かされる駒として視点を探すばかりでなく、つくられるべき画像を未来において受信する人々の駒としても探すのだということを考えるなら、そのさいの意識レベルが〈主観性〉・〈客観性〉の区別と無関係だということは一層明白である。だから、写真家が撮影に当たって自分自身に向けている問題提起は、実は、情景・装置・生み出されるメッセージの受信者・生み出される写真自体によって、自分に向けられている問題提起なのである。

その問題提起を詳しく見ると、それがきわめて特殊な道に沿ったものであること、すなわち空間－時間の四つの次元に沿ったものであることに気づくであろう。第一の次元では、写真家は情景から遠ざかり、またそれに近づく。第二の次元では、かれは、情景との関係でいろいろな角度に、水平方向に動く。第三の次元では、かれは、いろいろな垂直方向の角度から、上から見たり下から見たりしながら情景を観察する。そして、第四の次元では、かれは〈露光時間〉の観点から情景を観察する。むろん、これら四つの次元の境を越えることはできる。写真家が視点を探すのは、一個の均質的な空間‐時間のなかでの四次元の遊泳といったものである。

しかし、こうした探し方の特徴は、それが非連続的に進む遊泳だということにある。あたかも、空間‐時間のハードルがあって、写真家はたえずそれを跳び越えなければならないかのようだ。写真家にとって、空間‐時間は、デカルトの範疇ともカントの範疇とも似ていないさまざまの範疇に分かれている。たとえば、空間‐時間には、鳥のように見下ろす区域《リージョン》と、蛙のように見上げる区域がある。横目使いで見る区域と、見開いた目でアルカイックに正面から凝視する区域がある。待ち構えて瞬時に見て取る区域と、我慢強く時間をかけて慎重に観察する区域がある。これらの区域はどれも、それぞれ特別の〈認知形式〉であり、つくられるべき写真のそれぞれの雰囲気に対応するものであり、情景・装置・撮影者の意図に大幅に依存している。そして、これらの区域が全体として、〈写真的世界観〉の諸範疇を生んでいるのだ。その世界観における〈世界〉とはどんな世界かという問いは、写真撮影の意識レベルにおいては無意味である。それは〈写真以前的な〉問いであって、そんな質問者は、写真を生み出すテクノイマジネーションをもっていないのだ。

写真家は視点を、非連続的に探す。かれは、写真的な空間‐時間を、区域から区域へと跳び越える。かれは〈「平舟の船頭が水底の泥を輪縁竿《クアント》で押してはグイと進むように」

間欠的に動く《クヴァンテルンする》〉のだ。映画の撮影機やビデオカメラと違って、写真機を一点に据えたままパンすること、写真機で〈なめらかに探すこと〉はできない。空間‐時間のなかで自由に舞うこと、視点を決めずに視点を探すことが、できないのだ。写真機のメカニズムからして、撮影者は、視点の候補から候補へと跳び移った後でなければ、視点を決めてシャッターを切ることによりその視点を〈実現する〉わけにいかない。視点を探すさいのこの間欠的な運動は、一連の暫定的決定だとも言える。しかし、ここで出てくる写真家の自由の問題と取り組む前に、この間欠性の別の側面にも注目しておく必要がある。

写真機は、そのメカニズムからして、一つ一つはっきり分離された画像を生み出すものである。それらの画像が、映画の場合と同様にロールフィルム上連続しているとしても、分離されていることに変わりはない。つまり、写真機は、撮影すべき情景の明晰判明な認識をめざすわけだ。写真機のこうした算術的性格は、写真家の間欠的な探し方をもたらすばかりでなく、写真的世界の間欠的構造をももたらす。もっとも、写真機のこの性格は、補正できないものではない。多重露出によって、コラージュを作ることもできる（それは、映画のフィルムを切って画像の流れを破ることができるのと同様である）。しかし、その種のあらゆる試みにもかかわらず、写真のコードの本質、すなわちその算術的構造は、隠せない。写真の場合、テクノイマジネーションは算術的に機能するのだ。

駒による決定

写真家と写真機の関係は、視点を探すときのふるまいの観察によって明らかになる。それを、駒による《ファンクショナルな》決定の関係と呼ぶことができよう。これは、いわゆるテクノクラシーの問題、つまり、巨大な装置［機構］とそれを扱う駒《ファンクショナリー》［服務員］の関係を、きわめて鮮明にするであろう。写真家と写真機は、この問題のミニアチュアモデルとして役立つであろう。写真家は、視点を探すときに、探すための駒として写真機を動かす。他方で、かれは、写真機のメカニズムの駒として、視点を探すのである。かれは［視点の適否について］決定を下すたびごとに写真機を使うが、写真機のことを考えに入れてその決定を下すのだ。つまり、かれは、写真機と一緒に動くのでもなければ写真機に逆らって動くのでもなく、写真機を動かすのでもなければ写真機によって動かされるのでもない（これらはすべて、写真のレベルではもはや通用しない範疇である）。かれは、自分と写真機を区別することがもはや無意味であるような、複雑な動きのなかに在るのだ。そうした動きのなかで下される決定は、〈人間的〉でもなければ〈機械的〉でもなく、装置＋オペレーター複合体の決定である。決定する能力があることを〈自由〉と呼ぶなら、写真家は写真機のおかげで自由だとも、写真機があるにもかかわらず自由だとも、写真機と一緒に自由だとも、写真機に逆らって自由だとも言えない。かれにとって、自由とは、写真機の駒として決定することなのだ。

このような観察によれば、道具および世界の変革という観念によって自由を分析する伝統的なやり方は、右の状況に通用しないことが明らかになる。装置［機構］は道具ではない。それは、世界を変えるために動くのではなく、その意味で、労働するわけではない。だから、このレベルでは、生産手段の所有に関する古典的な問題（それは、実際、自由の問題であった）は無意味なのだ。装置に対する革命は無意味である。装置は生産手段ではなく、したがって装置が抑圧することも解放してくれることもありえないから。ハンマーを所有する鍛冶屋は自由である。かれは、ハンマーの駒として動くのではなく、〈革命〉の後は、世界（鉄）を変えようという自分の意図を実現するための駒としてハンマーを動かすのだから。しかし、写真家は、そうした発想に対して無理解な（非歴史的な）態度をとる。かれにとって、自由の問題は疎外された労働からの解放の問題ではなく、駒として機能するかどうかの問題である。鍛冶屋とは違って、写真家は労働者ではなく、駒［服務員］なのだから。

もっとも、だからといって、写真家が世界を変えることがないというわけではない。ただ、その世界変革は、〈労働〉という概念を以てしては正確にとらえられないものなのだ。視点を探すふるまいが、写真家の決定の対象となっている情景に変化をもたらすことがある。かれは、妻に笑ってくれとか腕を上げてくれとか言ったり、ある方向からの光を遮ったり、対象物をずらしたりする。要するに、かれは行動する。同時に、かれは、写真機をいじったり、フィルターをつけたりはずしたり、ストロボや三脚を使うことにしたりする。

しかし、こうして撮るべき情景や撮影のための装置を変えることは、伝統的な〈歴史的な〉意味で〈労働〉と呼べるものではない。動機が違うからである。〈労働する〉とは、世界があるべき状態でないために世界を変えることである。それは、〈政治的な〉〈当為論的な〉動きなのだ。これに対して、写真家は、世界がいかにあるべきかではなく写真がいかにあるべきかに関心をもち、自分がつくる記号［写真］の駒として世界を変えるのである。これは、世界とその〈説明〉との間に見られた伝統的な関係の逆転に他ならない。哲学者は世界を説明することしかしないが大事なのは世界を変えることだ、と言ったのはマルクスだが、写真家は世界を撮るために、つまり〈説明する〉ために世界を変える。これは〈歴史〉の終焉の印象的な図解と言えるだろう。

視点を探すふるまいと、世界および装置を変えるふるまいは、不可分に結びついている。視点を探すことは世界を変えることであり、世界を変えることは探すことなのだ。写真家がカーテンを開けるのは、かれが視点を探すからであり、視点を探すためにカーテンを開けるというのは、カーテンの後ろに視点が隠れているからである。観察が観察対象と観察者を変えるということは、写真家にとっては自明なのだ。この自明な事実を承認することは、歴史的な思考の意識レベルにとってはひどく難しい（その難しさが科学の危機の主要部分を成している）。だが、それは、写真家の意識レベルにとっては難しくもなんともないことなのだ。〈真実〉とは観察者と観察対象が出会うことだと考えるなら〈前進を続けてますます多くのもの、新しいものを発見するためには、そう考えざるをえない）、そうした出会いによって観察者も観察対象も変わるなどということは納得できないであろう。それを承認するなら、もはや〈真実〉はありえないということになってしまうからだ。しかし、写真家にとっては、そうではない。かれが撮る写真は、変化した世界を写すときに〈真実〉になるのではなく、写真家によって世界と装置に加えられた変更を写すときに〈真実〉になる。写真撮影の〈認識論《エピステモロジー》〉は、その〈倫理学〉や〈政治学〉と全く同様に、歴史的な範疇によってはとらえられないものであり、だからこそ引用符つきの〈認識論〉なのだ。

間主観性　写真撮影の動機が〈倫理的〉（世界をあるべき姿に変える）でも〈認識論的〉（世界を在るがままに認識する）でもないとすれば、写真家は、視点を探すときに何をしているのか？　その答えは、写真撮影のふるまい自体から見て取ることができず、その結果、つまり出来上がった写真を見てはじめて明らかになる。写真家は、自分が世界を見ているように他人（写真を見る人）も世界を見てくれるような、そういう視点を探しているのだ。写真家は、〈客観的〉な視点を探しているわけではないし（写真のレベルにそんなものがないことは、自明である）、〈主観的〉な視点を探しているわけでもない（写真機を使う以上、どんな主観性もありえない）。かれが探しているのは〈間主観的〉な視点なのである。写真家の間欠的な動きは、世界に対するさまざまの間主観的な視点を探すものだとして認識できるのだ。写真とは、間主観性を探して得られた、世界の固定像、他人に共有してもらえる固定像に他ならない。

写真家は、自分のしていることを知ったら、むろん呆然とするであろう。かれの行動は、政治や科学の伝統的な範疇をすべて一掃するばかりでなく、善と真についての全く新たな見方を含むものなのだから。しかし、写真家は麻酔をかけられたように意識朦朧《もうろう》として写真のレベルを動いているだけだから、自分の決定が写真機の駒としての決定である一方で、写真を見る他人を念頭に置いた決定でもあるという二つの側面の間をよろめきながら、このよろめきを芸術という伝統的範疇でとらえることができると信じているのだ。かれは、自分が〈美的〉な動機によって決定しているつもりでいる。かれは〈美的な写真〉を撮りたいと思う。たしかに、写真のレベルでは、かつて科学と政治だったものが美学的なお盆の上に集められている（そのことは、他のテクノ画像を見れば一層明らかになろう）。しかし、写真家は〈美的な写真〉を撮りたいのだという主張は、写真撮影の動機を隠蔽するものである。写真家は、〈画家が〈純粋に美的な〉動機をもつと言えるとしても）画家とは全く違う仕方で決定するのだから。

写真機の内部にはミラーがある。そのミラーのなかに、写真家は、いまシャッターを切ればこの視点から撮られた写真がどのように見えるかを、見るのである。この鏡像は、写真家が視点を決めるのに役立つわけだ。そして、このミラーがテクノイマジネーションのために果たす機能は、きわめて重要である。それは、この全く斬新なコード化の核心を成すものである。一方で、［いろいろな視点候補から見られる］もろもろの鏡像は、［受動的な］反射である。それは、観察対象から一歩退くことによって得られるのだから。他方で、それは、［能動的な］投射である。それは、写真家が決定を下せばどんな写真ができるかを示すのだから。それは、一方で、未来のビジョンである。もろもろの鏡像は、全体として、［これから］写真になるすべての可能性を映すものだから。それは、他方で、過去のビジョンである。それは、全体として、撮影できるもの［既存の撮影対象］のすべてを示すものだから〈〈未来学〉が未来を先取りしようとするのは、そのためだ〉。何よりも重要なのは、そうした鏡像が情景の画像ではなく、情景との関係で写真機が占める［写真家が決定した］視点の画像だということなのだ。第Ⅱ章においてすでに論じた理由により、これを、画像の概念の画像［情景を説明するテクストをテクノ画像化したもの］と呼ぶことができよう。写真機がミラーの上に提供するそうしたテクノ画像に基づいて、写真家はシャッターを切ることに決める。写真とは、概念の鏡像が現実化されたものであり、技術的な反射に基づいて装置＋オペレーター複合体が下した決定の結果なのだ。それが、写真を〈美的〉にするのである。写真は、反射的かつ思索的であり、概念を思い描かせる画像、その意味できわめて〈抽象的〉な画像であるからこそ、美的でありうるのだ。

写真撮影のふるまいの右のような観察は、視点を探すという局面だけを取りあげたものであり、写真作成の他の局面も、写真機製造の問題も、すべて度外視されている。観察したふるまい自体、その記述は大まかで不完全なものである。それでも、この観察から、テクノイマジネーションの驚くべき斬新さが、新しい意識レベルを示す若干の側面について明らかになった。写真撮影にさいして何をしているかを意識するなら、われわれは世界を従来とは全く別様に認識し、体験し、評価することになるであろう。そして、われわれは、それを意識しないでも写真は撮るのだから、また、写真によってプログラミングされているのだから、実際に、世界をかつてとは異なって体験・認識・評価しているのだ。われわれがそのことを意識することはめったになく、意識するためには努力が必要なのだが。

(b) 映画

写真と映画

映画のコードを写真のコードと比較しながら見ると、数多くの違いに気づくであろう。映画の画像は動いているように見えるし、音を出すし、劇場を連想させる場所で観覧に供される、等々。しかし、そこで何を見ているかをよく考えるなら、こうした違いは、映画を写真から明確に区別する全く特有の側面と比べれば副次的なものに見えてくるであろう。特有の側面とは、映画は歴史を操作《マニピュレート》したものだ、ということである。

映画館のスクリーンの上で画像が動くように見える錯覚は、映写機の調子が悪いときに生ずる画像の不連続なバタツキによって錯覚だったことが判るのだが、それが本当に錯覚であることを知るためには、映画制作のさいに歴史が操作されるということを顧慮する必要がある。映画が音を出すこと、映画の受信者が画像に対面するだけでなく音波を浴びること（人々は、これを、ますます滑稽になってきた〈オーディオビジュアル〉という概念でとらえようとしている）は、何年も前から、コミュニケーションの理論家を混乱させてきた。映画のコードは、いくつの次元をもつのだろうか？　スクリーン上の二次元に加えて、第三の次元としての音響、それに、映写という時間の次元、さらに〈動作〉の次元も考えるべきなのか？　しかし、撮影済フィルムを見れば、画像も音響も表面にコード化されていること、映画とは音響機能を含めてやはり二次元的な、テクノイマジネーションのコードによるものであることが判る。また、映画館が劇場を連想させる（実際には、両者の構造は全く異なる。劇場には発信者がいるのに対し、映画館は、［われわれの上に］放散《ブロードキャスト》される多くの光の一つがスクリーン上に映し出される場所である）という事実は、たしかに重要である。それは、画像が動くという目の錯覚を連想させるイマジネーションの錯覚を示すものだから。しかし、映画を強く特徴づけ、写真からはっきり区別し、テレビと同列に位置づけるかに見えるこれらの側面、これらに類似の側面は、すべて、実際には、情報の受信にさいして前面に現れるだけで、送信にさいして現れることのないものである。それは、発信者が受信者のなかに（多くは無意識裡に映画のコードの本質を隠しために）惹き起こした思い違いなのだ。それは、いくら重要でも、本質に触れるものではない。

映画撮影のふるまいの重点の所在は、写真撮影のそれとは異なる。写真撮影にさいしては、視点を決めることが重要であった。それは〈イデオロギー上の〉ふるまいであり、見解の問題である。むろん、写真撮影におけるこの〈イデオロギー化〉は、歴史的なイデオロギー化とは異なる。歴史的イデオロギーが一つの視点［立場］をとり、守るのに対して、写真家はたえず視点を変える。だから、写真撮影を記述するに当たっては、写真機についてのふるまいが決定的に重要なのだ。その記述は、写真撮影のレベルでは〈イデオロギーは過去のものになった〉ことを示すものであった。だから、写真撮影に関するその他のふるまい、たとえばフィルムの現像は、本質的なものをとらえようとする試みにさいしては省略するしかなかったのである。

映画撮影の場合、事情は全く異なる。映画撮影機に関するふるまいが重要でないというわけではないが、それは、コード化の中心ではない。撮影機のオペレーター［カメラマン］はいわば素材（撮影済［未編集］フィルム）を提供するだけで、それを、映画制作機構《アパラート》（〈映画会社〉）のオペレーター［編集担当プロデューサー］が操作［編集］するわけだ。撮影機のオペレーターは、機構全体の部分にすぎないのであって（他の部分としては、脚本家・照明係・俳優・［現場で指揮する］監督などがいる）、コード化の中核を成すのは、糊と鋏による撮影済フィルムの編集である。映画の撮影機に関するふるまいを検討することが魅力的でないというのではない。この装置は、写真機とは違って、決定を排除する。撮影機は、〈パン〉したり、いわば無重力で空間を漂ったり、〈ズーミング〉したり、ある中心の周りに円を描いたりする。要するに、撮影機とは、決定できない問い［迷い］が形をとったものなのだ。ただ、それは実存的な迷いではなく、〈方法的〉な迷いである。決定を下せない者が普通はそのことで悩むのと違って、カメラマンは自分が迷っていることを悩まない。反対に、かれは、自分がつくるべき（そして編集されて映画になるべき）撮影済フィルムの駒として、撮影機と共に機能しているのであり、かれの迷いは操作［編集］可能な撮影済フィルムをつくる方法に関するものである。

歴史の操作

しかし、こうしたふるまいを観察することがどんなに魅力的であり、テクノ画像の本質ばかりでなく映画撮影機の機能の本質についての理解をどんなに深めるものだとしても、そのふるまいは、映画撮影にとって中心的な意味をもたない。本物の映画的ふるまいは、長い撮影済フィルムの上に屈み込んで糊と鋏でそれを切り貼りし、改変するオペレーターのふるまいである。この仕事を叙述するのに、撮影済フィルムはさまざまの情景を撮った多くの（サウンドトラックの付いた）写真から成り、オペレーターがそれを操作してさまざまの画像を並べ替えるのだと言うなら、それは本質をとらえたものではない。撮影済フィルムは、視点を決めずに撮られた一連の光景から成っているのであって、オペレーターがそれを処理して一つの歴史《ヒストリー》［物語］（一本の映画）にするのだ。映画会社の視点（それは、撮影済フィルムが撮影されたさいの視点とは全くレベルを異にする）から見れば、撮影済フィルムは、映画館のスクリーンに映写される歴史《ヒストリー》の素材にすぎない。映画会社の立場は、厳密に言えば［歴史を自在に組み立てる］〈歴史超越的〉な立場なのだ。

オペレーターが切ったり貼ったりするさいに相手にしているのは、本書の第Ⅱ章で説明したような〈歴史的時間〉である。撮影済フィルムは〈テクスト〉であり、線形的なコードである。それは〈物語り《エアツェーレンし》［次々と並べ］〉、〈計算する〉。それは、多くの明晰判明な記号（写真）を糸に通した真珠のネックレスである。それらの記号が画像だという事実に惑わされて、撮影済フィルムがすでにテクノイマジネーションのコードであるかのように思い込んではならない。それは、テクノイマジネーションのコードの素材にすぎない。実際、撮影済フィルムは、絵文字を並べた線形的コードの（きわめて複雑な、そして出来の悪い）イミテーションなのだ。撮影済フィルムと本物の線形的テクストの違いは、撮影済フィルムが装置によってつくられたということよりも、読まれるつもりでつくられていないことに由来する。撮影済フィルムはテクストであって、それが装置（映画会社）に提供され、そこで［線形的コードから］新しいコード（映画のコード）へと変換されるのだ。撮影済フィルムは、文字どおり〈前置されたテクスト《プリテクスト》〉なのである。

撮影済フィルムを処理するオペレーターは、さまざまの光景が進行的に並んだものとしての〈歴史〉を、素材として手中にしている。この素材は、進行的な意味付与であり、逐次的な記号化である（それが、線形的にプログラミングされた人間を、世界に存在させているわけだ）。人類は何千年来、世界をテクストとして線形に延ばすことにより、世界に意味を与え、世界を〈物語り［並べあげ］〉、〈計算して〉きたのだが、撮影済フィルムは、そうしたもろもろのテクストの連鎖の最後の環に当たる。ところが、いまや、糊と鋏《はさみ》を手にしたオペレーターが、この歴史の最後の環を見下ろしながら、これに新しい意味を与えようとしている。ただし、そのさい、オペレーターは超越的な神とは違って、歴史を超えたところに立つわけではない。なるほど、かれは、神と同じく歴史の始めと終わりを同時に見ており、両者を接合することができる（撮影済フィルムの両端を接着して、エンドレスフィルムにすることができる）。だが、それればかりでなく、かれは超越的な神もできないようなやり方で、歴史に介入することができる。かれはさまざまの出来事の順序を入れ替えることができるのだ。ユダヤ‐キリスト教の神もアリストテレスの神も、歴史を超越するものでありながらやはり〈歴史的〉であり、不動の起動者である。これに対して、機構《アパラート》のなかのオペレーターが歴史を見下ろすその機構は、不動の語り手（カフカにおける［人間の営為に対して無関心な］〈神〉）なのだ。

オペレーターは、撮影済フィルムをエンドレスフィルムにすること、［線形的な］歴史を曲げて輪にして、進行に終止符を打つこと、つまり、テクストを再び画像の枠のなかに流れ込ませることができる。しかし、かれの意図は、そこにはない。かれは、歴史の個々の局面を置き換えたり、歴史の経過を減速または加速させたり、後戻りさせたり、いろいろな場面で繰り返させたりできるのだ。要するに、オペレーターが意図するのは、同一なるものの永劫回帰を再現することではなく、線形的な歴史的時間をさまざまの次元へと開いてゆくこと、線を輪にするのではなくさまざまの形の面（三角形・渦巻・迷宮）にすることなのだ。映画会社という機構のなかのオペレーターは、歴史的時間の作曲家である。かれは、歴史的時間を和音に変える。かれは、歴史の超越神がなしえなかったこと、つまり、線形的な歴史的時間をばらばらにして、平面［スクリーン］に投射することができる。これは、それまでに見られなかったふるまいなのだ。時間がばらばらになるのは、このふるまいによって過去と未来が無意味になり、すべての時間が現在になってしまうからではない。時間がばらばらになるのは、時間にかかわりをもたずに時間を扱えるからである。歴史意識にとって、あらゆる行動は歴史のなかの行為であった。歴史は、自己のなかで人間が行動するのに応じて、変化したのである。われわれが歴史のなかで行動すること、われわれが歴史の進行におけるアクターであることが、時間をドラマチックにしたのである。これに対して、映画オペレーターの意識にとっては、二種類の行動がある。一つは、歴史という素材を提供するアクター（オペレーターにとって〈アクター〉とは俳優ばかりでなく照明係や脚本家などをも含み、ヒーロー・ヒロインとして崇拝されるものではない）の行動であり、もう一つはその行動を処理するオペレーター自身の行動である。したがって、映画制作の意識レベルにとっては、時間はドラマチックではなく、ドラマの素材にすぎない。

映画オペレーター［プロデューサー］は、歴史的に行動する者を操り人形として扱う操作者の元祖（ないし、さまざまの出来事を形式的な図式に当てはめられると思っている構造主義的分析の実行者）に他ならない、と言い切ってしまいたいところだが、その前に、映画会社の機構のなかで歴史的時間の操作がどのようにして行われるかを問うておこう。答えは、驚くほど簡単である。撮影済フィルム上の個々の写真（および、そのサウンドトラック）をいろいろな順序、いろいろな速さで走らせて、それが逐次的過程であったかのような幻想をもたせるのだ。すなわち、撮影済フィルムの粒子的構造を線として走らせるのだ。こう言うと、意外に思えるだろう。線形的テクストを読むときは、いつもそうしているのではないか？ 粒子から線へ、情景から逐次的過程への変換は、まさに線形的テクストの本質だったのではないか？ 実は、線形的コードの本質を徹底的に追究してばらばらにしてしまい、線形的な時間（逐次的過程と進歩、物語と計算の時間）が錯覚にすぎないことを示すというのが、映画のコードの本質なのだ。これは、信仰が失われることだと言ってもよい。歴史意識の基礎には、〈存在〉とは〈生成〉であり、〈生きる〉とは実は

〈行動する〉ことだという信仰がある。これに対して、映画のコードの基礎には、個々の画像が十分なスピードで投射されれば生成と行動の印象が生まれる、という合意がある。このように、映画のコードは、歴史に対する信仰の喪失がもたらしたものだと言えるが、何らかの新しい信仰がもたらしたものではない。世界は〈砂〉だという見方と、世界は〈波〉だという見方（〈粒子〉説による分析と〈波動〉説による分析）の争いは、歴史的思考の始まり以来（つまり、ソクラテス以前の哲学者たちおよびソフィストたち以来）歴史に随伴してきたものだが、この争いは映画のレベルで〈解消〉されたのではなく、無意味になったのである。映画のコードが言うには、砂粒が流れれば波のように見え、波が〈静止画像における ように〉止まれば砂粒のように見えるのだ。だから、映画の意識レベルは、歴史的意識レベルを否定する（逐次的過程とは幻想にすぎないと主張する）ものではなくて、問題と方法的に取り組む（逐次的過程であるように見せかける方法があると指摘する）ものである。世界が実際どのように構造化されているかという問いは、映画の意識レベルにとっては、無意味であるばかりでなくつまらない問いなのだ。

歴史をつくる意識レベル

こう考えてはじめて、映画が示しているようなポストヒストリーの意識レベルに身を置いてみることができよう。それは、歴史に対する無関心どころではないのだ。反対に、歴史は、いまはじめて〈つくられる〉のだ。いまはじめて、人々は歴史を見抜き、歴史についての〈「テクノ」画像〉をつくれるようになるのだ。いまはじめて〈歴史〉とは何かが明らかになる。それは、画像が概念へと展開されたものだ。だからこそ、いまはじめて、こうして出来た巻物を操作できるのだ。ただ歴史意識の視点をとる場合にのみ、そうした操作は、行動する人間を操り人形にするものであるように見える。新しい意識レベルの視点からすれば、これは、〈自由〉が時間の内部の行動に存するのではなくその行動の意味づけに存する以上、行動する人間（〈能動的なかかわりをもつ人々〉）も操り人形でしかありえない、という事実が発見されたということだ。映画オペレーターは、俳優を操作するのではなく、俳優がすること、それだけでは無意味なことに、意味を与えるのだ。俳優を操作しようと思うなどということは、ありえない。オペレーターは、出来事（撮影途上のフィルム）の［逐次的な］展開に、製造者が材料についてもつ関心しかもたない。われわれを操作する機構はわれわれを奴隷化するなどと言うのは、誤解である。機構は、そんなことには無関心なのだ。

ここで明らかになった危険を、取り立てて強調する必要はあるまい。映画においてとくに明白に示されるポストヒストリーのメンタリティーは、反人間主義的である。人間主義は、歴史的なイデオロギーに他ならないからだ。この新しいメンタリティーを構造主義的だとか形式主義的だとか言って非難しようとしても、無駄である。これは、進歩に対する信仰（したがってまた、〈歴史的自由〉に対する信仰）が失われた後、不可避になったメンタリティーなのだ。しなければならないのは、このメンタリティーを意識化することである。そうすれば、全体主義的機構をめざす側面とは違う別の側面が明らかになるであろう。われわれは、ポストヒストリー的意識レベルを〈征服する〉ように試みなければならない。映画のコードを観察することは、右のようにざっと見るだけでも、その試みに役立つであろう。

(c) ビデオ

映画とビデオ　写真や映画とは違って、ビデオは、コード化された世界の比較的新しい要素である。したがって、ビデオ画像は、写真や映画にはもうなくなってしまった魅力を、まだもっている。だから、ビデオの場合、その本質をとらえることはあまり難しくない。まだ、習慣が本質を覆い隠すに至っていないのだ。

この新しい装置には、二重の魅力がある。それは、どう機能するのかまだ予想できない〈〈危険〉である〉からこそ、そして、まだ製造意図と違う使い方ができるからこそ、魅力的である。それは、(たとえば自動車を道路交通のためではなく性交のために使うことが〈革命的〉であるのと同じように)〈革命的〉なのだ。新しい装置が発散するこの第二の魅力は、第一の魅力［危険性］を打ち消すものだと考えられる。新しい装置は、まだ潜在的な可能性をもつ。その可能性が発見されれば、装置が危険だという心配はなくなるのだ。

ビデオは、テレビに役立てる意図でつくられた装置である。それは、放映されるプログラムを予めテープ上にプログラミングするものだから、放映の事前検閲が可能であり、思いがけないことが放映されるという事態を阻止できる。その反面、ビデオがテレビから独立に、それどころかテレビに逆らって（それがつくられた本来の意図に反して）用いられる可能性もある。

ビデオテープは、映画フィルムのコードを連想させる仕方でコード化された情報を貯える記憶《メモリー》である。しかし、映画の撮影済フィルムがいくつもの写真が並んだものであり、それがオペレーターの操作によって映画へと変形されるのに対して、ビデオテープは〈編集する〉ことができない。それは、撮影されたとおりに展開される。だから、ビデオテープの時間次元は、映画のそれとは全く異なっている。それは、外から歴史に介入することによって生み出されるのではなく、歴史を全く新たな仕方で繰り返すものである。ただし、ビデオテープは、〈古い〉ものを〈後から〉見せることによって、時間を空間的にとらえられるようにすることはできるのだ。

ビデオテープは、映画フィルムよりもずっと、線形的テクストに似ている。それを一種の羊皮紙本のように扱い、羊皮紙に書かれているテクストの若干の行を消したところに（消されていない行と行の間に）新しく書き込むのに似た芸当もできる。しかし、そのような書き換えは、テクストとテクノ画像の本質的な差異をあらわにする。ある情景を録画したビデオテープの一部に別の情景を重ねて録画すると［それは羊皮紙上のテクストの一部を消してそこに新しく書き込むのと同様なことになるが」、新しく録画された情景がテープの上でそれに続く古い情景の〈前に〉出てくるのであって、古い情景が新しい情景の背景になるわけだ。他方、〈同じ〉情景を繰り返して撮る場合は、一度目の情景が二度目の情景の背景になる。いわば時間的な影になるのだ。［線形的な］歴史的時間という概念は、ビデオテープにおいて、［画像として］思い描けるものとなったのである。

モニターを介しての対話

ビデオテープでは、映画フィルムの場合のように歴史的時間を操作することはできない。ビデオテープの構造は明晰判明な要素〈写真〉に基づくものではなく、〈やはり粒子的ではあるが〉直接操作できない要素［磁性体］に基づいているからである。その代わり、〈たとえば黒板にチョークで書かれたテクストを消すように〉時間を消すことができるわけだ。いくつも重なった時間の層を消して、別の時間層を見せることができる。時間は、精神分析や考古学などの分野で〈［隠れていた層の］露呈《エマージェンス》〉と呼ばれているような形をとって現れるわけだ。ビデオカメラをめぐるふるまいは、映画撮影機や写真機を構えてのふるまいを連想させるところがある。しかし、これらとはっきり違うのは、次の点である。すなわち、ビデオカメラのオペレーターは、撮影しようという情景を、カメラに組み込まれたミラー上に見るのではなく、情景と自分［の視点］を、かれが撮影する情景のなかに置かれた〈モニター〉と称するミラーの上に見る。かれは、そのミラーの上に自分の視点を、しかも他の人々によって見られている自分の視点を見るのだ。したがって、かれのふるまいは、自分自身との対話、そしてミラーに映る他の人々との対話のようなものである。かれは、（写真家とは違って）装置および撮影対象の情景の駒として決定を下すわけでも、（映画撮影機のオペレーター［カメラマン］とは違って）決定せずに浮遊するわけでもない。かれは、他者との対話において決定を下すのである。かれとともに情景に登場している者はすべて、モニターの画面ではかれの協力者になる。そこにいるのは、〈写真の被写体〉でもなければ〈映画俳優〉でもなく、パートナーなのだ。そのことから判るように、モニターこそがビデオの中核なのだ（そのことは、モニターが〈偉大な兄弟［独裁者］〉や〈全面的監視装置〉という形で登場する未来空想小説によって示されている）。

　モニターは、古典的な鏡とは違う。それは左右を逆転させず、伝統的な意味での〈鏡像〉を提供しない。そのことは、モニターに慣れていない人間をひどく混乱させる。事態が逆転されずにモニターに映るということがわれわれを混乱させるのは、われわれが〈思索《スペキュレーション》〉と〈省察《レフレクション》〉において裏側を見るのに慣れているからである。これに対して、モニターは、反射《レフレクション》（反映）の概念を非弁証法的に［屈折なしに］思い描くことを可能にするのだ。モニターは、また、映される対象からくる光を反射するのではなく、陰極線による蛍光を放射するという点からしても、古典的な鏡ではない。それは、直接・間接に太陽からくるのではないきわめて稀有な光だから、モニター上の画像は掛値なしに、革命的に新しい異例な光を浴びているのだ。

モニターは、テレビ受像機のような外観を呈する。実際、テレビ受像機をモニターとして利用することもできるが、その場合、機能的な違いがあることが判る。すなわち、テレビ受像機は、地平線の彼方で放射された画像を見せる窓のように機能する。これに対して、モニターは、(ビデオカメラと接続するかビデオレコーダーと接続するかによって)現在の出来事または過去の出来事の鏡のように機能する。テレビ受像機とモニターがたえず混同され、モニターの二つの機能もたえず混同されるという事実は、テクノコードが機能する意識レベルに立つことの難しさをよく示している。

もっと困るのは、ビデオと映画の混同である。両者の作成方法が表面上似ているということ(〈パン〉や〈クローズアップ〉)、また、映画をビデオカセットに収めたものを貸ビデオ店で借り出して、映画館に行ったつもりで自宅のモニターで映画を見られるという事実のおかげで、こうした混同が見られるのだ。この混同が困るのは、それによってビデオの本質が判らなくなってしまうからである。映画がスクリーンに映写されたテクノ画像であるのに対して、ビデオはガラス面から放射されるテクノ画像なのだ。映画の系譜を遡れば、洞窟の壁や家の壁[に描かれた絵]、額縁入りの絵や、写真といったものがその系統図に含まれる。これに対して、ビデオの系統図に含まれるのは、水面や鏡や顕微鏡なのだ。

ビデオの背後にある意図は、すでに述べたように、放映されるテレビプログラムを予めプログラミングするためにビデオテープを利用しようというものだ。その他に、モニターは、スーパーマーケットのなかや道路の交差点や人目につかない場所などに監視目的で設置される。換言すれば、ビデオを、円形劇場における放射に、そして、ネット型対話と円形劇場とのフィードバックに役立て、放送と世論との同期化〈本書の第I章で〈本物の全体主義国家〉と呼んだもの〉に貢献させようというわけだ。ビデオはまだ比較的新しいだけに、それに内在するこうした危険は、かなりはっきり見て取れるのである。

ビデオ芸術家たちは、こうした危険に立ち向かおうとしている。かれらは、ビデオテープとモニターを全体主義的機構から引き離し、〈大衆文化〉の向こうを張って〈反対文化〉を打ち立てようとしている。しかし、かれらはビデオの本質を誤認しているためもあって（別の理由もある）、その試みは失敗する。ビデオ特有の［モニターによる］映像化方法、歴史的時間を思い描けるものにする独特なやり方［上書き録画］の他に、ビデオの本質をなすものとして、その明確な対話的性格が挙げられるのだ。そこにいる者すべてが、オペレーターによって見られる自分たちをモニターの上で互いに見たり、自分たちを見るオペレーターの視点を見たりするばかりではない（他人によって見られる姿の自分を見る、たとえば自分の後ろ姿を見るというのは、衝撃的な体験である）。もっと重要なのは、撮影後直ちにビデオテープをモニターで見られること、そして、一同が各自のふるまいを含む全員のふるまいを〈無かったこと〉にできる（それを消したり、別のふるまいによって置き換えたりできる）ことかもしれない。だが、われわれは、こうした形の対話に向けてプログラミングされていないのだ（だから、本書の第I章でもこれに触れていない）。もしかすると、中国ではそれが知られているのかもしれない。絵巻物に書かれてその一部を成している解説とか、逐次的な形をとってはいるが掛物の画と同調している画賛の美的筆跡とか、壁新聞の構造とか、塀や舗装の随所に見られる落書きとかが、そのことを暗示する。ビデオのこうした性格を知ってはじめて、われわれをプログラミングする円形劇場の言説に対抗して（つまり対話的に）ビデオを用いる試みが可能になるだろう。ビデオは、放射機構で利用されるならば非常に危険である。しかし、ビデオには、新しい対話、意味を与える解放の、わずかの可能性の一つがあるとも言えるのだ。

(d) テレビ

騙しの画像

受信者の視点からすれば、居間の家具の間に一つの箱があるように見える。その箱には、窓に似たガラス面といろいろなボタンがある。そのボタンを適切に押すと、ガラス面からは映画館のスクリーンで見るのと似た画像が、また、一見して判るようになっていないスピーカーからはやはり映画館で聞くのと似た音声が流れ出てくる。使用法は単純だが、その箱がこのように機能する理由は不透明なのであって、この種のシステムは、構造的には複雑で機能的には単純なシステムと呼ばれる。その反対が、構造的には単純で機能的には複雑なシステム、つまり構成が単純であるにもかかわらず使ってみると難しいシステム（一例はチェス）である。ところで、〈テレビ箱［受像機］〉のようなタイプのシステムの特徴は、それで遊ぶ者自身がその遊びの種になるということだ。かれは、その遊びの本質を見抜くことなしに遊び方をマスターしているように見えるが、その実、その遊びに呑み込まれてしまうのだ。

　居間にいる人たちは受像機を囲んで半円形に席を占め、受像機から流れ出る画像と音声を受信する。そこで、受像機はかつて家族における母親や教室における教師が果たしていた役割を引き受けたのだ、という論者もいる。だが、それは間違いだ。受像機は、（母親や教師のような）発信者ではなく、放射の末端なのだ。［受像機の前の］半円形は、その居間にいる人々には見えない巨大な円周の微小な線分にすぎない。

　受信者は、画像と音声を、伝統的な画像であるかのように解読する。かれらにとって、その画像は〈あちら〉の情景に意味を与えるものであり、受像機は外部の世界を見るための窓（ないし、望遠鏡か潜望鏡）である。そのさい、受信者は、予めコード化された画像と音声を流出させる装置《アパラート》について、そしてその装置を操作する専門家たちについての漠然たる知識さえ、棚上げにする。受信者は［コードの］解読にさいして善意であるどころではなく、受信された画像は情景の記号（しるし）だという意図的な詐欺に（若干の後ろめたさを感じながら）加担しているのだ。

実際、受信者は、テレビ画面上のきわめて特殊な画像によって、他のすべての画像を解読するための鍵を与えられる。特殊な画像とは、アナウンサーである。この画像が、それに続く画像が事実に意味を与えるものか（たとえばニュース）、虚構に意味を与えるものか（たとえばテレビ劇）、それとも命令に意味を与えるものであるか（たとえばコマーシャル）を〈予告《アナウンス》〉する。画像が意味を与えようとするものが何であるかを、画像自体から読み取ることはできないのであって、〈アナウンサー〉からして虚構であるのかもしれない（たとえば、俳優がアナウンサー役を演ずる場合）。その結果、受信者にとっては、与えられる情報が事実的であろうと虚構であろうと命令であろうとかまわない、ということになる。かれは、受信した画像をいずれにせよ虚構的に、つまりテクノ画像ではないかのように解読する。受信者は受像機から〈世界〉の像が流れ出るかのように受けとめるのであって、その世界が事実的であろうと命令的であろうと、受信者にとってはどうでもよいことである。

受信者は、受像機を制御する。かれは、テレビをつけたり消したり、いろいろなボタンを押してさまざまのプログラムを受信したりできる。だが、テレビを消すということは、非常に重要な情報メディアの一つを絶つことでもある。それは、きわめて問題の多いやり方によるにせよとにかく自分を世界ないし社会と結びつけてくれる臍《へそ》の緒を、切ってしまうようなものだ。かれは、実際にいろいろな（必ずしも多数とは言えない）プログラム

［チャネル］を選べるが、すべての発信者［局］が一個の高次の機構《メタアパラート》において連結されている以上、どのチャネルでコード化されている情報も同じである。したがって、受像機が提供する〈自由〉も、そのメッセージが与える意味と同様に錯覚にすぎない。受像機は、〈選択の自由〉なるものが本当に自由と無関係でないとしての話だが）自由の見せかけによって受信者を制約するのである。

受信者は、受像機によって〈公的空間〉と結びついている（つまり〈政治化〉されている）という印象をもつ。本当は、その反対である。〈政治化する〉とは、公的にするということ、私的なものから公的なものに踏み入るということだ。だが、テレビにあっては、公的なものが私的なものへと踏み入るのである。〈政治家〉は、テクノ画像という形をとって受信者の私的空間に踏み入り、受信者を脱政治化する。そもそも、公的空間に踏み入るさいには他者と対話関係をもつ意図があるのが普通であるのに、テレビ受像機は私的なものに立ち入る〈公人〉との対話をすべて排除するものだから、テレビとは徹底して脱政治的に作用するものなのだ。テレビ受像機は、〈世界との結びつき〉という見せかけの下で受信者を孤立化させるものに他ならない。

画像と音声は、受信者にセンセーションを浴びせかける。それは、麻薬のように作用する。それを享楽すればするほど、将来もその享楽に依存することになるのだ（それには、画像を運ぶ陰極線の光の催眠的性質も、ひと役買っている）。その意味で、画像は、どんな意味を与えるものであれ、受信者を消費的・受動的・受忍的な在りように向かわせる。それは、アナウンサーが〈これは事実をそのまま伝えるものです〉と断ったとしても（［実際には］間違った情報である）、また、〈これは芸術作品です〉と断ったとしても、すべて〈広告〉なのである。テレビの命令的［要求的］性格は、それが錯覚によって解読されるように［広告が事実や芸術に見えるように］コード化されていることに由来するのであって、情報がとくに命令的にコード化されていることによるのではない。

テレビ受像機のガラス面は窓のように機能するが、それは、古典的な窓とは違う。古典的な窓は壁に開けられた穴であって、そこからあちらの世界を眺め、世界の様子を知ることができる。それは、壁に開けられた別の穴、すなわち扉と相俟《ま》って、はじめて意味をもつ。窓から外を眺めて様子を知った上で、扉を開けて世界に出てゆき、そこで行動することができるのだ。これに対して、テレビ受像機には扉がない。それは提供する情報は、行動に導くものではない。それは、無責任な情報にすぎない。

発信能力の欠如

テレビ受像機の決定的な特徴は、発信能力がないという点にある。〈遠視機《テレビジョン》〉というその名称（それは、［不在者との対話を可能にする］〈テレフォン〉を連想させる）は、その他の多くの点と同様に人を惑わすものである。やはり人を惑わすのは、いくつものテレビ局が提携して、［対話のネットワークである］電話システムと同じように〈ネットワーク〉を成していると称していることだ。ところで、テレビ箱が「単なる受像機にすぎず」送信に役立たないというのは、技術的制約によるのではない。テレビ箱も、電話機と同じように機能することができるはずだ。それができないのは、イデオロギー的な理由による。つまり、テレビの本来的な構造と、その構造によって放射されるテクノコードが、ほとんど意識的に度外視されているのだ。

そのことは、現代の都市を鳥瞰してみれば明らかになる。無数のテレビアンテナによって、都市は電磁波の大海の底に（その大海を思い描けぬままに）沈んでいる。テレビアンテナは、思い描けないものを消費しようという意志が物象化されたものであり、思い描けないものを呑み尽くすパックリ開いた口なのだ。そして、思い描けないものをこうして呑み込んだ上で結局テレビ受像機から出てくるのは、概念的に把握できないイメージ（間違って解読されるテクノ画像）なのだ。つまり、テレビは、イメージとして思い描けない概念を、概念的に把握できないイメージへと（電磁場をテレビ番組へと）反転させているのである。事態をこのように定式化してみれば、テレビのそうした用い方がテレビの構造とコードを変えるものでないことが明らかになろう。これは、すべての関係者を大いに満足させるコミュニケーション構造であり、それが日を追ってますます円滑に機能しているということになる。

しかし、このコミュニケーション構造の本質を意識しようとするならば、また、テレビ番組を見るにさいして自分がそれについて何を知っているかを（どんなに僅かしか知らないかを）意識する労を惜しまないならば、テレビはもう満足を与えるものではなくなり、機能することをやめてしまうだろう。このコードの（今日まだ隠されている）さまざまの可能性が、意識されるようになるだろう。たとえば、テレビを〈地球規模の興行場〉を生む装置としてではなく、［普遍的な対話が行われる］〈地球村〉を生む装置として実際に用いる可能性、すなわち、脱政治化された消費のテクノクラシー的全体主義を樹立するためではなく、まだ把握できない意味での［未来の］〈デモクラシー〉を樹立するために実際に用いる可能性が、意識されるだろう。だが、いまのままのテレビ受像機のスイッチを入れることがこんなに簡単なのに、何を好んでそんな苦労をしようというのか？

(e) 映画館

映画館とスーパーマーケット

テレビと同様に映画館も、さまざまの視点からする研究の対象になってきた。たとえば、映画館とは出産と死亡を同時に意味する原型的子宮（窓のない洞窟）だとされた。映画館とプラトンの洞窟［の比喩］（両者とも影の動きを伴う）の顕著な類似性から、プラトンの神話をそのまま最初の映画批判として受けとめる読み方が出てきたこともあった。この種の考察の当否を、ここで論ずるつもりはない。ここでは映画館そのものではなく、映画館のなかで見られるテクノ画像の受信を観察しようというのだから。そのためには、テクノ画像の世界の文脈のなかで、映画館というものを見る必要がある。
映画館は、(スクリーンが輝き、スピーカーが音を出しはじめるまでは)静寂と暗闇が支配するごく僅かな場所の一つである。四方八方から寄ってたかってわれわれの〈気を散らせる〉いろいろのプログラムの雑踏のなかで、映画館は、われわれがまだ集うことのできる数少ない場所の一つである。まさにそのおかげで、映画はいま、卓越した〈芸術〉になっているのである(映画の内容や形式のおかげではない)。人々は、映画に集中することができるのだ。映画館が劇場とみなされるのは、その構造が劇場に似ているからではなく、いずれの場合もわれわれが観照《テオリア》に生きることができるからである。実際、テクノイマジネーションの世界における映画館は、中世的なイメージの世界における教会と似た役割を演じている。それは、〈超越的〉〈信仰的〉メッセージの受信に向けて集中する場所なのだ。映画が解読される仕方には、中世においてミサが解読された方法を連想させるところがある。

これは、映画館を分析する手がかりになる。映画館は、実際、建築術的に見れば(言われるところと違って)劇場の系統を引くものでも、(コミュニケーション学的構造からそう言えるのと違って)円形興行場の系統を引くものでもなく、ローマの会堂《バシリカ》に遡るものなのだ。会堂(たとえばローマのパンテオン)は、当初は市場《いちば》として、後には教会として使われたホールであった。いまでは、それは、二つの化身に受け継がれている。二人の相続人をもっているといってもよい。すなわち、スーパーマーケットと映画館である。スーパーマーケットはバシリカの世俗的な形であり、映画館はその聖なる形である。テクノ画像の受信の本質をとらえようとするなら、バシリカのこれら二つの形を相互補完的なものとして見る必要がある。

スーパーマーケットでは、人々は広く開かれた入口から吸い込まれてテクノ画像の迷路に沿って進むことになる。大きく開いた入口は、スーパーマーケットが市《いち》の立つ広場（［ギリシアでいえば］ポリスのアゴラ）であるような錯覚を起こさせる。それが錯覚にすぎないことを示すのは、拡声器が吠えたてテクノ画像が点滅するスーパーマーケットでは（ソクラテス的な対話はもとより）いかなる種類の対話も成り立たないという事情ばかりでなく、何よりも、勝手に外に出られないという事実である。スーパーマーケットは、鼠取りの罠なのだ。外に出るためには、行列に並んで、囚われの身から解放されるためにレジで供物《くもつ》を払わなければならない。だから、スーパーマーケットは、本物の市場の反対なのだ。スーパーマーケットは情報の交換を許さず、情報を［一方的に］注ぎ込む。それは公的な空間（それは政治的である）ではなく、牢屋（それは厳密な意味で私的［非開放的］である）なのだ。

まさにそれを補完するやり方で機能するのが、映画館である。映画館の入口が明るく瞬き、スーパーマーケットと同様に大きく開かれているという外観を呈するにもかかわらず、その入口は実際には狭い通路であり、内部の秘儀に加わりたいならそこを通ってゆくしかない。人々は、スーパーマーケットでは内部で列に並ぶのに対し映画館では入口の前で列に並ぶ。そして、スーパーマーケットの場合と違って出るためではなく入るために、なにがしかの金を払う。その代わり、映画館は、大勢の観客の意識ないし潜在意識に刻み込まれるプログラム［の上映］が終わるや否や、いままでそれと判らなかったいくつもの扉を開き、感動している大勢のお客を一どきに路上に吐き出すのだ。

したがって、大衆文化においては、スーパーマーケットと映画館が同期化していると言うことができる。両方とも、円形劇場における放射がほどけてゆく末端なのだ。一方が、他方の吐き出した大衆を吸い込むのだ。映画館はプログラミングされた大衆を排出する。その大衆はスーパーマーケットの広い入口から流れ込んでゆき、〈受信する〉（消費する）ためにテクノ画像の迷路に沿って進み、この機構を養うためにレジの前の行列に並ばされ、最後には（個人個人の人間を連想させる）一つ一つの粒として路上に出てゆく。そこで、かれらは、別のテクノ画像によって刺激され、映画館の入口に導かれて、またしても供物を払って秘儀の場に入り、新規にプログラミングされるのだ。この循環は、むろん、大衆文化に見られるいくつかの循環の一つにすぎない。その他の循環は、消費ではなく、消費財の生産にかかわるものである。だが、これらの循環はすべて同一の、テクノイマジネーション的性格をもっている。それらはすべて、呪術に似ている。

映画館という洞窟のなかでは、人々は原則として動かずに、幾何学的に並べられ算術的に番号を振られた（つまりデカルト的な）椅子に坐って、（大声で偉そうに喋りながら明るいスクリーンの上を動く）巨大な色つきの影を眺める。後方遥かの高所には、オペレーターつきの装置があり、それが、影の神々をスクリーンに投影して、それらが反射によって受信されるようにするのである。こうした魔法の灯《マジック・ランタン》の仕掛［映写装置］が、知られていないわけではない。スライドを映写するときは似た装置を自分で操作するし、上映中に映写機が故障すれば映写機の存在に気づくこともある。また、映画のロールフィルムがどのようにつくられるかも、だいたい判っている。それでも、人々は、プラトンの考えた囚人が真実を求めて振り返るのと違って、スクリーン上の神々の〈源泉〉［仕掛］を振り返って見ようとはしない。それには、全く異なる二つの理由がある。第一に、背後の〈源泉〉は本物の発信者ではなく連鎖状の放射の最後の環にすぎないということ、したがって映画館では、気に入らなければ途中で出てしまえるだけでプログラムに影響を及ぼすことなどできないということが、判っているのだ。そして、第二に、入口で行列し窓口で料金を払ったのは、〈歴史〉を見るのではなく編集されたフィルムの投影を見るという考えを、振り払うためだったのだ。

錯覚を買う人々

人々は映画館に行って、錯覚《イリュージョン》を買う。それも、イリュージョンという言葉がよく通俗的な意味で使われる（たとえば〈夢〉を見る）のと違って、厳密な意味で錯覚を買うのだ。映画館に行くのは、テクノ画像を、伝統的画像またはテクストであるかのように見るためなのだ。テクノ画像によって錯覚に陥らせようという発信者の意向に、受信者が半ば意識しながら加担する（これは、テレビにおいても確認されたことである）結果、テクノイマジネーションの世界は、［テクスト以前の］イマジネーションの世界と違って、実際に呪術的なものとして受けとめられることがない。映画館のスクリーン上の影は、マレーシアの影絵芝居の神々と同じではないのだ。映画館では、人々は善意で影の神々を信ずるのではない。人々は、ロールフィルム・鋏《はさみ》・糊・〈装置＋オペレーター〉の機能といったものを忘れようと努めることによってのみ、それを信ずることができる。ただし、忘れることが可能だとしても、実際にその分だけ影の神々を信じられるわけではない。映写室をときどき振り返って見ることにすれば、映画館の洞窟から解放されて真実の光を見ることができるのだから。しかし、振り返って見ることは面倒であり、やがて苦痛になる。それでも、映画のコードを映画館における上映以外の目的で用いる道が見出されないとはかぎらない。映画のコードによって、全く別種の情報が生み出され、伝送されるかもしれないし、それによって生に新たな意味が与えられるかもしれない。しかし、こうした希望が実現される見通しは、［振り返ってみることもできない］首筋の凝りを考えればそれほど大きくない。人々がその気にならないかぎり、映画のオペレーターはいままでどおり歴史を操作して、映画館を出た大衆がまっすぐスーパーマーケットへと導かれるようにするであろう。

要約すれば、こうである。いくつかの特徴的なテクノ画像の作成と解読を詳しく見ると、それらがコード化される意識レベルは、その新しいコードを生み出す人々自身にとってもきわめて確保困難なものであることが判る。受信者の方は、その新しい意識レベルに注目しようともしないのである。かれらは、歴史の危機を克服するどころか、承知の上で歴史以前に退行する道を選びたがる。したがって、テクノ画像はいまのところ、現に機能しているようにしか（つまり、全体主義的な異境化の方向でしか）機能しないのだ。その例外はエリート的コミュニケーションであって、そこでは、新しい意識レベルが、まだぼんやりとではあるが実際に存在している。そこで、そのレベルを何とかして言葉で表現してみることにしよう。

3——テクノイマジネーション

意味と狂気

本書が提案する定義によれば、テクノイマジネーションとは、概念についての画像を描いた上で、その画像を概念の記号として解読する能力のことである。このテクノイマジネーションの世界を素描する手探りの試みと取り組む前に、その生成と機能を思い出しておこう。本書の序章で、人間とは世界から疎外された生物であり、失われた世界との接触をコードに整序された記号によって回復しようと試みるものだ、というテーゼを掲げておいた。人間は、コード化された世界を生み出す。コード化された世界が人間を〈具象的な〉体験の世界と結びつけてくれるように、媒介してくれるようにと願いながら。人間がそうするのは、そうしなければ自分の生が無意味であるからだ。人間は、自分が死ぬことを知っている。自分の死について知ることは、「具象的に体験される世界からの」異境化をもたらす。だが、人間を〈現実の〉世界と結びつけるべきコード化された世界は、その〈現実の〉世界を〈意味づける〉ことによってこれに意味を与える。コード化された世界の与えるその意味は、人間相互の合意に基づく。人間は、死を知り、生の無意味を知ることによって、孤独である。しかし、人間は、世界と生に意味を与え、それによって死を否定するさいに、他の人間とコミュニケートする。こうして、〈現実の〉

世界に意味を与えるコード化された人為的世界は、他者との共存の世界になる。そして、人間自身は、他の人間によって〈不死〉になる。

これが、本書の基本テーゼである。そこから一連の結論が導き出されるが、なかでも重要なのは、いかなる媒介にも共通する特有の弁証法があるということであった。すなわち、記号というものはその意味づけを示すばかりでなく隠すこともある（つまり、意味《ジン》を与える機能を果たすばかりでなく狂気《ヴァーンジン》をもたらす機能を果たすこともある）という事実があり、仔細に観察すればするほどその事実がはっきりしてくるのである。換言すれば、コード化された世界は、その関与者に、自分の死を知りながら意味のある生を生きる空間を提供するばかりでなく、牢獄におけるようによろめき歩くしかない空間をも提供する。後者のような地獄が生ずるのは、関与者が自分の死を忘れるばかりでなく、死を忘れることができるように自分を取り巻く「コード化された」世界を合意によって生み出したという事情までも〈忘れてしまった〉ときなのだ。われわれを取り巻く記号がどんな意味を与えるのか不透明になり、記号の〈自己〉意味づけだけが行われるようになるや否や、世界と世界のなかの生は地獄になる。

本書では、現在の危機がすでにそうした地獄的状況の接近を告げる段階に達していることを明らかにしようと試みた。このテーゼは、現在の状況においてはコミュニケーション構造がインフラストラクチャーになっているという見方に基づくものだから、コミュニケーション構造を変えることができれば状況の変化をもたらすことが可能だと信ずることをも含んでいる。こうした気持から、以下では、テクノイマジネーションの世界が右のテーゼによって異境化の霧を脱し、テクストに立ち向かう姿を現しはじめていることを、素描してみたい。

(a) 視点

客観的視点の喪失

歴史の線形的世界は、概念を用いてコード化されている。概念は、画像に意味を与える記号であり、画像を把握しようとするものである。そのために、概念は、画像に対してきわめて特殊な視点をとる。その視点の所在は、歴史が進むにつれて徐々にではあるが判明してきた。それは、画像の〈上に〉ある視点であり、いわゆる〈客観的視点〉であって、そこから見ればコップの口は〈丸い〉のである。コップの口が〈丸い〉と見えるのは、コップの画像を記述するテクストがコップの〈上に〉視点をもっているからだ。コップの口が〈丸い〉と概念的に把握されるのは、コップの画像を記述するテクストがコップの〈上に〉あるからだ。こうした客観的視点は、線形的な世界の顕著な特徴である。そこから、線形的世界に特有の力学が生ずるからだ。歴史の目標は、世界全体（つまり、イマジネーションの世界）について客観的な概念的把握を行うことにある。それは、まず、宗教的にとらえられた。〈客観的視点〉は〈超越的〉〈神の視点・

観照《テオリア》の視点〉であり、歴史の目標は〈救い〉〈神の視点〉に導くことにあるとされた。歴史が終わりに近づくと、別の見方が出てくる。〈客観的視点〉とは〈価値から自由な〉〈科学的・中立的な、真実を語る〉視点であり、客観的認識を以て主観的イデオロギーに代えることが歴史の目標だとされた。これは、実のところ、人間を神のようなものにすること、つまり〈世界の上に立つ〉ものにすることに他ならない。

テクノイマジネーションにとって、客観的視点とはナンセンスであり、荒唐無稽である。ナンセンスだと言うのは、対象を見る多様な視点の正否を決める基準などありえないからだ。コップの口は〈丸い〉と言うことも、〈楕円形だ〉とか〈直線だ〉とか言うこともできる。どんな現象も、無数の視点によって取り巻かれているのだ。どんな現象についても、超越的な視点に立ち返ってそこから眺めるなどということはできない。観察者がどんな視点に立ち返っても、かれは依然として〈自分の〉世界に在るのだから。このようにテクノイマジネーションにとって客観的視点を求めるのが論外だということは、写真や映画やビデオをはじめとして一切のテクノ画像の作成が操作《マニピュレーション》を伴うものだということから、明らかである。テクノ画像にとっては、概念を思い描けるものにする試みのためにどんな視角を選ぶかということが、まさに問題なのだ。テクノイマジネーションにとって多様な視点が等価だということは、いまはまだ予想できないいろいろな結果をもたらすであろう。見通せる結果としては、この意識レベルにおいては〈進歩〉というものが歴史のレベルとは全く異なる意味をもつと思われる。それは、（たとえば客観性に向かう）〈線形的傾向〉ではなく、〈周縁をめぐる〉ものになり、ますます多くの視点をとることが進歩だということになるであろう。もっと予想が難しい結果としては、次のようなことが考えられる。〈客観性〉が可能でもなく望ましくもないような科学は、どんなものになるだろうか？　一つの視点をとることではなくどんどん視点を変えることが進歩であるような政治は、どんなものになるだろうか？　科学の客観性が主観性の一種であるとされ（芸術形式としての科学）、芸術の主観性が一種の客観性であるとされる（科学形式としての芸術）とき、科学と芸術の関係（認識と〈具象的なもの〉の体験との関係）はどんな形をとるだろうか？

　これらの問いに対する解答はいまのところ見当たらないが、その（〈間主観性〉という概念にかかわる）手がかりはある。テクノイマジネーションによって客観的視点がありえないとされると、真実とは何かという（認識論的な）問題が新しい定式を得るものと予想される。歴史意識にとって、真実とは、認識者が認識対象にだんだん適合してゆく過程であった（認識が物に到達すること《アデクアチオ・インテレクトゥス・アド・レム》）。この進行的適合を、認識者による認識対象の暴露ないし発見「覆いを取ること」だと考えようと（ギリシア的バリエーション）、認識対象が認識者に対して自己を啓示することだと考えようと（ユダヤ－キリスト教的バリエーション）、〈真実〉はつねに過程としてとらえられ、〈全き真実〉はつねに歴史の終末にあるとされた。それは、線形的なテクストから読み取られたからである。要するに、〈全き真実〉は、歴史のハッピーエンドであった。

これに対して、テクノイマジネーションによってそうした真実概念の画像を描こう（たとえば写真に撮ったりビデオテープに録画したりしよう）とするなら、認識対象への認識者の適合の過程なるものは、実は視点から視点へと踊り歩くことだと思える。真実の探求は、実は問題の周りをめぐることだと思える。そのさい、周りをめぐることがはじめて、問題を認識対象にするのである（写真を撮る旅行者の妻は、その撮影者のふるまいによってはじめて撮影対象になるのであって、それ以前に〈客観的に〉撮影可能であったわけではない）。そして、テクノイマジネーションが問題の周りをめぐるさいに、問題を〈発見〉したり〈暴露〉したり、まして問題に〈自己啓示〉を促したりする意図はないのであって、他者が解読できるようにその問題の画像を描く意図があるにすぎない。当然のことながら、そこから、〈真実〉についての全く独特のイメージが出てくる。すなわち、ある言明は、そこで発言権を主張している視点の数が多ければ多いほど、また、それらの視点をとることのできる人々の数が多ければ多いほど、真実に近い。だから、真実の標識は〈客観性〉ではなく、〈間主観性〉なのだ。

旋回的認識へ

逐次進行的認識から旋回的認識へのそうした転換を示唆するものは、少なくない。それは、科学哲学（たとえばネオポジティヴィストたち）にも、現象学（フッサール以後）にも、文芸批評（たとえばいわゆる精密分析《クロース・リーディング》）にも、また映画制作の方法にもホログラムの作成にも見られる。それでも、これは、われわれの想像力を超える結果を生むような転換なのである。なぜなら、そうなると、真実の探求は、〈線形的テクストの時代とは違って〉〈客観〉〈世界〉をめざして前進することではなく、他の人々〈社会〉に向かって手をのばすことだ、と考えられるのだから。真実の探求は、もはや発見のための航海ではなく、世界について他者と合意する試みになる。世界を認識し支配するためではなく、世界のなかで他者と共に生きることができるために真実を求めるのだ。こうした転換がどんな結果をもたらすのか予想できないのは、真実の探求が科学と技巧の分離、芸術と政治の分離を無意味なものとして一掃してしまうからでもあるが、何よりも、人間の生がきわめて斬新な雰囲気に包まれるからである。すなわち、真実の探求は〈認識論的〉であることをやめ、再び（しかし、まだ予想できない意味での）〈信仰的探求〉になるのである。

テクノイマジネーションのレベルでは、世界に対するすべての視点は等価になる。それらは、概念の画像をデザインするためのいろいろな視点なのだから。これは、〈イデオロギー〉とは他の一切の視点を排除して一つの視点だけを選び取り、防衛するものだという意味での〉イデオロギーの、廃棄を意味する。ただし、それは、一八世紀の退廃的寛容におけるような価値の廃棄を意味するわけではない。すべての視点が等価だということは、

〈価値からの自由〉、すなわちすべての視点に対する無関心を意味するのではなく、どんな視点もそれぞれの特有の価値を投射し、特有の〈意味付与〉をするものだという洞察を意味する。しかし、(たとえば物理学において、光を粒子と見る視点と波動と見る視点が等価的に扱われるに至ったように)この〈洞察〉に達したというだけでは、まだまだその洞察に従って生きるというところまで行かない。なるほど、われわれは、写真撮影にさいして、自分の身体にさまざまの意味を与えるさまざまの視点の等価性を感じ取っている。しかし、日常の生活において(つまり政治的・経済的・社会的活動において)、また、それらを振り返って見るに当たって、われわれは、概念をめがけてテクノ画像を投射する意識レベルに生きることが全くできない状態でいるのだ。

(b) 時間体験

現在化としての時間

線形的にプログラミングされた意識において、時間は流れとして体験される。その流れは、過去から未来へと流れ、流れながら〈世界〉を引っ張ってゆくのだ。これが、〈歴史的時間〉である。すなわち、すべての出来事を撤回不能な一回性においてとらえる時間、連鎖的な(たとえば因果連鎖の)時間である。しかし、そうした時間体験は、テクノイマジネーションの意識にとっては全く正気の沙汰ではない。歴史的時間について画像を描いてみればすぐ判るように、それは実は反対方向に、つまり未来から過去へと流れている〈やってくる〉のは昨日ではなく明日だ）のであって、この理由だけからしても歴史的時間体験は狂っている。だが、何よりも重要な理由は、現在こそが時間の中心として現れるということである。時間は、現在化の傾向として認識可能になるのだ。歴史意識にとって、現在は、時間の線の上の一点、時間が駆け抜けてゆく一点である。だから、現在は非現実的だということになる。現在は、在るや否やもう無い。現実的なのは生成だけなのだ。だが、テクノイマジネーションにとって、そうした存在論は、狂気の古典的な実例である。テクノイマジネーションにとっては、現在だけが現実的である。現在とは、可能であるにすぎないもの（未来）がやってきて実現される（まさに居合わせる）場所なのだから。

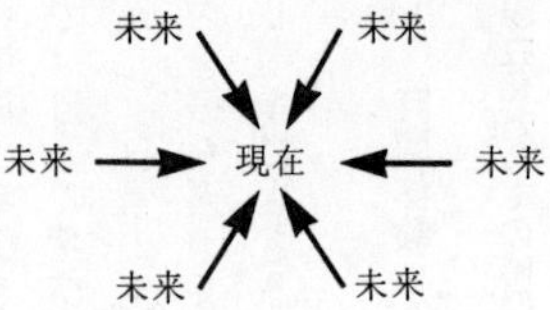

b図

テクノイマジネーションのレベルでは、上のような時間像が描かれる。

この図から判るように、新しい時間体験は〈相対的〉なもの、つまり現在と関連したものである。そして、現在とは、私が今いるところである。私はいつでも現に在るのだから。私がいるところ、これが、現在の実存的定義なのだ。だが、歴史的時間のこうした（ごく単純に思える）組み替えと相対化は、（映画オペレーターは誰でも、また、写真をアルバムに貼った者は誰でも、実はそうした組み替えをすでに実践しているわけだが）予想を超えた結果をもたらすことになる。

もたらされる結果の一つは、〈時間の方向〉を云々すること、アカデミズムとアヴァンギャルド、反動的と進歩的を区別しようとすることが、無意味になってしまうという事実である。私がどの方向を向こうと、時間は四方八方から流れ込んでくるのだから。また、別の結果は、（この図には全く現れない）過去というものが現在における穴とみなされる、ということである。その穴のなかに、時間は滞留する。ただし、第三の時間形式としてではなく現在の一側面として、つまり記憶《メモリー》として滞留する。第三の結果は、時間体験と私自身との関係（私が定数であり、世界は変数であるという関係）が、時間の政治化（他の人々も私と一緒に現在に在ることのできるように現在を拡張する試み）をもたらすということである。第四の結果として、未来を過去から（因果連鎖によって、歴史的に）説明しようとする試みは、すべて馬鹿げたものになる。未来はやってくるのであって、何かの〈結果として〉生ずるわけではない。鳥が巣を作るのは遺伝子情報によってそのようにプログラミングされている〈から〉ではなく、巣作りにさいしてはじめて、鳥がそうした遺伝子情報をもっていることが判明するのだ。同様に、フランス革命がロシア革命をもたらしたのではなく、フランス革命が矛盾を内在させていたことがロシア革命において［はじめて］明らかになったのである。

だが、こうして数え立ててみても、われわれにとって、新しい時間体験を意識することが容易になるわけではないのだ。もはや［進歩の方向を前提として］無邪気に〈前衛《アヴァンギャルド》〉について語れないからといって、予見の問題（未来構想や投企の問題）が思い描けるようになっているわけではない。過去とは隠された現在であるという認識に達したからといって（精神分析・考古学・構造分析等々）、また、〈過去〉を〈文化〉や〈コード化された世界〉と同視できるようになったからといって、現在における過去の機能（たとえば、過去が一転して未来になり、過去から生じた廃棄物・ゴミ・厨芥等々の問題として今後の解決を迫ってくる奇妙な傾向）を見抜けるようになったわけではない。時間体験の相対性を認めざるをえず、それゆえ、他の人々との共存を時間地平の拡大として認めざるをえないからといって、絶対的な時間計算（たとえば分や千年の単位）を〈空虚な概念〉として棄てるなどということは到底できない。因果的・歴史的な説明が馬鹿げていることを見抜いたからといって（それは底抜けである。第一原因もなければ歴史の始点もない。未来がはじめて、それも未来がやって来てはじめて、未来に含まれているものを示すのだ）、科学が少なくともある程度正しい予見を与えることを無視するわけにはいかない。新しい時間体験を〈もつ〉からといって、その〈もつこと〉の意識をもてるようになるわけではないのだ。

テクノイマジネーションの時間体験は、随所に見られる〈自然科学や文化科学や実存主義等々の理論・いわゆる〈新小説〉や〈新演劇〉・麻薬・われわれの周りのいろいろなふるまい〉。こうした時間体験が、今にも意識の一部になりそうに見えるほどだ。しかし、その一方で、この新しい時間体験を実際に定式化し、この時間概念を実際に思い描けるようにする試みに対しては、直ちに、抗議と非難の声の大合唱が聞かれるのである。そのことが、われわれに危機の克服を困難にしているのだ。すなわち、いまや進歩性［逐次的進行性］は、もう〈ついて来れない〉意識レベルのしるしだということ、過去における進歩はもう〈止んでしまい〉、非進歩的・非歴史的な未来が近づいているということを認めるしかないのに、それがなかなかできないでいるのだ。

(c) 空間体験

時間の空間化　時間概念についてのイメージを得ようとする試みにさいして、どうにもすっきりしないのは、そのイメージがどうしても空間的になってしまうということである。線形的にプログラミングされた意識にとって、〈空間〉と〈時間〉は、二つの〈直観形式〉といったもの、実際に二つの〈画像概念〉であった。そのような意識にとって、時間と空間の関係は、いまや問題をはらむことになる。時間が空間を破り取ることに

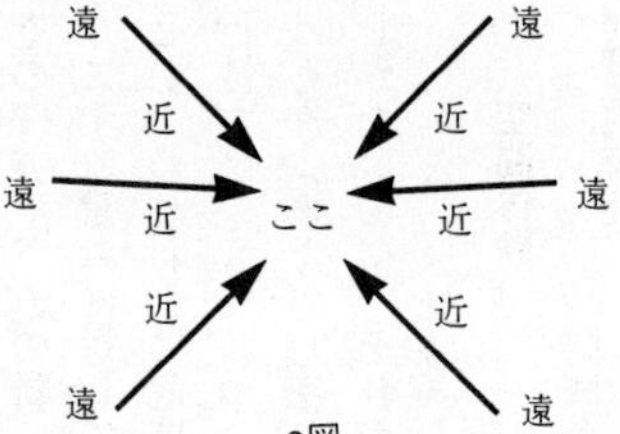

c図

なるからだ。しかし、テクノイマジネーションにとっては、空間のない時間や、時間のない空間を思い描くことなど、到底できない。さもなければ、それらは〈空虚な概念〉になってしまうからだ。そういうわけで、今世紀初頭にはきわめて大胆な試みだった〈四次元的空間 - 時間〉のテクノ画像が、苦労してでもテクノイマジネーションのレベルに自分を位置づけようとする人々にとっては、いまや古典的物理学の空間概念よりもずっと思い描きやすいものになっているのである。

　われわれの空間体験のこうした過激な転換をイメージ的に表現することはきわめて容易だが、その表現に対応する意識をもつことは至難である。図解しよう。

　すぐ判るように、c図は、時間体験の図解を試みたb図に似ている。二つの図における言葉の違いに惑わされてはならない。〈ここ〉と〈現在〉、〈遠 - 近〉と〈未来〉は、シノニムである。だから、時間を空間の次元であるかのように体験するという言い方は、間違っている。そうではなくて、われわれは、共時化した時間として空間を体験し、通時化した空間として時間を体験するのだ。二つの視点〈〈空間とは凝固した時間である〉、そして〈時間とは溶解した空間である〉〉は、この［テクノイマジネーションの］レベルでは等価である。それらは、唯一の概念についての二つの画像なのだ。次のように説明することができよう。

空間は、われわれにとって相対的である。〈ここ〉とは、われわれのいるところであり、それが空間の中心でもあるのだから。デカルト的な座標軸の〈原点〉は、私である。線形的意識にとって原点は絶対的であり、だからこそ何処でもよいのだが、［テクノイマジネーションにとっては］そうではなくて、原点は私の在り方によって決まる［その意味で相対的な］ものであり、この在り方によって与えられるのである。さまざまの対象物は私の周りで、〈ここで〉現に在ろうとしてひしめいている。それらは、私に向かって立っており、未来を見るための私の視界を塞《ふさ》ぐものだから、〈対象物〉〈客体〉であるとともに私に逆らう〈対立物〉でもある。それらは、未来からやってきて、近づけば近づくほど〈実効的《ヴィルクリヒ》〉になる（ますます強く私に作用《ヴィルケン》する）。ひしめき合いながらやってくるさまざまの対象物を（いわば未来学的に爪先《つまさき》立って）見渡してみると、はるかな地平線の方では対象物が疎《まば》らであり、非実効的であって、霞む先では何もなくなってゆくことが判る。それらがあるところは、対象物たるには、そして対象物［対立物］として〈認められる〉には、あまりに遠いのだ。〈ここ〉から非常に遠いところ（ざっと何百万キロ、何百万年の彼方）では、そもそも〈対象物〉について語る意味がほとんどない。その意味で、空間は、

〈有限〉なものとして、つまり対象物のないところで果てるものとして、体験される。

むろん、そうした空間体験においては、キロメーターや年の尺度は使えない。ある対象物までの遠近は、絶対的な尺度で測れるものではなく、私の在りようとの関係において相対的に測れるにすぎない。対象物は、私に関係する程度が大きいほど、近いのだ。それが〈実効的〉になればなるほど、すなわちそれが私に介入し私がそれに介入するようになればなるほど（それが〈関心を惹く〉ほど）、それは近くにある。こうした時間体験・空間体験の尺度は、私の関心である。ただし、線形的意識の伝統的尺度と比べて、私の関心という規準が、必ずしも正確さに劣るわけではない。テクノイマジネーションの世界の〈学理《マテーシス》〉は、線形的世界のそれと同様に正確に測れるものなのだ。関心は、〈客観的間隔〉と同様に数量化できるのだ。それでも、ここに、われわれの想像力をはるかに超える転換が始まっていることは、認めなければならない。

われわれの想像力を超えるのは、たとえば、テクノイマジネーションの空間像が完全に意識化された場合、未来における測定がどうなるかという問題である。たしかに、いままでもすでに、そうした未来の測定法を示唆する方法が見られないわけではない（たとえば、すべての［人間にとって必要な空間の大きさを考える］いわゆる〈近接学《プロクセミクス》〉）。けれども、すべての目盛が私から始めて（つまり〈ここ〉から始めて）付けられるのだから、それは従来の目盛とは違って無限ではありえない。それは、ゼロ点の左右に無限大に至る目盛を刻むものではありえず、〈ここ〉から〈未来〉に向けた目盛しかもたない。すべての目盛が〈客観的世界〉ではなく〈世界に対する私の関心〉のための尺度なのだから、いままでの尺度はもう使えない。空間の尺度と時間の尺度（センチメーターと秒）を区別したのでは、関心の度合を測ることなどできないのだ。未来の測定単位は、［伝統的意味で］〈四次元的〉なものではありえない。伝統的な四つの次元は、画像を概念へと抽象したものだから。さればといって、これらの次元に代わるものを思い描くことは、すでにビデオにおいて新しい測定法の端緒が見られるものの、まだできていないのだ。［未来においては］すべての目盛が測定可能な地平を指すべきものだから、従来の目盛と違って想像を絶するところ（何百万キロ・何百万時間・マイクロ秒・ミリミクロン）まで霞んでゆくものではなく、測定対象が疎らになるにつれて刻み幅がますます狭くなり、関心と測定可能な世界が終わるところまでしか及ばないのである。いまでも、等差数列ではなく［漸減的な］等比数列を成して完結に至るように刻まれている目盛が未来のために使われていないわけではないが、それは依然として、未来においては使えなくなるような〈客観的〉尺度に基づいているのだ。

新しい空間体験

ここに述べた〈サイエンス・フィクション〉は、〈空間と時間の範疇ばかりでなく〉われわれの［伝統的な］すべての範疇を覆すものだ。世界が（一方で私がいまここに在るということによって、他方で世界に対する私の関心の消滅によって）限界づけられているとしたら、世界を超えるとは何か（〈超越性〉とは何か）と言う問題が、線形的にプログラミングされた意識にとっては考えられないような文脈で提起されることになる。世界を〈超える〉とは、実は、主観性を超えることに他ならないのだ。私は、世界の限定性を、〈いまここで〉の側面では他の人々を引き込むことによって超えることができる。すなわち、いまここに私の傍らにいる人々が多ければ多いほど、私がなかにいる世界は大きくなる。また、私は、世界の〈地平〉による限定性を、私の関心の拡大（実際には、自分の死に対する関心という枠を破ること）によって超えることができる。いずれの場合も、世界を超えることは、世界を拡大する結果をもたらす。世界は、私がそれを超えるや否や、いわば後を追ってくる。要するに、テクノイマジネーションによって思い描かれる世界を広げるのは、宇宙飛行や核エネルギー研究ではなく、他の人々とかかわること、そして関心というパラメーターを拡大することなのだ。

こうした傾向は多くの場所で見られるのだが、いまのところまだ［意識的に］画像化されるところまで行っていない。消極的な側面について言えば、さらなる〈発見［覆いを取ること］〉はますます関心を惹かないものになっている。マスメディアはそれをコード変換してセンセーショナルなものにしてしまうが、センセーションは関心の地平の外（〈あちら〉）で反響を呼ぶにすぎないのだ。積極的な側面を見ても、現在の〈オデュッセイア〉というべき〈発見の旅〉に当たるのは宇宙飛行よりもむしろ〈麻薬による〉〈幻覚体験《トリップ》〉

であり、それが、関心というパラメーターを広げているわけだ。われわれの周りと自身の内部にそうした現象が見られるにもかかわらず、いまのところ、新しい空間体験が意識して思い描かれているとは言えない。意識してそうするためには、歴史から跳び出すことが必要だからである。空間が（〈客観的な〉測定単位によってではなく）関心によって測定できるものであり、関心の範疇としての〈近い－遠い〉が実存的性格をもっているとするなら、空間は再び（呪術的意識レベルにおいてそうだったように）〈倫理的〉になる。近さの体験は、（呪術的意識にとっての〈気高さ〉や〈正しさ〉の体験と同様に）政治的・信仰的な体験になる。そうなると、〈汝の隣人を愛せよ〉という命題が（どれだけの射程をもつか想像はできないが）意味をもつことになろう。たとえば、うるさく私につきまとう蝿への関心が、二〇世紀末における中ソ国境問題の政治的展開に対する私の関心よりもずっと〈大事〉だと認めなければならない、ということになるだろう。換言すれば、テクノイマジネーションによる世界像が意識的に描かれるということが人間主義の終焉を意味することに、疑問の余地はない。しかし、〈汝に近き者を愛せよ〉という命題が、そうした文脈では人間「隣人」ではなく近さ自体を意味するということ、〈他者〉が私に近い者を意味し、その者が私に近ければ近いほど「あなたではなくて」〈きみ〉になるということは、いまのところ想像できないばかりでなく、文字どおり〈ぞっとさせる《エントゼッツリヒな》〉ことだろう。それは、歴史から引き離す《エント・ゼッツェンする》こと、そして歴史後の文脈に移し入れることだから。

本章の第1節で試みたいくつかのテクノ画像の解読は、このコード化が行われる新しい意識レベルについて、その若干の側面を少なくとも大まかに暗示するものであった。本節では、取り上げることのできる多くの側面から三つだけ、〈視点〉と〈時間体験〉と〈空間体験〉を取り上げたが、それもきわめて図式的に扱うことしかできなかった。それでも、要約して次のように主張することはできよう。

一方で、自分たちが使う概念を画像化しようとする科学技術の専門家の試みを眺め、他方で、大衆的テクノ画像の作成者による操作を眺めるならば、そこに、新しい意識レベルの形成を観察することができる。それは、何よりも、線形的ではないという点で、歴史的な意識レベルから区別される。したがって、新しい意識レベルにとって、先-後・AならばB・真-偽・現実的-非現実的といった範疇は、無意味であるか、または、新しい意味を与えられるものとなる。それに代わって中心的な意味をもつのは、別種の（歴史意識がそのためにプログラミングされていない）範疇、たとえば間主観性・視点の変更・近さである。この転換の結果の一つは、〈進歩〉という概念が空虚になってしまうか、それとも逐次的過程ではなく、ある中心をめぐる旋回を意味するようになるということだ。第二の結果は、テクノイマジネーションにとって認識・意欲・体験（科学・政治・芸術）の区別が無意味になり、三つの範疇がいずれも歴史的意味で〈古臭く〉なってしまったということだ。第三の結果は、〈疑う〉という概念が、新しい意識レベルではかつては考えられなかった意味、つまり視点の数を何倍にも増やし、他人がどの視点でもとれるようにするという意味をもつようになる、ということだ。

4——現在の状況

プログラミングされた孤独

表面的に見れば、現在における人間相互関係の転換は、コミュニケーション構造の転換によるものである。人間は、ますます強く円形劇場型言説につなぎとめられ、画一的にプログラミングされるようになっている。本物の対話のための構造、つまり本物の情報交換によって新しい情報を生み出すための構造はすべて、衰亡に瀕している。世論は、受信したプログラムの角を丸くしてネット型対話を行うものになっているが、その空疎な無駄話が、コミュニケーション過程に創造的に介入しようとする試みをすべて窒息させてしまうのだ。孤独な大衆へと寄せ固められた人類の頭越しに、科学技術の進歩的［逐次進行的］な樹木型言説がますます激しい情報の流れとなって流入するが、その情報は、対話を豊かにすること（つまり、意味を与えること）に役立つのではなく、大衆をプログラミングする円形劇場［テレビなど］に餌として供給される。科学技術に携わる人々自身、その円形劇場によってプログラミングされているのだ。こうして、円形劇場とネット型対話の連結により世論が［円形劇場によって］放射されたプログラムを増幅して反映するような、自己運動的機構が生まれる。こうした悪循環を阻止できなければ、このコミュニケーション状況は、全体主義的大衆社会の構築へと展開されてゆくであろう。それが〈地獄〉であるのは、コミュニケーションが本来とは正反対に機能するようになるからだ。つまり、生に意味を与えるために人間を他の人間と結びつけるのではなく、全面的な孤独化と、生の意味喪失をもたらすのだ。これが、〈表面的に見た〉われわれの危機である。

この危機は、右のような視点から、何十年来繰り返し分析されてきた。破滅を避けるためにそうした分析が必要なことは、否定できない。そこで、本書も第I章で、その種の分析に若干の寄与をすべく試みたのである。だが、そこで明らかになったのは、そのさいの視点が適切でないこと、その視点からはわれわれの危機の全側面が見えてこないということであった。すなわち、現在における人間相互関係の危機は、構造（〈メディア〉）の転換によるばかりでなく、少なくともそれと同程度にコードの転換によるのであり、これら二つの互いに入り組んだ革命を両方とも注視するように努めることが必要なのである。もとより、これは、一人の分析家の能力をはるかに超える仕事である。そのためには広い視野をもつだけでなく、綿密な研究が必要なのだから。それでも、本書の第II章では、思い切って、現在の意味論的革命を分析するために若干の考察をめぐらしてみた。その考察に題をつけてみれば、〈線形的コードの没落と新種の画像コードの興隆〉ということになろう。そこでは、いまやアルファベットやそれと類似のコードが人類のプログラミングのために果たす役割は以前よりずっと少なくなっており、技術的に作成される画像［テクノ画像」の意味がたえず増大していると主張したわけだが、この主張は、一見するところ、人々はますます対話しないようになっており、ますますマスメディアによってプログラミングされているという主張と比べて、それほど不安感を与えないように思えるであろう。しかし、事態を仔細に見れば、「現在における」コードの転換は人間の在りようの転換を意味すること、その在りようの転換は、「呪術的な在りようから」歴史的な在りようへの転換に匹敵する過激なものだということが、判ってくる。ただ、現在の状況は、われわれがかかわっている革命の過激さをコミュニケーション構造「円形劇場型言説とネット型対話の組み合わせ」によって覆い隠すように、できているのだ。

そこで、本書第Ⅲ章のテーゼは、こうなる。新しいテクノイマジネーションのコードに表現される新しい在りようを明晰判明に意識化できないかぎり、自己運動的全体主義の〈地獄の〉カタストロフが避けられる見込みはあまりない。このテーゼは、二つの仕方で敷衍《ふえん》できる。一方で、われわれは、このコミュニケーション構造を支えるコードをきちんと使いこなすことを学ばないかぎり、その構造を変えようとすることなどできない。他方で、われわれは、世界を変えようとする前に、自分の内部（自分のプログラム）において何が行われているかを、まず理解しなければならない。

人間はコミュニケーションネットの結び目だと考えるか、コミュニケーションネットは人間と人間を結びつけるものだと考えるか（文化の所産としての人間か、人間の所産としての文化か）は、このさいどうでもよい問題かもしれない。しかし、ここでは、外部の状況はわれわれ内部の分裂の反映だと考える方が、アプローチとして簡単である。そうすれば、われわれがおよそ外部の状況を見抜こうとしないわけも、よく判るのだから。つまり、われわれは、自分自身を発見する［覆いを取る］ことを怖れているのだ。たとえば、映画館においては学校で受信する［授業を受ける］のとは全く違う仕方で受信し［映画を観賞し］、実験室ではテレビの前とは全く違うふるまいをする理由がはっきりすれば、われわれは、自分が精神分裂症に罹っていることを知ってしまう危険がある。しかし、われわれの状況を分析するために必要なのは、事実を知ること自体でも、［知らないですむように］十分な距離をとることでもなく、とりわけ、［事実を知った上での］自己克服なのだ。

情報を放射する円形劇場は、そのテクノ画像によって、われわれを、［一律に］異境化された消費行動・画一的行動へとプログラミングする。それは、円形劇場が何らかの隠された権力の利益を代弁しているとか、プログラミングの技術を完璧にマスターしているからとかいうよりも、われわれが物欲しげにそうした機能に加担するからである。そして、われわれがそうするのは、自分たちをプログラミングするコードの本質を知ろうと思わないからだ。そのコードが与える意味を〈悟る〉ならば、われわれは、信じている〈つもりでいる〉ものすべてを〈見破る〉ことになるだろう。われわれの状況を外から見れば、それは、われわれ全員が見物している影絵芝居のようなものであって、その影絵芝居は、わわれわれの直面する危機を覆い隠すように機能する。その結果、われわれは無意識のうちに、自己運動的（〈サイバネティクス的〉）プログラミングの手に落ちてゆくのである。

そのことについての責任を〈他人〉（発信者）に転嫁しようとしても、無駄である。われわれが、われわれをプログラミングする言説について責任を負う立場にないというのは、本当だろう。しかし、それは、われわれが自分で責任のない立場に立とうとするからである。われわれは、責任（対話・創造的コミュニケーション）を避けるために、そうするのだ。われわれは、自分たちの状況についての責任を〈他人〉に転嫁しておいて、同時に、〈コミュニケーションができない〉という不平をこぼすのだ。それは、われわれが、自分たちを引き裂く転換についての責任をとれないかもしれず、そのためのチャネルが与えられてもどのようにコミュニケートすべきか（まして、何をコミュニケートすべきか）判らない、と恐れるからである。

跳躍への決断　われわれは、伝来的なものすべてから思い切って跳び出すように挑まれているのだ。それが難しいのは、なかなか決心できないからである。たとえば、テレビを対話的なものにして〈民主的チャネル〉へと改変しようというなら、〈技術的〉困難はほとんどない。電話のように機能するテレビは、すでにできているのだから。その改変のために必要なのは、われわれのいろいろな政治的範疇（たとえば選挙・議会、それに検閲）を棄て去ることだ。また、たとえば本質を的確にとらえた写真を撮るための〈技術的〉困難は、ほとんどない。だが、そのためには、われわれの認識範疇を〈われわれの真理概念・〈客観性を装う〉イデオロギーの概念、それに、立場を明らかにするとか真実を語るとかいう概念も〉棄て去らなければならない。また、学校を映画館的なものにしたり映画館を学校的なものにするための〈技術的〉困難はほとんどないし、「映画館的学校や学校的映画館における」授業にフィードバック構造を導入して対話を可能にするための〈技術的〉困難も、ほとんどない〈プログラミングされた授業と称するものは、すでにこの方向をめざしている〉。だが、そのためには、世代間の関係についてのわれわれの概念とイメージ〈われわれの〈教養《パイディア》〉〉をすべて投げ棄て、われわれの歴史的範疇〈たとえば〈民族〉・〈国家〉・〈階級〉〉をすべて放棄する必要がある。また、大学制度とテレビシステムを結びつけて、テレビのテクノ画像が科学的概念に意味を与える一方、大学が正式の相互乗り入れ教育《クロス・エデュケーション》を可能にする構造をもつようにするための〈技術的〉困難は、ほとんどない〈いわゆるケーブルシステムは、この方向をめざす試みである〉。しかし、そのためには、大学とテレビに関するばかりでなく、とりわけ科学と芸術に関しても、われわれのイメージと概念を放棄する必要がある。こうした例は、いくらでも挙げることができる。現在のコミュニケーション構造は、〈技術的〉には決して硬直的ではないのだ。それは、新種のコード化された世界・新しい人間相互関係・新しい人間・新しい社会を形成する〈いままで予想できなかった〉可能性を与えてくれている。しかし、そうした可能性は、それを利用する意志がないかぎり、無いも同然である。そして、その意志は、テクノイマジネーションを意識して使うための思い切った跳躍がなされないかぎり、認められないであろう。

現在のコミュニケーション構造の柔軟性、すなわち、それを既知の機能とは全く異なる機能に役立てることが比較的容易だという事実は、ほとんど完全に隠されている。円形劇場とネット（テレビと世論）の同期化がもたらそうとしている総白痴化のおかげで、ますます孤独化しつつあるわれわれ大衆的人間は、エリート文化と大衆文化を分かつ禍々《まがまが》しい垣根を打ち壊すことがどんなに簡単か、判らなくなっているのだ。他方、われわれのうちでエリート文化にかかわりメディアの柔軟性を知っている人々（専門家）にとっては、垣根を打ち壊すことが容易だという認識は無意味である。専門家は、自分たちの狭いコードから一般的なコードへと情報を翻訳することができないからだ（たとえばカメラマンは、撮影にさいしての自分の操作が哲学や政治的参加の分野にも適用できるものであることを、見抜けない）。現在のコミュニケーション構造に含まれているさまざまの可能性（人間の新しい形の在りようにとって大いに役立つ可能性）は、それを利用できるために十分なテクノイマジネーションをわれわれがもっていないために、隠されているのである。

これは、状況を見守る善意の観察者を絶望させるものであろう。ここには、人類を（人口爆発にもかかわらず、否、むしろ人口爆発のおかげで）責任感と創造力をもつパートナーたちの組織に組み替えるものとして思い描ける可能性、予感できる可能性がすべて、見たり聞いたりできる形で現に存在する。全地球的な創造的対話の可能性が、すべて存在する。しかも、そうした対話から流れ出る情報は、量的のみならず質的にも、いままでの対話が生んだ情報と比べものにならないほど圧倒的なのだ。われわれは、新しいレベルの在りようへの境目に来ている。ひとたびその境目を越えて新しいレベルに立てば、歴史も先史もすべてがその前段階ということになってしまう。そうした状況において、われわれは、テレビを見ては馬鹿話をするか、それとも、きわめて乱暴かつ頑固に、〈エネルギー危機〉とか〈第三世界〉とか〈財の分配〉とか〈核兵器〉とかいった伝来の〈実は古臭くなった〉範疇を用いて論じているのだ。意識喪失を求めるか、それとも、実はすでに持ちこたえられない伝来の歴史的意識レベルにこだわるのだ。新しい状況に屈服するか、それとも、一九世紀に生きているかのようにふるまうのだ。前者が〈声なき多数〉、後者が〈進歩的〉と呼ばれるものである。

自己運動か意識化か

むろん、善意の観察者のこうした絶望は、素朴な錯覚に基づいている。テクノイマジネーションが実際に意識化されないかぎり、また、われわれが実際に概念の画像をつくる（テクノコードをマスターする）ことを学ばないかぎり、コミュニケーション構造の利用可能性について語ることは無意味であって、われわれは〈歴史的に〉行動するか、またはテクノ画像によって〈呪術的に〉受身の消費へとプログラミングされるしかないのだ。右に述べた潜在的可能性は、それを摑まえる能力がなければユートピアにとどまる。だからこそ、絶望するには及ばないのだ。それは、近代的な化学実験室に置かれた中世の錬金術師が、近代の化学式を使わずに呪文を唱えてうまくいかなかったからといって、絶望する理由にならないのと同じことだ。かれが、近代の化学式を学ばないかぎり、近代的実験室も、かれにとって奇妙な錬金術工房にすぎないのだ。

これは、われわれの状況のかなり正確な隠喩である。われわれがいる化学実験室は、われわれ自身(われわれ錬金術師)がそれを造ったにもかかわらず、われわれの意識レベルを超えている。したがって、われわれは、近代化学を習得するまでは、実は三つの行動様式しかとれない。立ち昇るガスを吸って意識を失ってしまうか、進歩的姿勢を堅持して賢者の石とか神髄とかを探求するか、または、そうした矛盾に絶望し憤激する余りすべてのレトルトとプレパラートを粉砕するか、である。ただし、この隠喩は、不気味な印象を与えるもう一つの側面をもっている。すなわち、化学実験室には、近代化学の本質を少しも理解せずにその実験室を誇り、ますます巧みに操作する服務員《ファンクショナリー》・オペレーター・実験助手がいる。だから、新しい意識レベル(そこで近代化学が何らかの〈意味を与える〉)に達することなしに、実験室が自己運動的に機能する危険もある。

われわれの状況を別の隠喩で、既存の装置+オペレーター複合体の自己制御・自己運動への傾向と、テクノイマジネーションを意識化しようとする試みとの駆け競べとしてとらえてみることもできる。前者が勝てば、われわれのコミュニケーション状況が全体主義とマス化に向かうことは不可避になる。後者が勝てば、人間の新しい在りようへの（まだ思い描けない、したがって概念的に把握することもできない）道が開かれる。別の言い方をしよう。前者が勝てば、人間は服務員になり、人類は機構の餌になりながら機構によって養われる大衆になり、生はこの旋回性において満ち足りることになるであろう（そこでは、〈平和〉は〈死〉と同義になる）。これに対して、後者が勝った場合。未来の人間と人類と生がどんなものになるか、読み取ることはできない。どうなるかは、各自のテクノイマジネーションに委ねられているのだ。

われわれはすべて、死に向かう在りようを甘受できない以上、コミュニケーションを重視する。われわれは、死すべき定めを知ってそれに耐えるには、他者において生き続けることを求めるしかない。こうした不死の希求から、コード化された世界（文化や精神や意味や反分解傾向《エントロピー》の世界）が生まれたのである。しかし、その世界の密度が高まって、他人の目には不透明なものになると、それは、自己を動かした本来の動機と正反対の方向に向いてしまうことになる。それは、われわれを互いに結びつけるのではなく、孤立させる。われわれの生に意味（他者に近づくという意味）を与えるのではなく、生を（死を意識しなくとも）無意味なものにしてしまう。

われわれは、自分を取り巻くコード化された世界が右のようにひっくり返ってしまうおそれのある危険な状況に生きている。この世界は、橋ではなく牢屋になってしまいそうなのだ。世界を組み立てている棒を矯めて橋にすることは、あまり難しくない。だが、そのためには、橋の意味を解読することを、学び知らなければならない。さもなければ、牢屋は堅固になってしまう。それを組み立てる棒に頭突きを喰らわせようと［進歩派］、その影でまどろんでいようと［声なき多数］、同じことだ。それらの棒《シュターブ》［スタッフ］は自己運動的になっているのであって、魔法使いの弟子がもつ箒のように自己増殖するからだ。

本書の意図は、われわれを取り巻くコード化された世界を解読するために寄与しようというにあった。ただし、幻想をもっているわけではない。われわれを取り巻くコードの意味の解読は、きわめて難しい仕事である。それが示す人間の在りようは、われわれがまだ〈習熟〉していないものだから。それは、破滅的な深淵を跳び越えてはじめて到達できるレベルの在りようなのだ。そこに到達するには、われわれは、新しい基礎を信じられぬまま、いままで自分を支えてくれた基礎を棄てなければならない。人は〈ゾッとする〉思いを買って出なければならない。本書は、現在の危機を克服するために必要な決意を、大したことではないなどと言うつもりはない。これは、ゾッとする決意である。この決意は、〈人間主義〉（それが通用した最後の形としてのマルクシズムも）の放棄を含むものなのだ。したがって、本書は、〈新しいもの〉の若干の側面を明らかにし、それに達する若干の方途について述べることを試みた。もっとも、これは、ごく不完全な試みである。もっと先に（もしかすると全く別の道、否、逆方向の道を）進むことは、別の人々にやってもらうしかない。だが、そもそも、〈コミュニケーションへの積極的参加《アンガジュマン》〉は、まさに、他の人々に助力を求めることではなかったのか？

訳者あとがき

『サブジェクトからプロジェクトへ』（一九九六年、東京大学出版会）に続いて、ヴィレム・フルッサーの著作の二番目の邦訳を世に送る。底本は、フルッサー著作集第四巻に初出の「人間関係の転換？」である（Vilém Flusser, Umbruch der menschlichen Beziehungen?, in: Kommunikologie, Vilém Flusser Schriften, Bd. 4, 1996, Bollmann Verlag）。〈人間関係の転換〉とは、アルファベットのコードによるコミュニケーションから〈テクノ画像〉のコードによるコミュニケーションへの転換を指している。そこで、訳書のタイトルは端的に『テクノコードの誕生』とし、この著作がフルッサーのいわゆる〈コミュニケーション学〉（それは著作集第四巻の表題にもなっている）の講義案として執筆されたものであることを示すために「コミュニケーション学序説」という副題を付した。

著作集第四巻は「人間関係の転換？」の他に「コミュニケーション学講義」と題する（一九七七年にマルセイユ－リュミニ大学における講義のために執筆された）講義案をも

収めているが、これは分量的にも「人間関係の転換？」の約半分にすぎないエッセイ風の作品なので、訳出の対象にはしなかった。ここに訳出した「人間関係の転換？」こそが、（執筆時期は一九七三-四年で、やや遡るものの）フルッサーの得意とするエッセイ的著作の背後にある〈コミュニケーション学〉を体系的に提示した講義案なのである。

ユダヤ人学者の子として一九二〇年にプラハのゲットーに生まれ、ナチスを逃れてサンパウロに移住し（一九四〇年）、科学哲学・コミュニケーション哲学の学者として名をなしたフルッサーが、ブラジルの軍事政権を忌避してヨーロッパに戻ったのは一九七二年のことであったが、ここに訳出した講義案は、南仏プロヴァンスの小邑ロビヨンに落ち着いたばかりの時期（編集者のシュテファン・ボルマンによれば、フルッサーの「きわめて生産的な時期」）に執筆されたわけである。ここには、「サンパウロ時代の教授活動がもたらしたコミュニケーション理論の研究成果と作業仮設が、［エッセイ的作品の多いフルッサーとしては］異例の体系的著作としてまとめられているのである」（ボルマン）。すでに卓抜なエッセイ『サブジェクトからプロジェクトへ』の邦訳によってフルッサーを日本に紹介した訳者が、次の訳出の対象としてこの作品を選んだのは、フルッサーがドイツの（とくにポストモダン的な）現代思想に強い反響を見出しつつある一因を、奔放な筆致で書かれた数々のエッセイの背後にあるかれの思考の体系性に見たからに他ならない。

周知のとおり、線形性・進行性（歴史）に基礎づけられた〈大きな物語〉がすでに説得力を失ったということは、つとにポストモダニズムの指摘するところである。しかし、そうだとすると（そして、線形的なテクストのコードによって克服されたもっと古い呪術的画像のコードに退行することもできないとなると）、アルファベットの発明以来線形的にプログラミングされてきた人間にとって、居場所はなくなる。人間は、マスメディアのプログラミングによってますますマス化され、世間話的なお喋りしかできないままで孤独な死を迎えるしかないということになってしまう。だから、やはり線形的なコードの城（近代）にたてこもる以外に道はない、と考える知識人も少なくない。しかし、フルッサーは、線形的コードに代わる居場所がないわけではなく、そのヒントもすでに与えられているのに、それがなかなか見えないだけだと主張する。

ヒントは、マスメディアが利用する〈テクノ画像〉のコードに求められる。線形的なテクストのコードが人間のコミュニケーションを満足に支えられなくなったのは、まさに線形的な発展（進歩）が生んだ情報の氾濫と専門化の結果であるが、これに対処するために用いられるようになったのが、テクストに含まれるさまざまの概念を分解し画像として再構成するテクノ画像のコード（テクノコード）なのである。もとより、そのテクノコードが、マスメディアによって四方八方に送り出される〈円形劇場型言説〉のプログラムを搬送するだけでは、新しい居場所は生まれない。われわれ自身がテクノコードの本質と可能性を学び取ってはじめて、テクノ画像を描き出す一方でそれを概念の記号として解読する

〈テクノイマジネーション〉の世界を、新しい居場所とすることが可能になる。その新しい居場所では、〈進歩〉の観念も、線形的な歴史の世界とは全く別の意味をもつに至る。「それは、（たとえば客観性に向かう）〈線形的傾向〉ではなく、〈周縁をめぐる〉ものになり、ますます多くの視点をとることが進歩だということになる」（二八六頁。これは当然、テクストによるコミュニケーションにも当てはまるであろう）。このように、「居場所はない、どこにも」と言い放つだけでなく、オルターナティブな居場所を（資本主義か社会主義かといった線形性内部の対立の彼方に、線形性に代わる旋回性のコードによる反エントロピー的なコミュニケーションの場として）描き出そうとする努力が、フルッサーの〈コミュニケーション学〉に通常のポストモダニズムには見られない体系性を与えているのであろう。

こうした〈コミュニケーション学〉の体系が、すでに一九七三—四年に講義案としてまとめられていたのである。それは、パソコンが普及するはるか以前に、テクノイマジネーションの世界の到来を予言するものであった。パソコンそのものが本書でまだ言及されていないことは執筆時期による制約であるが（本書で取り上げられているテクノ画像についての叙述にも、技術の発達の結果古くなってしまった箇所があるかもしれない）、かえって本書の先見性を証明するものであろう。八〇年代半ば以降、フルッサーはコンピュータによるコミュニケーションを視野に収めた数多くの論考を発表しているが、それらの集大成ともいうべき文明論が上記の『サブジェクトからプロジェクトへ』なのである。

以上に紹介した現代的問題についての鋭い分析と体系的把握の他にも、本書は数多くの貴重な示唆を含んでいる。とりわけ、アルファベットのコードと線形的・論理的思考の関係についての指摘は、日本では非アルファベット的テクストのコードが（印刷本の普及後も）線形的論理の展開にとって不利な条件となり、呪術的画像のコードを遅くまで残存させたのではないか（神話的天皇制）、未成熟に終わった線形的コードに代わって登場したテクノ画像のコードが呪術的画像のコードと混同される危険は西洋よりも大きいのではないか、といった問題を考える手がかりとなるであろう。ヨーロッパでも近年ようやく名声を得たフルッサーが一九九一年に自動車事故で不慮の死を遂げ、かれを日本に招いて議論に応じてもらう機会が得られなかったのは、残念と言うしかない。

文庫版解説　メディアの世紀を生きた哲学者

石田英敬

本書は、文筆家でジャーナリスト、独創的なメディア哲学で知られるヴィレム・フルッサー（Vilém Flusser 1920. 5. 12–1991. 11. 27）の著作『人間関係の転換？』の全訳である。一九七八年に完成したドイツ語タイプ原稿をもとにドイツ語版はつくられ一九九六年フルッサー著作集第四巻に収められた。[1] ドイツ近代法の碩学村上淳一氏によっていちはやく一九九七年に日本語訳された。題名を『テクノコードの誕生』とし、「コミュニケーション学序説」を副題とした経緯については「訳者あとがき」を参照されたい。フルッサーはこの著作を、英語、フランス語、ドイツ語で書いた。フランス語版、[2] 英語版の出版はじつに昨年二〇二二年刊行。[3] いま世界ではフルッサー読み直しの機運が高まりつつある。

フルッサーは、一九二〇年にプラハのユダヤ系知識人の家庭に生まれた。父グスタフはプラハ大学で数学・物理学を修め（アインシュタインの学生でもあった）プラハ大学の講師をし、チェコ社会民主党の国会議員でもあった。初期キリスト教研究で著名なエルサレム大学教授ダヴィッド・フルッサー（1917-2000）はいとこにあたる。

一八歳で哲学を修めるためにプラハ・カレル大学に進んだが、一九三九年のナチスのチェコ占領により国外に脱出。プラハに残った家族（両親・妹・祖父母）はナチスの強制収容所で全員虐殺された。一九四〇年に将来の夫人とその家族とともにロンドン経由でブラジルに渡り、一九五〇年ブラジル市民権を取得。チェコとの貿易会社に勤めたのちラジオとトランジスターのメーカーのマネージャーを一九六一年まで務めた（この職業経験はかれのメディア理論に活かされている）。昼は会社勤務、余暇は哲学的思索に打ち込む日々を送る。一九六〇年代になるとブラジル哲学協会の会員になりブラジル論理学の立役者で現象学研究で知られたビセンテ・フェレイラ・デ・シルヴァの知己を得るなどして頭角を現し、サンパウロのコミュニケーションと人文学大学校のコミュニケーション哲学教授となる。しかし、この時期、ブラジルでは軍部クーデタと独裁政権の時代となり、講演や刊行が困難となった。一九七一年のヨーロッパ講演旅行を機にブラジルを離れてヨーロッパに移住。イタリアやフランスに住んで各地で講演し本を執筆するノマド生活を続けた。一九八一年には南仏プロヴァンスの小さな村ロビオンに居を定め、一九八三年にドイツ語で刊行した小さな本『写真の哲学のために』の成功（一四カ国語に翻訳出版）が一躍フルッサーの名声を世界に広めることになった。[4]一九九一年にはフリードリッヒ・キットラーの招きでルール大学ボッフムで講義を行い、一一月に初めて生まれ故郷のプラハに戻り（ビロード革命の二年後のことだ）、ゲーテ・インスティチュートで新メディアが人間のコミュニケーションに引き起こす変化について、チェコ語とドイツ語を交えて講演を行った。コミュニケーションの新たな変化は古い文字文化を過去に追いやるばかりか、写真や映画やテレビやビデオのような従来のテクノ画像をも時代遅れにするだろう、と。満員の聴衆を前に即興を交えて情熱的に語り終えると、（まだスマートフォンの時代ではなかったから）黒板に自分のフランスのアドレスを板書すると、ここに手紙を書いてくれ、これからも対話を続けようと呼びかけて立ち去って行った。そして、フランスに向かう帰路、チェコの道路で自動車が事故を起こしアドレスが使われることはもうなくなった。フルッサーとはこのようにして二〇世紀を駆け抜けた人だったのだ。その人生の軌跡が、かれのメディア哲学を刻んでいる。

この本の元にあるは、ひとつの体系的な「コミュニケーション学 Kommunikologie」の素描である。それはまだ見えぬ未来の学であって、その断片がここに草稿として書きとめられたのだ。来るべきメディア論のラフスケッチとして読まれるべき本なのだ。「人間関係の転換？」という原題が示すのは、この本は、たしかに体系的な理論をめざすものではあっても、〈今〉の危機を出発点にして考察を繰り広げる問題論的な書物だということだ。人間コミュニケーションの文明的な転換の大きな見取り図を描くことが目ざされている。

だから現在のコミュニケーション状況を起点にして、歴史的・文明論的なパースペクティヴがとられて記述が進められるのである。そして、すべての〈プロジェクトの書〉がそうであるように、この小さな本は、その中に大きな文明の見取り図を宿している。

第I章では社会をコミュニケーションから捉える視座が素描される。コミュニケーションを大別すれば、その形式は「対話的コミュニケーション」か「言説的コミュニケーション」に分けられる。言説は劇場型言説、ピラミッド型言説、樹木型言説、円形劇場型言説の四つの構造に類型化して理解しうる。対話の構造は、サークル型対話、ネット型対話の二つのタイプに類別される。

そのようにしてコミュニケーションの構造と機能をモデル化し、その組み合わせがどのように社会関係をつくり人間のあり方をプログラミングしていくのか、自在に歴史的・社会的に豊富な実例をとって説明されていく。フルッサーは図式とフローチャートを使って分かりやすく説明してくれるから、読者は、注意深くかれの議論を追っていけば、かれが構想するコミュニケーション学の実践的な射程をつかむことができるはずである。その射程は、メディア・コミュニケーションと文明・社会との関係を広い視野に収め、究極的には、二〇世紀の人間社会がコミュニケーション・テクノロジーの大転換を迎えて直面している大きな危機に立ち向かうことが課題とされていることが読み取れるはずである。その危機とは、随所で繰り返される「普遍的参加の外観を呈する全体主義的脱政治化」という「（少しばかり黙示録的な）判断」（四三頁）が表しているものだ。

本書の基礎理論は、第Ⅱ章で中心的に展開される。

その理論は、「人間のコミュニケーションは原理的に、コードとして整序された記号に基づく」（九六頁）と考える、コードの記号論にある。このとき、〈記号《シンボル》〉とは、「何らかの了解によって別の現象を指すものとされている現象のこと」、〈コード〉とは、「記号の操作を整序するシステムのこと」（九七頁）である。コードが組織する〈記号のシステム〉が織りなす、人間と世界とを〈媒介〉する布地が〈文化〉であり、人間は世界の〈意味〉を〈表象〉して生きている。

このような考え方は、フルッサーがこの本を構想していた、二〇世紀半ばにおいて珍しいものではない。

クロード・シャノンの「数学的コミュニケーション理論」（一九四八）やノーバート・ウィーナーのサイバネティクスがコミュニケーション革命の衝撃を生みだした。人文・社会科学の領域でも、情報パラダイムと結びつくことで、構造主義やポスト構造主義が拡がっていった。マクルーハンに代表されるメディア論の展開を考えてもよい。いずれも情報学における符号理論（Coding theory）、言語学・文化理論における記号論（Semiotics）を核にしたコミュニケーションの知の革命だった。ラジオとトランジスタの仕事をしていたフルッサーがそのようなコミュニケーションの革命に無関心であったはずはない。「コード」や「プログラミング」という情報学的なジャーゴンを自らのメタ言語とすることで、独自のコミュニケーション哲学をかれは構想するようになったのである。

フルッサーにとって、コミュニケーションとは、工学的な問題ではなく、〈意味〉にかかわる問題である。コードは、物理的な符号化を超えて、シンボルの解釈をめぐって、世界の問い、文明の問い、歴史の問い、社会の問いへつながっている。明示的に「人文学」(一〇頁)の観点から、コミュニケーション学は構想されなければならないのだ。そして、これは本書の限界とも言ってもよいのだが(そして、その乗り越え方についてはわれわれ自身で別途考えなければならないのだが)、フルッサーの考察においては、記号とコードにもとづく〈西洋の歴史〉の成立とその間近な〈終わり〉が問題なのである。

コミュニケーションの観点から考えるとき、人間の在りようをプログラミングしているコードには言語があると考えられるだろう。だが、フルッサーは言語のコードには照準していない。彼が問うのは、〈文字〉の問題である。なぜかといえば、「現在の危機にとってまさに典型的だと思われるコードを取り上げ、それを考察すること」(一〇一頁)がここでの問題だからだ。

文字が変化したことで、人間文明の大転換が起こっている。そして、その中心には、コミュニケーションのコードの変質がある。それを捉えるのが、第Ⅱ章を通して詳しく跡付けられる、（a）「アルファベット前」、（b）「アルファベット」、（c）「アルファベット後」、という三つの時代区分における記号コードの成立とその危機および質的跳躍である。詳しくは丹念にページを追っていただくしかないが、その議論の大要を説明すれば以下のごとくである。

コードとは、記号の「取り決め」である。

フルッサーによる「二人の人間が昼どきに一匹の犬を散歩させている」絵とテクストの比較を見て欲しい（一一四頁左）。絵は、「アルファベット前」の絵のあり方を示している。絵は、四次元（三次元空間＋時間）で繰り広げられる〈世界〉の情景を、平面上に「圧縮」して二次元化して〈画像〉に換え有意味にしている。これが、絵という記号のコードの働きである。

それに対して、右側の「テクスト」を見て欲しい。このテクストは、「情景に意味を与える絵」に意味を与える。絵のなかで多元的な組み合わせを示していた画像は、文字記号の線形的なコードに従えられることで、数え上げ、物語り、計算する歴史のなかに転換されるようになる。このときに起こる変化は、画像の世界から〈概念〉の世界への跳躍である。

近代にいたる〈西洋の歴史〉を生みだした、「アルファベット」の記号のシステムは、わずか26の字母の組み合わせからなる恣意的な記号のシステムのなかに、あらゆる民族の言語と文化を組み込みその線形的なコードに従えることで、歴史の大きな物語のなかに組み込み、概念の世界に統合することに成功したのである（それがポストモダン論争で盛んに語られた啓蒙の物語である）。

ところが、現代のコミュニケーションは、「アルファベット後」の世界をもたらしつつある。写真、映画、テレビなどの「テクノ画像」を生みだす、新たな記号のコードである「テクノコード」が、人間文明に大転換を引き起こしつつあるのだ。

それが、フルッサーのいう「人間関係の転換」の内実であり、本書の後半を費やして展開される、テクノコード論が本書が提起する核心的課題なのである。

フルッサーが特権的に参照する、テクノ画像の実例は、「写真」である。写真は絵のような意味での画像ではない。〈世界〉に意味をあたえる〈画像〉に〈テクスト〉は意味を与えて〈概念〉の〈世界〉に換えるとすれば、写真という〈テクノ画像〉は、「世界に意味を与える画像に意味を与えるテクストに意味を与えるものなのだ」（一三五頁）とフルッサーは述べている。

どういうことだろうか。

フルッサーのいう「テクノコード」とは、記号のコードがもはや人間の概念を経由せぬところで概念化されて生みだされることで人間の意識がプログラミングされるようなコミュニケーション技術を指す言葉なのだ。写真機は、それ自体が工学的に設計されたメカニズムであって、その意味で「一定の線形的・技術的テクストの所産」である。「写真機の内部にはミラーがあり、写真家はそのミラーで、自分の視点から見える情景を見る。それから、写真家は、技術的テクストが指示する操作を実行する」。それで写真が撮れるわけだが、この「テクノ画像」は、「[写真機というメカニズムを規定している]線形的テクストの記号に意味を与える諸記号」(一八五頁)によって予め覆われた――つまり、工学的につねにすでにコード化された――平面に、「装置+オペレーター」の結合をとおして結像する画像なのである。テクノロジーによって予めすでにコード化された意味の平面上に、世界の意味が解釈されるようになったのが、テクノコードが支配的になった現代的コミュニケーションなのである。「われわれの危機は、主としてテクストからテクノ画像へのコード変換に起因するものであり、われわれを取り巻く世界の爆発的な多彩性と目も眩む多様性に通底するのは、われわれが世界を体験・認識・評価するためのメッセージを伝えるのはもはや[線形的な]行ではなく平面、それも全く新種の平面だという事実なのだ」(二三三頁)、と著者はメディアスクリーンを念頭に書いている。

それから半世紀が過ぎた現在では、スクリーンは、平面というよりは、多元化し実世界と分かちがたく融合した遍在するインターフェイスへと変容し、コミュニケーションの問題は拡大している。

フルッサーが青春を過ごし哲学を志した一九四〇年代は、二〇世紀のメディア革命が進行して全体主義と結びつき、戦争を引き起こし強制収容所を生みだした時代だった。コミュニケーション技術の発達は、第二次世界大戦後の文化産業の発達や消費社会の進行の動因となったが、必ずしも人間の文化的・社会的解放には結びつかなかった。しかし、本書でも随所に述べられているように、活字文化や近代の啓蒙をまとめ上げていた大きな物語を終焉させ、歴史の終わりが語られるようにはなった。本書は、そのような文明の曲がり角で、メディア、コミュニケーション、情報、テクノロジー、記号とコードを糸口に、文明の危機の深い理由を探ろうとした企てとして読むことができる。

ベルリンの壁が崩壊し、静かな革命と呼ばれたビロード革命が全体主義の体制を崩壊させ、自由を取り戻したプラハに半世紀ぶりに帰還した著者は、いまこそコミュニケーション哲学の課題に人間社会はじっくりと向き合うことができると喜んだのではないだろうか。テクノイマジネーションの対話を続けよう。彼が呼びかけた、その課題はまだわれわれの前に残されている。

（いしだ・ひでたか　東京大学名誉教授）

解説註

1
Vilém Flusser, Umbruch der menschlichen Beziehungen?
in: Kommunikologie, Vilém Flusser Schriften, Bd. 4, Bollmann Verlag 1996

2
Vilém Flusser, Mutations dans les relations humaines? De la communicologie, H Diffusion,
Collection Le Bon Voisin 2022

3
Vilém Flusser, Communicology: Mutations in Human Relations?
Stanford University Press 2022

4
V・フルッサー『写真の哲学のために：テクノロジーとヴィジュアルカルチャー』深川雅文訳
勁草書房一九九九

や　行

ら　行

な　行

は　行

ま　行

た 行

さ 行

索　引

本書は一九九七年三月十五日、東京大学出版会より刊行された。

ハリウッド映画史講義　蓮實重彦

「絢爛豪華」の神話都市ハリウッド。時代と不幸な関係をとり結んだ「一九五〇年代作家」を中心に、その崩壊過程を描いた独創的映画論。（三浦哲哉）

ゴダール　映画史（全）　ジャン゠リュック・ゴダール　奥村昭夫訳

空前の映像作品「映画史 Histoire(s) du cinéma」のルーツがここに！　一九七八年に行われた連続講義の記録を全一冊で文庫化。（青山真治）

映像のポエジア　アンドレイ・タルコフスキー　鴻英良訳

うちに秘めた理想への郷愁——。映画の可能性に応える詩的論理とは何か。映像の詩人がおよそ二十年に及ぶ思索を通し、芸術創造の意味を問いかける。

増補　シミュレーショニズム　椹木野衣

恐れることはない、とにかく「盗め！」。独自の視点より、八〇／九〇年代文化を分析総括し、多くのシーンに影響を与えた名著。（福田和也）

ゴシックとは何か　酒井健

中世キリスト教信仰と自然崇拝が生んだ聖なるかたち。その思想をたどり、ヨーロッパ文化を読み直す。補遺としてガウディ論を収録した完全版。

卵のように軽やかに　エリック・サティ　秋山邦晴／岩佐鉄男編訳

音楽史から常にはみ出た異端者として扱われてきたサティとは何者？　時にユーモラス、時にシニカルなエッセイ・詩を精選。（巻末エッセイ　高橋アキ）

湯女図　佐藤康宏

江戸の風呂屋に抱えられた娼婦たちを描く一枚のミステリアスな絵。失われた半分には何が描かれていたのか。謎に迫り、日本美術の読み解き方を学ぶ。

〈日本美術〉誕生　佐藤道信

「日本美術」は明治期、「絵画」他多くの用語とともに産みだされた概念だ。近代国家として出発した時代の思想と機構に切り込む先鋭的書。（北澤憲昭）

グレン・グールド　孤独のアリア　ミシェル・シュネーデール　千葉文夫訳

鮮烈な衝撃を残して二〇世紀を駆け抜けた天才ピアニストの生と死と音楽を透明なタッチで描く、最もドラマティックなグールド論。（岡田敦子）

民藝の歴史　志賀直邦

モノだけでなく社会制度や経済活動にも美しさを求めた柳宗悦の民藝運動。「本当の世界」を求める若者達のよりどころとなった思想を、いま振り返る。

シェーンベルク音楽論選　アーノルト・シェーンベルク　上田昭訳

十二音技法を通して無調音楽へ——現代音楽への扉を開いた作曲家・理論家が、自らの技法・信念・つきあげる表現衝動に向きあう。（岡田暁生）

20世紀美術　高階秀爾

混乱した二〇世紀の美術を鳥瞰し、近代以降、現代すなわち同時代の感覚が生み出した芸術が、われわれにとって持つ意味を探る。増補版、図版多数。

世紀末芸術　高階秀爾

伝統芸術から現代芸術へ。19世紀末の芸術運動には既に抽象芸術や幻想世界の探求が萌芽していた。新時代への美の冒険を捉える。（鶴岡真弓）

鏡と皮膚　谷川渥

「神話」という西洋美術のモチーフをめぐり、芸術の認識論的隠喩として二つの表層を論じる新しい身体論・美学。鷲田清一氏との対談収録。

肉体の迷宮　谷川渥

あらゆる芸術表現を横断しながら、捩れ、歪み、時には傷つき、さらけ出される身体と格闘した美術作品を論じる著者渾身の肉体表象論。（安藤礼二）

武満徹エッセイ選　小沼純一編

稀代の作曲家が遺した珠玉の言葉。作曲秘話、評論、文化論など幅広いジャンルを網羅したオリジナル編集。武満の創造の深遠を窺える一冊。

高橋悠治　対談選　高橋悠治　小沼純一編

現代音楽の世界的ピアニストである高橋悠治。その演奏のような研ぎ澄まされた言葉と、しなやかな姿が味わえる一冊。学芸文庫オリジナル編集。

モーツァルト　礒山雅

彼は単なる天才なのか？　最新資料をもとに知られざる真実を掘り起こし、人物像と作品に新たな光をあてる。これからのモーツァルト入門決定版。

エッフェル塔
ロラン・バルト
宗左近／諸田和治訳
伊藤俊治図版監修

塔によって触発される表徴を次々に展開させることで、その創造力を自在に操る、バルト独自の構造主義的思考の原形。解説・貴重図版多数併載。

エクリチュールの零度
ロラン・バルト
森本和夫／林好雄訳註

哲学・文学・言語学など、現代思想の幅広い分野に怖るべき影響を与え続けているバルトの理論的主著。詳註を付した新訳決定版。（林好雄）

映像の修辞学
ロラン・バルト
蓮實重彥／杉本紀子訳

イメージは意味の極限である。広告写真や報道写真、そして映画におけるメッセージの記号を読み解き、意味を探り、自在に語る魅惑の映像論集。

ロラン・バルト モード論集
ロラン・バルト
山田登世子編訳

エスプリの弾けるエッセイから、初期の金字塔『モードの体系』に至る記号学的モード研究まで。初期のバルトの才気が光るモード論考集。オリジナル編集・新訳。

呪われた部分
ジョルジュ・バタイユ
酒井健訳

「蕩尽」こそが人間の生の本来的目的である！ 思想界を震撼させ続けたバタイユの主著、45年ぶりの待望の新訳。沸騰する生と意識の覚醒へ！

エロティシズム
ジョルジュ・バタイユ
酒井健訳

人間存在の根源的な謎を、鋭角で明晰な論理で解き明かす、バタイユ思想の核心。禁忌とは、侵犯とは何か？ 待望久しかった新訳決定版。

宗教の理論
ジョルジュ・バタイユ
湯浅博雄訳

聖なるものの誕生から衰滅までをつきつめ、宗教の根源的核心に迫る。文学、芸術、哲学、そして人間にとって宗教の〈理論〉とは何なのか。

純然たる幸福
ジョルジュ・バタイユ
酒井健編訳

著者の思想の核心をなす重要論考20篇を収録。文庫化にあたり「クレー」「ヘーゲル弁証法の基底への批判」「シャプサルによるインタビュー」を増補。

エロティシズムの歴史
ジョルジュ・バタイユ
湯浅博雄／中地義和訳

三部作として構想された『呪われた部分』の第二部。荒々しい力〈性〉の禁忌に迫り、エロティシズムの本質を暴く、バタイユの真骨頂たる一冊。（吉本隆明）

哲学入門
バートランド・ラッセル
高村夏輝訳
誰にも疑えない確かな知識など、この世にあるのだろうか。近代哲学が問い続けてきた諸問題を、これ以上なく明確に説く哲学入門書の最高傑作。

論理的原子論の哲学
バートランド・ラッセル
高村夏輝訳
世界は原子的事実で構成され論理的分析で解明しうる――急速な科学進歩の中で展開する分析哲学。現代哲学史上あまりに名高い講演録、本邦初訳。

現代哲学
バートランド・ラッセル
高村夏輝訳
世界の究極的あり方とは？ そこで人間はどう描けるのか？ 現代哲学の始祖が、哲学と最新科学の知見を総動員。統一的な世界像を提示する。本邦初訳。

存在の大いなる連鎖
アーサー・O・ラヴジョイ
内藤健二訳
西洋人が無意識裡に抱き続けてきた「存在の大いなる連鎖」という観念。その痕跡をあらゆる学問分野に探り「観念史」研究を確立した名著。（高山宏）

自発的隷従論
エティエンヌ・ド・ラ・ボエシ
山上浩嗣訳
西谷修監修
圧制は、支配される側の自発的な隷従によって永続する――支配・被支配構造の本質を喝破した古典的名著。20世紀の代表的な関連論考を併録。（西谷修）

アメリカを作った思想
ジェニファー・ラトナー＝ローゼンハーゲン
入江哲朗訳
「新世界」に投影された諸観念が合衆国を作り、社会に根づき、そして数多の運動を生んでゆく――。アメリカ思想の五〇〇年間を通観する新しい歴史。

價値があるとはどのようなことか
ジョセフ・ラズ
森村進／奥野久美恵訳
価値の普遍性はわれわれの偏好といかに調和されるか――。愛着・価値・尊重をめぐってなされる入念な考察。現代屈指の法哲学者による比類ない講義。

カリスマ
C・リンドホルム
森下伸也訳
集団における謎めいた現象「カリスマ」について多面的な考察を試み、ヒトラー、チャールズ・マンソンらを実例として分析の俎上に載せる。（大田俊寛）

自己言及性について
ニクラス・ルーマン
土方透／大澤善信訳
国家、宗教、芸術、愛……。私たちの社会を形づくるすべてを動態的・統一的に扱う理論は可能か？ 20世紀社会学の頂点をなすルーマン理論への招待。

リヴァイアサン(下)

トマス・ホッブズ
加藤節訳

キリスト教徒の政治的共同体における本質と諸権利、そして「暗黒の支配者たち」を論じて大著は完結する。近代政治哲学の歩みはここから始まった。

知恵の樹

H・マトゥラーナ／F・バレーラ
管啓次郎訳

生命を制御対象ではなく自律主体とし、自己創出を良き環と捉え直した新しい生物学。現代思想に影響を与えたオートポイエーシス理論の入門書。

社会学的想像力

C・ライト・ミルズ
伊奈正人／中村好孝訳

なぜ社会学を学ぶのか。抽象的な理論や微細な調査に明け暮れる現状を批判し、個人と社会を架橋する学という原点から問い直す重要古典、待望の新訳。

パワー・エリート

C・ライト・ミルズ
鵜飼信成／綿貫譲治訳

エリート層に権力が集中し、相互連結しつつ大衆社会を支配する構図を詳細に分析。世界中で読まれる階級論・格差論の古典的必読書。（伊奈正人）

メルロ=ポンティ・コレクション

モーリス・メルロ=ポンティ
中山元編訳

意識の本性を探究し、生活世界の現象学的記述を実存主義的に企てたメルロ＝ポンティ。その思想の粋を厳選して編んだ入門のためのアンソロジー。

知覚の哲学

モーリス・メルロ=ポンティ
菅野盾樹訳

時代の動きと同時に、哲学自体も大きく転身した。それまでの存在論の転回を促したメルロ＝ポンティ哲学と現代哲学の核心を自ら語る。

精選 シーニュ

モーリス・メルロ=ポンティ
廣瀬浩司編訳

メルロ＝ポンティの代表的論集『シーニュ』より重要論考のみを厳選し、新訳。精確かつ平明な訳文と懇切な注釈により、その真価が明らかとなる。

われわれの戦争責任について

カール・ヤスパース
橋本文夫訳

時の政権に抗いながらも「侵略国の国民」となってしまった人間は、いったいにどう戦争の罪と向き合えばよいのか。戦争責任論不朽の名著。（加藤典洋）

フィヒテ入門講義

ヴィルヘルム・G・ヤコプス
鈴木崇夫ほか訳

フィヒテは何を目指していたのか。その現代性とは――。フィヒテ哲学の全領域を包括的に扱い、核心部分を明快に解説した画期的講義。本邦初訳。

養老孟司の人間科学講義　養老孟司
ヒトとは何か。「脳‐神経系」と「細胞‐遺伝子系」。二つの情報系を視座に人間を捉えなおす。養老「ヒト学」の到達点を示す最終講義。（内田樹）

記号論　吉田夏彦
文字、数字、絵画、空の雲……人間にとって世界は記号の集積であり、他者との対話にも不可欠のツールだ。その諸相を解説し、論理学の基礎へと誘う。

モードの迷宮　鷲田清一
拘束したり、隠蔽したり……。衣服、そしてそれを身にまとう「わたし」とは何なのか。スリリングに語られる現象学的な身体論。（植島啓司）

新編 普通をだれも教えてくれない　鷲田清一
「普通」とは、人が生きる上で拠りどころとなるもの。それが今、見えなくなった……。身体から都市空間まで、「普通」をめぐる哲学的思考の試み。（苅部直）

くじけそうな時の臨床哲学クリニック　鷲田清一
やりたい仕事がみつからない、頑張っても報われない、味方がいない……。そんなあなたに寄り添いながら、一緒に考えてくれる哲学読み物。（小沼純一）

「聴く」ことの力　鷲田清一
「聴く」という受け身のいとなみを通して広がる哲学の可能性を問い直し、ホモ・パティエンスとしての人間を丹念に考察する代表作。（高橋源一郎）

初版 古寺巡礼　和辻哲郎
不朽の名著には知られざる初版があった！　若き日の熱い情熱、みずみずしい感動は、本書のイメージを一新する発見に満ちている。（衣笠正晃）

初稿 倫理学　和辻哲郎　苅部直編
個の内面ではなく、人と人との「間柄」に倫理の本質を求めた和辻の人間学。主著へと至るその思考の軌跡を活き活きと明かす幻の名論考、復活。

反オブジェクト　隈研吾
自己中心的で威圧的な建築を批判したかった――思想史的な検討を通し、新たな可能性を探る。いま最も世界の注目を集める建築家の思考と実践！

新・建築入門　隈研吾
「建築とは何か」という困難な問いに立ち向かい、建築様式の変遷と背景にある思想の流れをたどりつつ、思考を積み重ねる。書下ろし自著解説を付す。

錯乱のニューヨーク　レム・コールハース　鈴木圭介訳
過剰な建築的欲望が作り出したニューヨーク／マンハッタンを総合的・批判的にとらえる伝説の名著。本書を読まずして建築を語るなかれ！（磯崎新）

S，M，L，XL+　レム・コールハース　太田佳代子／渡辺佐智江訳
世界的建築家の代表作がついに！　伝説の書のコア・エッセイにその後の主要作を加えた日本版オリジナル編集。彼の思索のエッセンスが詰まった一冊。

東京都市計画物語　越澤明
関東大震災の復興事業から東京オリンピックに向けての都市改造まで、四〇年にわたる都市計画の展開と挫折をたどりつつ新たな問題を提起する。

新版大東京案内（上）　今和次郎編纂
昭和初年の東京の姿を、都市フィールドワークの先駆者が活写した名著。上巻には交通機関や官庁、デパート、盛り場、遊興、味覚などを収録。

グローバル・シティ　サスキア・サッセン　伊豫谷登士翁監訳　大井由紀／高橋華生子訳
世界の経済活動は分散したのではない、特権的な大都市に集中したのだ。国民国家の枠組みを超えて発生する世界の新秩序と格差拡大を暴く衝撃の必読書。

東京の空間人類学　陣内秀信
東京、このふしぎな都市空間を深層から探り、明快に解読した定番本。基層の地形、江戸の記憶、近代の都市造形が、ここに甦る。図版多数。（川本三郎）

大名庭園　白幡洋三郎
小石川後楽園、浜離宮等の名園では、多種多様な社交が繰り広げられていた。競って造られた庭園の姿に迫りヨーロッパの宮殿とも比較。（尼崎博正）

東京の地霊《ゲニウス・ロキ》　鈴木博之
日本橋室町、紀尾井町、上野の森……。その土地に堆積した数奇な歴史・固有の記憶を軸に、都内13カ所の土地を考察する「東京物語」。（藤森照信／石山修武）

イコノロジー研究(上)　エルヴィン・パノフスキー　浅野徹ほか訳

芸術作品を読み解き、その背後の意味と歴史的意識を探求する図像解釈学。人文諸学に汎用されるこの方法論の出発点となった記念碑的名著。

イコノロジー研究(下)　エルヴィン・パノフスキー　浅野徹ほか訳

上巻の、図像解釈学の基礎論的「序論」と「盲目のクピド」等各論に続き、下巻は新プラトン主義と芸術作品の相関に係る論考に詳細な索引を収録。

〈象徴形式《シンボル》〉としての遠近法　エルヴィン・パノフスキー　木田元監訳　川戸れい子／上村清雄訳

透視図法は視覚とは必ずしも一致しない。それはいわばシンボル的な形式なのだ——。世界表象のシステムから解き明かされる、人間の精神史。

見るということ　ジョン・バージャー　飯沢耕太郎監修　笠原美智子訳

写真の登場で、人間は膨大なイメージに取り囲まれ、歴史や経験との対峙を余儀なくされた。見るという行為そのものに肉迫した革新的美術論集。

イメージ　ジョン・バージャー　伊藤俊治訳

イメージが氾濫する現代、「ものを見る」とはどういう意味をもつか。美術史上の名画と広告とを等価に扱い、見ること自体の再検討を迫る名著。

バルトーク音楽論選　ベーラ・バルトーク　伊東信宏／太田峰夫訳

中・東欧やトルコの民俗音楽研究、同時代の作曲家についての批評など計15篇を収録。作曲家バルトークの多様な音楽活動に迫る文庫オリジナル選集。

古伊万里図鑑　秦秀雄

魯山人に星岡茶寮を任され柳宗悦の蒐集に一役買った稀代の目利き秦秀雄による究極の古伊万里鑑賞案内。限定五百部の稀覯本を文庫化。（勝見充男）

新編 脳の中の美術館　布施英利

「見る」に徹する視覚と共感覚に訴える視覚。ヒトの二つの視知覚形式から美術作品を考察する、芸術論へのまったく新しい視座。（中村桂子）

秘密の動物誌　フォンクベルタ／フォルミゲーラ　荒俣宏監修　管啓次郎訳

光る象、多足蛇、水面直立魚——謎の失踪を遂げた動物学者によって発見された「新種の動物」とは。世界を騒然とさせた驚愕の書。（茂木健一郎）

ポストモダニティの条件
デヴィッド・ハーヴェイ
吉原直樹監訳
和泉浩／大塚彩美訳
モダンとポストモダンを分かつものは何か。近代世界の諸事象を探査し、その核心を「時間と空間の圧縮」に見いだしたハーヴェイの主著。改訳決定版。

ビギナーズ 倫理学
デイヴ・ロビンソン文
クリス・ギャラット画
鬼澤忍訳
正義とは何か？　なぜ善良な人間であるべきか？　倫理学の重要論点を見事に整理した、道徳的カオスの中を生き抜くためのビジュアル・ブック。

宗教の哲学
ジョン・ヒック
間瀬啓允／稲垣久和訳
古今東西の宗教の多様性と普遍性は、究極的実在に対する様々に異なるアプローチであり応答である。「宗教的多元主義」の立場から行う哲学的考察。

自我論集
ジークムント・フロイト
竹田青嗣編
中山元訳
フロイト心理学の中心、「自我」理論の展開をたどる新編・新訳のアンソロジー。「快感原則の彼岸」「自我とエス」など八本の主要論文を収録。

明かしえぬ共同体
モーリス・ブランショ
西谷修訳
G・バタイユが孤独な内的体験のうちに失うという形で見出した〈共同体〉。そして、M・デュラスが描いた奇妙な男女の不可能な愛の〈共同体〉。

フーコー・コレクション
（全6巻＋ガイドブック）
ミシェル・フーコー
小林康夫／石田英敬／松浦寿輝編
20世紀最大の思想家フーコーの活動を網羅した『ミシェル・フーコー思考集成』。その多岐にわたる思考のエッセンスをテーマ別に集約する。

フーコー・コレクション1
狂気・理性
ミシェル・フーコー
小林康夫／石田英敬／松浦寿輝編
第1巻は、西欧の理性がいかに狂気を切りわけてきたかという最初期の問題系をテーマとする諸論考。〝心理学者〟としての顔に迫る。（小林康夫）

フーコー・コレクション2
文学・侵犯
ミシェル・フーコー
小林康夫／石田英敬／松浦寿輝編
狂気と表裏をなす「不在」の経験として、文学がフーコーによって読み解かれる。人間の境界＝極限を、その言語活動に探る文学論。（小林康夫）

フーコー・コレクション3
言説・表象
ミシェル・フーコー
小林康夫／石田英敬／松浦寿輝編
ディスクール分析を通しフーコー思想の重要概念も精緻化されていく。『言葉と物』から『知の考古学』へ研ぎ澄まされる方法論。（松浦寿輝）

フーコー・コレクション４ 権力・監禁
ミシェル・フーコー
小林康夫／石田英敬／松浦寿輝編

政治への参加とともに、フーコーの主題として「権力」の問題が急浮上する。規律社会に張り巡らされた巧妙なるメカニズムを解明する。（松浦寿輝）

フーコー・コレクション５ 性・真理
ミシェル・フーコー
小林康夫／石田英敬／松浦寿輝編

どのようにして、人間の真理が〈性〉にあるとされてきたのか。欲望的主体の系譜を遡り、「自己の技法」の主題へと繋がる論考群。（石田英敬）

フーコー・コレクション６ 生政治・統治
ミシェル・フーコー
小林康夫／石田英敬／松浦寿輝編

西洋近代の政治機構を、領土・人口・治安など、権力論から再定義する。近年明らかにされてきたフーコー最晩年の問題群を読む。（石田英敬）

フーコー・コレクション フーコー・ガイドブック
ミシェル・フーコー
小林康夫／石田英敬／松浦寿輝編

20世紀の知の巨人フーコーは何を考えたのか。主要著作の内容紹介・本人による講義要旨・詳細な年譜で、その思考の全貌を一冊に完全集約！

マネの絵画
ミシェル・フーコー
阿部崇訳

19世紀美術史にマネがもたらした絵画表象のテクニックとモードの変革を、13枚の絵で読解。フーコーの伝説的講演録に没後のシンポジウムを併録。

間主観性の現象学 その方法
エトムント・フッサール
浜渦辰二／山口一郎監訳

主観や客観、観念論や唯物論を超えて「現象」そのものを解明したフッサール現象学の中心課題。現代哲学の大きな潮流「他者」論の成立を促す。本邦初訳。

間主観性の現象学Ⅱ その展開
エトムント・フッサール
浜渦辰二／山口一郎監訳

フッサール現象学のメインテーマ第Ⅱ巻。自他の身体の構成から人格的生の精神共同体までを分析し、真の関係性を喪失した孤立する実存の限界を克服。

間主観性の現象学Ⅲ その行方
エトムント・フッサール
浜渦辰二／山口一郎監訳

間主観性をめぐる方法、展開をへて、その究極の目的（行方）が、真の人間性の実現に向けた普遍的目的論として呈示される。壮大な構想の完結篇。

内的時間意識の現象学
エトムント・フッサール
谷徹訳

時間は意識のなかでどのように構成されるのか。哲学・思想・科学に大きな影響を及ぼしている名著の新訳。詳密な訳注を付し、初学者の理解を助ける。

江戸料理読本　松下幸子

江戸時代に刊行された二百余冊の料理書の内容と特徴、レシピを紹介。素材を生かし小技をきかせた江戸料理の世界をこの一冊で味わい尽くす。（福田浩）

萬葉集に歴史を読む　森浩一

古の人びとの愛や憎しみ、執念や悲哀。萬葉集には、数々の人間ドラマと歴史の激動が刻まれている。考古学者が大胆に読む、躍動感あふれる萬葉の世界。

ヴェニスの商人の資本論　岩井克人

〈資本主義〉のシステムやその根底にある〈貨幣〉の逆説とは何か。その怪物めいた謎をめぐって、明晰な論理と軽妙な洒脱さで展開する諸考察。

現代思想の教科書　石田英敬

今日我々を取りまく〈知〉は、4つの「ポスト状況」から発生した。言語、メディア、国家等、最重要論点のすべてを一から読む！　決定版入門書。

記号論講義　石田英敬

モノやメディアが現代人に押しつけてくる記号の嵐。それに飲み込まれず日常を生き抜くには？　東京大学の講義をもとにした記号論の教科書決定版！

プラグマティズムの思想　魚津郁夫

アメリカ思想の多元主義的な伝統は、九・一一事件以降変貌してしまったのか。「独立宣言」から現代のローティまで、その思想の展開をたどる。

増補 女性解放という思想　江原由美子

「女性解放」はなぜ難しいのか。リブ運動への揶揄を論じた「からかいの政治学」など、運動・理論における対立や批判から、その困難さを示す論考集。

増補 虚構の時代の果て　大澤真幸

オウム事件は、社会の断末魔の叫びだった。衝撃的事件から時代の転換点を読み解き、現代社会と対峙する意欲的論考。（見田宗介）

言葉と戦車を見すえて　加藤周一　小森陽一／成田龍一編

知の巨人・加藤周一が、日本と世界の情勢について、何を考え何を発言しつづけてきたのかが俯瞰できる論考群を一冊に集成。（小森／成田）

歌舞伎 渡辺保

伝統様式の中に、時代の美を投げ入れて生き続けてきた歌舞伎。その様式のキーワードを的確簡明に解説した、見巧者をめざす人のための入門書。

マニエリスム芸術論 若桑みどり

カトリック的世界像と封建体制の崩壊により、観念の転換を迫られた一六世紀。不穏な時代のイメージの創造と享受の意味をさぐる刺激的芸術論。

イメージを読む 若桑みどり

ミケランジェロのシスティーナ礼拝堂天井画、ダ・ヴィンチの「モナ・リザ」、名画に隠された思想や意味を鮮やかに読み解く楽しい美術史入門書。

イメージの歴史 若桑みどり

時代の精神を形作る様々な「イメージ」にアプローチし、ジェンダー的・ポストコロニアル的視点を盛り込みながらその真意をさぐる新しい美術史。

絵画を読む 若桑みどり

絵画の〈解釈〉には何をしたらよいか。名画12作品の読解によって、美術の深みと無限の感受性への扉を開ける。美術史入門書の決定版。（宮下規久朗）

てつがくを着て、まちを歩こう 鷲田清一

規範から解き放たれ、目まぐるしく変遷するモードの世界に、常に変わらぬ肯定的眼差しを送りつづけてきた著者の軽やかなファッション考現学。

英文翻訳術 安西徹雄

大学受験生から翻訳家志望者まで。達意の訳文で知られる著者が、文法事項を的確に押さえ、短文を読みときながら伝授する、英文翻訳のコツ。

英語の発想 安西徹雄

直訳から意訳への変換ポイントは、根本的な発想の転換にこそ求められる。英語と日本語の感じ方、認識パターンの違いを明らかにする翻訳読本。

英文読解術 安西徹雄

単なる英文解釈から抜け出すコツとは？ 名コラムニストの作品をテキストに、読解の具体的な秘訣と要点を懇切詳細に教授する、力のつく一冊。

ちくま学芸文庫

テクノコードの誕生《たんじょう》　コミュニケーション学序説《がくじょせつ》

二〇二三年九月十日　第一刷発行

著　者　ヴィレム・フルッサー
訳　者　村上淳一（むらかみ・じゅんいち）
発行者　喜入冬子
発行所　株式会社　筑摩書房
東京都台東区蔵前二―五―三　〒一一一―八七五五
電話番号　〇三―五六八七―二六〇一（代表）
装幀者　安野光雅
印刷所　株式会社精興社
製本所　株式会社積信堂

ISBN978-4-480-51206-2 C0100